未来 CHEERS

与最聪明的人共同进化

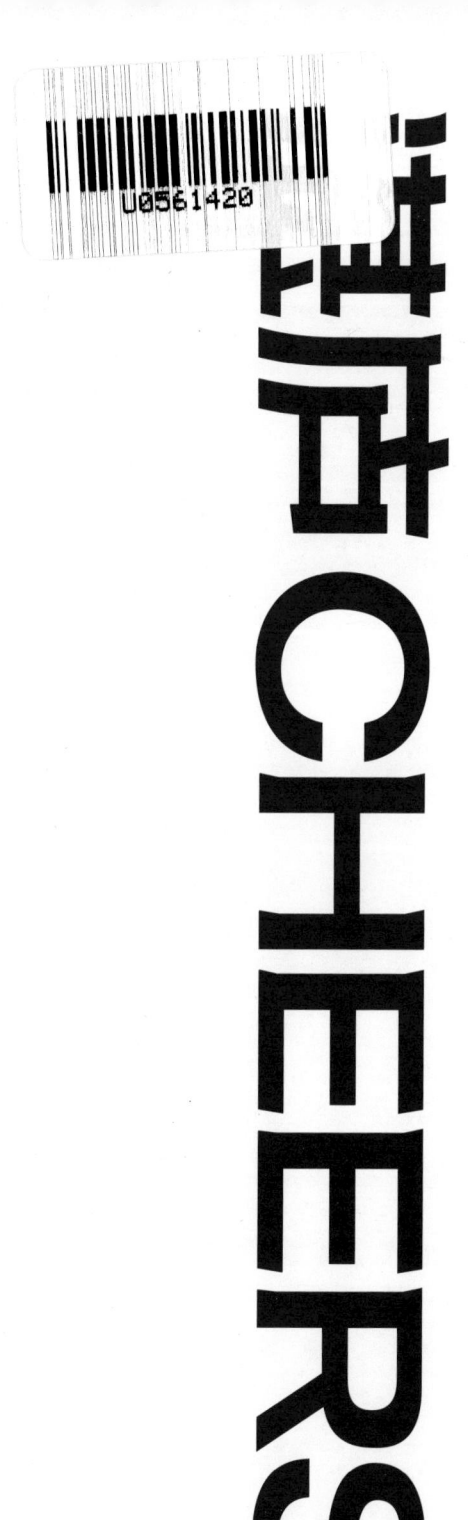

HERE COMES EVERYBODY

张坚

中国惠普政府事业部原总经理
思科中国区原副总裁

跨界征战
斩获惠普全球最高奖项的
大客户销售传奇

1978年，张坚考入华东石油学院（现中国石油大学），专攻石油化工自动化方向。在国企中国石化做了8年教学和科研工作后，张坚决心挑战自我，顺应改革开放的时代机遇，放下铁饭碗"下海"。1990年，张坚进入外企，在加州电脑图形设备公司任技术服务部工程师、经理。在此期间，他接触了许多世界500强公司，发现这些公司都很重视销售，销售能直接为企业创造价值，同时获得个人奖项和晋升，非常具有精英感。销售既需要了解客户需求，与客户建立、维护关系，又需要灵活运用专业的销售技巧，时刻针对市场动态调整销售战略。销售岗位的重要性和全面性极大吸引了张坚。于是，勇于挑战自我的他再次调转方向。1995年，他选择加入中国惠普，开始从事大客户销售工作。

张坚一直坚信，销售能力不是天生的，而是可以通过后天培养出来的。虽然是一个不折不扣的"理工男"，但张坚一进入销售领域就展现出不同寻常的销售天赋，1996—1997年便连续获得惠普中国区和亚太区大奖。在素有"IT界的黄埔军校"之称的惠普，经历专业的营销体系磨砺后，他不断进步和晋升。只用了5年时间，他就一路从销售经理做到中国惠普政府事业部总经理，后来又更进一步，成为区域业务总经理、行业销售总经理、惠普商学院校董。

在中国惠普，张坚连续12年完成100%业绩。因为业绩突出，他年年获奖，曾多次获得惠普中国区、惠普亚太区大奖和金狮奖等。2000年更是斩获惠普公司全球最高奖项：惠普全球总裁俱乐部（President Club）奖，时任惠普CEO卡莉·菲奥莉纳（Carly Fiorina）亲自为他颁奖。至此，惠普全球销售管理者能得到的最高荣誉，他都已拿下！当时，百度的首位投资人罗伯特·金（Robert King）也曾多次邀请他加入百度。从中国惠普离开之后，2012年经思科公司多次邀请，张坚出任思科中国区的副总裁、公共事业部总经理，完成了一年2亿美元的销售神话。

连续20余年
为企业家教授大客户销售心法的传道者

销售和学武术一样,"要学打先扎马",练好基本功是关键。张坚的销售功力之深厚,离不开在惠普的历练。在那里,张坚经历了非常正规的系统培训,学到了当时全球最经典、最前沿、最科学的销售方法论和技巧。在惠普,他负责给销售人员进行一系列的培训课程,并获得了这些培训课程的认证,后来还成为惠普商学院的金牌讲师,负责给一些重要客户进行培训。这为他日后20多年的销售培训生涯奠定了基础。

2003年,他在给大型机构的客户讲课时,与清华大学的老师同堂。清华大学的师生发现,他所讲的课程更贴近实战、更系统化、更深入浅出。于是,清华大学开始邀请他去给企业家和高管讲课,从那时起至今,20多年来,张坚每月都要去清华大学授课。

后来,由于课程广受听众好评,他开始受到各类机构邀请担任销售导师。包括中国石化、中国远洋、腾讯、微软加速器、高瓴资本、营创销售学院等知名企业和机构,以及北京大学、中国人民大学、浙江大学等国内外知名大学。他也曾与硅谷创投教父里德·霍夫曼(Reid Hoffman)、斯坦福大学的罗伯特·伯格曼(Robert Bergman)教授等国际级大师同台讲课。

在 20 多年的销售培训生涯中，张坚一直在为世界 500 强企业、民营企业的高管、经理和销售讲授客户拜访、销售策略、团队管理等专业课题，在这个过程中自成一派修炼成了大客户销售的"绝学"。他的大客户销售培训课程已经帮助众多学生成为全中国、乃至全球各大企业中的销售主力与骨干，可谓桃李满天下。他所辅导的许多企业更是达成了业绩、利润翻番的成就。

用销售思维持续赋能 每一个普通人的人生向导

张坚深受全球 50 位最具影响力的商业思想家之一丹尼尔·平克的《全新销售》一书的影响，倡导用"人人都是销售"的观点鼓励大家学习销售这门说服人心的艺术。

张坚的思想在销售领域之外有着广泛的应用。他曾受到中国科学院空间应用工程与技术中心邀请，去给科学家讲沟通课。他以"价值导向的高效沟通"为主题，帮助科学家解决沟通中的效率和冲突问题。学习了这一课程的科学家感叹说，这是全球首创的管理教学案例，是优秀销售思想与太空科技创新协同的碰撞。全球四大会计师事务所之一毕马威公司也多次请他授课，帮助审计师、会计师、咨询师提升沟通能力，在团队成员之间、团队与客户之间建立起信任。

从突破自我、改变人生轨迹成为销售精英；到勇挑重担，带领团队不断创造佳绩；再到做讲师，传授全方位、系统化的销售思维和专业技巧，张坚总是在不断前行，精进功力。他不仅教授最重要的销售基本功，助销售人员打开工作新思路，实现个人业绩提升。更致力于把销售变成了体系化、专业化的学科知识，让每个人都能更好地说服、打动和影响他人，解决生活中的实际问题。他是销售的领路人，也是销售思维的传播者和赋能者。

作者相关演讲洽谈，请联系
BD@cheerspublishing.com

更多相关资讯，请关注

湛庐文化微信订阅号

湛庐 CHEERS 特别制作

CHEERS
湛庐

大客户销售心法

张坚 著

THE LAW OF KEY ACCOUNT SALES

浙江教育出版社·杭州

你了解大客户销售吗？

扫码加入书架
领取阅读激励

- 相比一般的销售，大客户销售更专注于做（ ）的销售。
    A. 以企业为采购对象
    B. 成交额较大
    C. 有专业解决方案
    D. 以上全部

扫码获取全部测试题及答案，
了解如何成为卓越的
大客户销售

- 在拜访客户时，以下哪项是优秀的大客户销售的开场白？
    A. 请客户做自我介绍
    B. 先用"家常"拉近关系
    C. 提出议程，明确谈话方向
    D. 单刀直入聊产品对客户的益处

- 着装对于大客户销售来说非常重要。这是因为，人们的语言交流过程中，（ ）的信息是通过视觉传达的。
    A. 5%
    B. 25%
    C. 55%
    D. 85%

扫描左侧二维码查看本书更多测试题

各方赞誉

孙振耀　　　　　惠普公司前全球副总裁、中国区总裁
　　　　　　　　领教工坊联合创始人，领教商学堂联合创始人

作者张坚和我一样都是从工程师转做销售的，他是我在惠普任职期间的部下，业绩出色，屡获殊荣，极为擅长学习、归纳和分享管理和销售的经验和知识。

管理是永远的蓝海，是持续竞争力的来源。管理带来的力量是不可替代的，但其中的方法论是可复制的。凭借毅力、坚持和能落地的方法论，管理技能可以习得，大客户销售也是如此。要成为卓越的大客户销售，没有魔法和捷径，而是要踏踏实实地习得专业的技能，掌握工具和流程。我在参与创立领教工坊及领教商学堂的过程中，结识了许多企业家，他们创立的企业都很优秀，但倘若他们企业中的大客户销售能够得到专业的指导和训练，掌握经过实践检验的工具和方法论，一定会更专业，能让团队产生更大合力。张坚的这本著作能恰如其分地满足这一需求，他将在惠普所学、所实践的成功经验和专业、系统的流程方法分享给读者，系统地诠释了成为大客户销售所必须掌握的技能、策略及心法，我相信会对读者大有助益。

郑毓煌　　　　　清华大学营销学博士生导师
　　　　　　　　　"科特勒大师传承人"项目导师

究竟如何才能提高销售业绩？这是所有企业都关心的根本问题，但中国企业界大多数人士都缺乏专业的销售知识和技能。似乎每个人都懂销售，但大多数人对销售都只有片面的理解。因此，我热烈推荐张坚老师的新书，它将让你对销售形成全新而完整的认识，企业界人士不可不读。

张国防　　　　　青岛明月海藻集团有限公司董事长
　　　　　　　　　山东省人大代表，青岛市工商联副主席
　　　　　　　　　山东省行业领军企业家

欣悉张坚老师准备把他过去 20 年里在世界跨国公司惠普，从学习、实践中打磨出的大客户销售经验总结出来，写一本书分享给广大企业高管和销售人员，用于指导、帮助从业者做好销售，实现业绩提升，我感到非常敬佩！张坚老师这本书的内容，正是他在我们明月海藻集团第一期销售精英训练营的核心课程。这门课的内容系统、实用、容易上手，听完课后参训人员思路大开，专业素养和销售技能得到大幅提升，大家边学边用，效果立竿见影，不仅销售业绩大幅提升，而且与客户的关系更密切，合作也更深入了。这本书非常适合作为急需开拓新客户、大客户的企业高管和销售精英的学习培训教材。它不仅对提升专业销售人员的业务能力有益，而且也对我们个人应对生活中遇到的谈判场景非常实用。相信阅读这本书的人一定会受益良多。

檀　林　　　　　前海再保科技董事长，海创汇首席生态官

"丈夫当学万人敌"，张坚老师是业界教授"万人敌"战略营销和最高段位大客户销售心法的大咖。无论你是身经百战、踌躇满志的老炮，还是刚刚入行、

如履薄冰的小白，张坚老师的销售智慧都能让你在瞬间感受到春风化雨、醍醐灌顶的力量。

王雅娟（之恒）　　小红书首席营销官
　　　　　　　　　　　新浪微博原高级副总裁

张老师曾是顶级大客户销售，成功担负过销售团队领导者的责任，他以实践提炼真知，给互联网销售同学们做分享，总是让大家受益良多。

王　璞　　　　　　全国劳动模范，北大纵横创始人

惠普和思科都在最优秀的外企之列，它们自身的营销体系建设都是一流的。张坚先生把在其中工作的宝贵经验，在《大客户销售心法》这本书中毫无保留地呈现给了读者。

这本书不仅为销售新手提供了标准的客户拜访流程和专业技巧，更为经验丰富的销售老兵提供了系统化的成长路径。从个人销售技巧到团队管理，作者的见解不仅令人耳目一新，更是实用可行。

缪文彬　　　　　　双良集团有限公司董事长
　　　　　　　　　　　双良节能系统股份有限公司董事长

大客户销售是非常有难度的销售类型。惟其难，才更显专业心法的必要性。业内都深谙"以心相交，成其久远"这句话。张坚老师以自身20多年学习、实践的经验智慧打磨出这本真传，系统性地分享了他更实用、更能落地、可以即刻见效的思维和方法，诚恳回应和满足了大客户销售人群的精神文化需求。相

信这本书所汇聚的真知灼见，都能转化为推动个人和团队走向卓越的力量，持续为客户创造更大价值。

刘　澜　　　北京大学汇丰商学院副教授，《世界经理人》杂志原总编
　　　　　　长江商学院案例研究中心原副主任
　　　　　　《领导力沉思录》《管理的10大真相》作者

我和张坚老师认识很久了，因为彼此信任还合作过。他在惠普公司工作多年，后来又在思科公司工作。他把他学到的知识技能和在实践中检验过的有用理论、实战经验写成书分享给读者，这是件好事。虽然我不是销售，但我知道销售无处不在，我也赞同作者的观点：好销售需要的是人性，不是狼性，也不是佛性。我非常重视提问，好的大客户销售不是能说会道的，而是那些会问、会听的。对于学习，我的建议是，要始终思考怎样把知识变为对自己有用的。我们读任何书都是为了改变自己。我相信此书不仅能帮助你在大客户销售方面整理思路，还为你提供了行之有效的工具和方法，助力你在工作和生活中发生好的改变。

王光玉　　　加拿大不列颠哥伦比亚大学（UBC）林学院副院长
　　　　　　加拿大灰熊研究院院长
　　　　　　加拿大华人教授协会（CACP）副会长

2018年有幸在"温哥华企业家智慧营"结识张坚老师，在我心中他不仅是销售领域的佼佼者，更是我敬重的大师和朋友。在这6年间，我深切地体会到了他在销售智慧和人生哲学上的卓越之处。当我拜读他的新作《大客户销售心法》时，这种感受尤为深刻。

这本书不仅凝聚了张老师多年销售经验的精华，而且也是他对于商业世界深刻

洞察的集大成之作。书中结合了丰富的案例分析和实操策略，透彻阐述了在竞争激烈的市场环境中，成功管理和发展大客户的关键技巧。他的观点深入浅出，能让每一位读者都轻易地把握大客户销售的精髓。无论对于刚入行的新手，还是对于资深的销售行家而言，这本书都将是一部宝贵的指南。它不仅教会我们如何成为更优秀的销售人员，而且启发我们在复杂多变的商业世界中保持清晰的思维，做出明智的决策。强烈推荐《大客户销售心法》，相信每位读者都能从中获得灵感和成长。

王　进　　　　　金风科技副总裁

我分管公司营销板块多年，虽然公司每年销售额也能做到近 400 亿元，但是我们对这份成绩单背后有哪些可复制的路径只有一知半解。现在我们在营销上遇到巨大困难，一筹莫展之际，听了张老师的课、读了张老师的书，确实有茅塞顿开之感，张老师教授的大客户销售心法为我们解决困境提供了有力的帮助。

郭　星　　　　　基石咨询（北京）董事长

张坚老师既是销售"大神"，又长期带团队、做教练，总是在娓娓道来中谈理论讲方法，在幽默风趣中说案例教技巧，听他的销售课、读他的书不仅长功力，更是种享受。

王　薇　　　　　蓝色光标集团副总裁、集团客户中心总经理
　　　　　　　　蓝标智库总裁

在过往的时代飞跃中，计算机互联网产业的浪潮是中国实现产业和职业经理人迭代、启蒙的推动力量。世界知名品牌进入中国，不仅给中国带来了全球化的

视角、成熟的理论体系和企业管理机制,更可贵的是出现了一批将全球管理体系成功在中国落地的跨文化实践者。

我与张坚老师初识于惠普中国,那时我还是初入职场的青涩人士,作为合作伙伴,向张坚老师带领的惠普大客户销售团队学习如何组织大客户活动、营造公司品牌氛围、介绍核心产品和技术服务等。张坚老师非常关注细节,且总能行云流水地将专业销售方法演绎得淋漓尽致。今天读到《大客户销售心法》,我深深领悟到这本书是张坚老师作为成功实践者,将全球管理体系与中国实践经验结合,专业和读心结合而成的著作,是行之有效的产业和职场大智慧的总结,教授的是企业组织管理者和专业职场人的必备技能。

侯胜利　　　　　思科大中华区副总裁、大中华区 CTO

大客户销售成功的关键在于深度理解客户需求,为其量身定制解决方案。要做到这一点,必须与客户建立起坚实的信任基础,注重维护长期的合作伙伴关系,保持良好的沟通,灵活运用个性化的销售技巧,根据客户特征调整销售策略,时刻关注市场动态,及时调整销售战略,确保始终处于行业前沿……这些要求大家都熟悉,但是怎样在实际中运用,却是个大问题。张坚老师把自己 20 多年的实践经验进行总结和升华,从理论到实践给大家提供了一本不可多得的教材,从各种场景出发,手把手地教大家如何使用这些方法。这本书不仅对销售新手有用,也对销售精英进一步提升自己大有裨益。我自己也精读几遍,获益匪浅。

汪　敏　　　　　开普云董事长

张坚老师的书稿即将出版,作为曾经的学生我深表祝贺!张坚老师有辉煌的信息技术行业实战经历,形成了系统的销售理论,他将 20 年所学、所用的大客户销售心法倾力编撰成册,分享给更多朋友,是为大善。书中所主张的"黄金三步法"开场、"利他之心"成就客户等都是屡试不爽的销售秘籍。这是一本培养专业大客户销售人才的书，我强烈推荐。

武爱斌　　　　　朗坤智慧科技股份有限公司董事长

这是我迄今接触到的最干货满满的、关于如何经营大客户的实战指导书，是作者呕心沥血、倾囊相授之作！

这本书为企业该如何经营大客户提供了全面、完整的框架和指南，文字通俗易懂，且非常具有实战指导作用，在提供了许多领先企业实践案例的同时，也为企业及个人提供了方法论。张坚老师的《大客户销售心法》是一本不可多得的"武功秘籍"。这本书所探讨的不仅仅是销售，而且能让我们学习到自身的成长路径。在商业世界风云变幻的今天，我们既要坚持长期主义之路，做到"流水不争先，争的是滔滔不绝"，也要做一个"人性管理大师"，真正地认识客户，成就客户，实现自我的跨越。

我和张老师是多年好友，我们都在知名外企服务多年。我真心为他取得今天如此大的学术成就感到自豪，我和公司同事多次学习张老师的课，每次都非常有收获。我经常在想，张老师如果能将他的智慧成书出版，必将造福更多的创业者。书中讲到的做人做事方法，不止适用于销售和服务行业，而是适合各行各业、各种岗位、各个阶层的人，因为方法、道理、逻辑都是相通的。

占梦来　　　　　四川省天府峨眉计划专家
**　　　　　　　　四川易诚智讯科技有限公司总裁**

在过去的20多年里，作者张坚老师一直为各行各业的企业家学生和世界500强企业的员工传道授业，在这个过程中他对大客户销售形成了尤为独到的洞见。作为张老师曾经的学生，我深感《大客户销售心法》汇聚了他丰富的实战经验和 20 年来在销售培训中的深刻思考。本书针对不同的销售场景来进行案例设计和分析，深入浅出，既有新手入门的标准流程，也有老兵总结的经验智慧。这不仅是一本销售指南，其中所书写的更是人际沟通的艺术，既有高度又有深度。无论是新手、老手还是非销售从业者，读过这本书之后都能洞悉销售背后的智慧，走向卓越，无往不利。

迟延坤　　　　　　浪潮集团原副总裁

张坚老师是浪潮的合作伙伴，我从他身上学到了很多东西。销售的书有很多，其中纯理论型的比较多，兼有实践和理论的则少见。我也听过很多外企里面的有关销售和战略管理的课，但中国有自己的国情，与西方文化差异很大，完全照搬效果一般。

我在浪潮分管过市场工作多年，看了张老师的书感觉很实用。比如"二八原则"，我们每年都做数据分析，基本上都是 20% 的项目完成 80% 的业绩。作为一个管理者应该把主要的资源投入这 20% 的顶尖项目中，作为一个销售则应该在年初就找到完成个人业绩的线索，并把主要精力投入其中。在跟进一个项目的过程中，不同阶段有不同的工作重点。在追求可量化的目标时，只有每个阶段都有高的达成率，最后才能拿下项目。

销售是只有冠军没有亚军的比赛，哪怕差 0.01 分丢标，也是失败，亚军应该是最惨的失败者。认真学习张老师的书，边学习边实践，实践后再学习复盘，相信这本书会帮助你拿到更多的冠军。

唐日新　　　　阿里云北方地区总经理
　　　　　　　　IBM 政府业务部原总监

"销售"是一场荒野求生的游戏，张总这本书表达的就是让我们得以"活下去"的办法。当然有的人会说"懂得了很多道理却依然过不好一生"，这是可贵的质疑。不过，我们可以充分信任这本书，因为这是张总基于通透的思考和深刻的实践之后的总结和表达，或许你无法直达书本所描绘的图景，但是开始阅读就是成功的一半。

薛　锋　　　　微步在线创始人兼 CEO

企业服务领域的创业者多在技术和产品上有自己独特的洞察和愿景，能够推出新一代的甚至是划时代的产品，但在销售管理尤其是大客户经营上经常是"两眼一抹黑"，反复地踩坑交学费。张坚老师把多年丰富的大客户销售经验总结提炼成这本书，内容非常接地气，推荐企业服务领域的销售管理者阅读。

王赛博士　　　CEO 咨询顾问，《增长五线》作者
　　　　　　　　科特勒咨询集团管理合伙人

张坚老师是大客户销售领域的大咖，看到他把 20 年来征战市场的方法通过这本书分享给读者，我很兴奋。顶级的大客户销售即"造雨者"（Rainmaker），他们是商机的洞见者、交易的达成者、客户的成就者和团队的凝聚者。这本书将销售"造雨者"背后的科学、艺术、心法毫无保留地分享出来，系统实用又容易上手，是销售领域从业人士应该人手一本的"红宝书"。

唐兴通　　　　　　硅谷创新教练
　　　　　　　　　畅销书《引爆社群》作者

从事市场营销与销售工作近20年来，我见识过全球销售领域的各大门派高手，但我一直认为张坚老师就是大客户顾问式销售的代名词。他功力深厚、实战经验丰富、理论框架系统扎实。想学习大客户顾问式销售，没有理由不向张老师取经！

徐　勇　　　　　　天使成长营创始人，AC加速器创始人
　　　　　　　　　中关村天使投资联盟联合发起人

张坚老师是我的良师益友，每次与他交流我都获益良多。记得一次在午餐时，聊到如何介绍自己做过的案例，能更好地引起客户或潜在客户的共鸣。张坚老师介绍了自己的几段经历，总结下来，他所采用的模型是：当时场景、负面可能、艰苦历程、数说成功。这个模型我自己用过很多次，也推荐给了自己的学生和朋友，都取得了非常好的效果。在当下的环境中，面向企业的业务方向越来越重要，大客户销售也越来越重要。期待张坚老师的这本好书能让更多朋友掌握大客户销售的心法和方法。

柏雪梅　　　　　　量子教育董事长助理

《大客户销售心法》是张坚老师为学习者打造的一份无价之宝，为你揭示进入成功大门的必备密码。这不仅仅是一本销售指南，更是为我们带来一场潜心领悟、突破自我的冒险之旅。

基于张坚老师丰富的实战经验，本书为学习者提供了深刻洞见，让你轻松驾驭大客户销售工作。无论你是新手、经验丰富的专业人士还是销售管理者，这本

书都将点燃你的激情，激发你的创新力，助你轻松驾驭复杂的销售场景。

我们自 2019 年开始与张坚老师合作，在合作期间深刻感受到了张老师的专业魅力，我们共同推出了备受好评的《大客户销售成长之道》等精品视频课程。《大客户销售心法》是张老师的精湛之作，为学习者提供了更深层次的学习体验。这不仅是一本书，更是一场销售变革的引爆点！

武晓宇　　　　　　　加一研究院创始人
　　　　　　　　　　中国数字能源家项目中心主任

一直期待张老师的新书问世！对于我们来说，张老师的书堪称销售"圣经"，值得每日研读并付诸实践！本书提出的专业大客户销售心法可以帮助企业建立业绩遥遥领先的团队。流水不争先，争的是滔滔不绝！张老师正是如此，他一直儒雅地站在讲台上，传道授业，帮助了无数的企业，也直接带动了企业的业绩增长。我们很多学员企业都因接受了张老师的辅导而受益，他每一次授课，都是座无虚席，掌声雷动，这是大客户销售的魅力！这本《大客户销售心法》，来得及时！

孙园媛（孙圈圈）　　　圈外同学创始人 &CEO
　　　　　　　　　　　全球知名人力资源管理咨询公司美世咨询总监

我们从 to C 业务拓展到 to B 业务的时候，苦恼于怎么搭建和管理销售团队，学了市面上的各种流行做法，团队能力和业绩却毫无起色。有幸认识张坚老师，他跟我讲了大客户销售的底层逻辑之后，我的思路一下子清晰起来了，自此停止学习那些流行技巧，而是遵循经典的方法来管理，解决了很多问题。有些领域，比如自媒体，要学习最新技巧，但有些领域比如管理，反而要学习经典，基本功打好，比得上一万个技巧。张坚老师自己多年带团队打仗，后来又辅导了很多企业,在大客户销售领域既有理论基础,又有实战经验,他此次出书,是从业者的幸运,因为如果能够好好看完,好好实践,这一本就完全够用了。

孙善勤(Maria Sun) 加拿大维多利亚教育集团创始人兼总裁
"2017年加拿大建国150周年杰出华裔女性奖"获得者

很高兴得知张坚老师新书出版的消息。我曾有幸邀请张坚老师为北美的华裔讲销售,很是为他的专业、幽默所折服。他将客户拜访、销售策略、团队管理等课题讲得深入浅出,在场的学生听过之后都深觉受益匪浅。他所教授的大客户销售心法有效地推动很多人成为销售冠军,帮助很多企业获得业绩增长。他能将所知、所想、所得毫无保留地分享在他的新书中,是销售人士、管理人士和所有需要高效沟通的人的幸事!期待新的一年,张老师帮助更多海外企业!

推荐序

大客户销售的价值不可替代

李东朔
UMU学习平台创始人、董事长兼总裁

在人工智能浪潮下，大数据和生成式人工智能的发展让我们进入了一个前所未有的"大模型时代"。在这个大的时代背景下，有一种预测似乎成了共识：人工智能终将替代人类的各项职能，包括大客户销售。在我看来，即便在这个数据驱动的纪元，人工智能也并不能取代大客户销售的角色，究其根本，是因为高风险 B to B 交易所需的关键人际接触需要由人来完成。在采购复杂的产品和解决方案时，关键词是"人际复杂度"与"组织复杂度"。这是人类判断力和基于人与人之间信任关系的微妙之处占据优先地位的领域。

当涉及复杂的产品采购和解决方案定制时，决策的主体依然是有着血肉之躯的人。决策者不仅需要深入理解产品的逻辑甚至一些细节，还须在信任基础上，确信供应商所提供的解决方案能够有效解决他们面临的问题。在这个过程中，人与人之间的沟通和信任至关重要，这是任何冷静的算法和模型都难以替代的。大客户销售所提供的价值不仅仅是产品本身，更是建立在理解客户独特需求、了解行业背景及打造个性化服务之上的综合能力。在大模型时代，大客户销售所扮演的角色不仅未被边缘化，反而变得更加重要。它们是连接技术与实际应用、数据与人的桥梁。人的直觉、经验和洞察力是人工智能所不具备的。正是这些能力，赋予大客户销售不可替代的价值。

当交易的复杂性和定制化程度超过某个门槛时，很明显这不仅仅是传统意义上的购买，而是一种合作伙伴关系。从选型，到采购过程，再到实施的整个生命周期，企业与企业之间只有建立起合作伙伴关系，才能够将投资的回报最大化，让投资转变为企业的竞争力。

2024 年，降本增效是中国企业界的普遍共识。这一追求在商业实践中产生了复杂的影响。一方面，采购者在争夺更低成本的过程中，造成了对供应商的无情压价。每一分钱的节省，似乎都与企业生存直接挂钩，以至于价值被简化为了价格这个单一维度。另一方面，供应商在追求降本增效时寄希望于通过提升销售人效、赢得大客户来实现增长。在同行的价格战中，低价竞争演变成一种恶性循环，导致业务难以持续，利润被挤压至边缘。

在这样的背景下，脱离低质量竞争的"卷"是行业发展的当务之急。供应商必须通过创新的销售策略和精细化的服务来增加附加值，从而在竞争中脱颖而出。销售过程不应仅仅是个交易的环节，而要成为创造价值、建立信任的机会。张坚老师深刻总结了他从销售冠军到全球明星销售领导人的深刻经验与洞察，结合二十余载帮助各类企业大客户销售团队及领导人发展的经验，帮助大客户销售们转变为价值的创造者与传递者，转变为客户信赖的专家。

张坚老师是走进中国的第一代跨国企业培养出来的销售冠军与冠军销售团队的领袖。十几年前我与张坚老师相识于惠普，张坚老师是我们的精神领袖与职场明灯，我非常感恩张坚老师的教诲与他带给我的榜样的力量。张坚老师的这本新书浓缩了他数十年的经验，传达了全部销售秘诀，为的就是培养下一代的销售精英。从张坚老师的课程中，我们不但可以学习到销售与销售管理的科学与方法论，更能感受到一代领军人物的精气神，由此升华自己的精神力量，向着更加富有挑战的销售目标迈进。

通过学习此书，大客户销售能找到良性的生存及发展模式，能摆脱价格战的困境。采购者也能因为有效的采购过程而获得真正意义上的降本增效，不再是单纯地削减成本，而是实现价值最大化。当大客户销售能够成为客户信赖的合作伙伴时，双方才能实现真正的共赢，开启可持续发展的新篇章。

在这个大模型蓬勃发展的时代，大客户销售的战略重要性并没有减少。相反，大客户销售可能比以往任何时候都更为关键。他们的角色正在演变成复杂干系人关系架构师——既要应对复杂干系人的需求洪流，又要处理谈判和信任等基本的人类因素；既要基于数据进行理性陈述与决策，更要在感性和"人"的一面建立起共享的愿景，实现所有干系人的满意度的最大值。

这就是张坚老师一书中所能带给你的巨大价值。在变化的时代抓住不变的模式，在变革的周期中穿越周期。抓住机会，必有收获。

前 言

做大客户销售，我们强调专业心法

我做销售培训有 20 多年了。以前我主要给世界 500 强企业的员工做培训，后来也给清华总裁班的学员和各类企业家做培训。在做培训时，我发现很多企业家和销售人员普遍没有受过专业的培训和指导，在销售思维、销售方法、销售管理上存在很多短板。很多企业家和职业经理人也发现，与其让销售花时间去学那些不易落地的、"高大上"的宏观战略，还不如让他们学些更实用、更能落地、可以即刻见效的思维和方法。因为这些思维和方法能真正帮助企业和个人解决困难，实现业绩的提升。

我常说：看书要看经典的，学销售要学专业的。正因为看到了专业水平匮乏或缺失的企业家、高管和销售人员，了解到了他们对专业销售知识和实践经验的渴望，我才想把我在过去 20 多年里从学习、实践中打磨出的内容跟大家分享。

在本书中，我要探讨的核心问题就是：如何才能成为一个卓越的大客户销售。如果你是销售新手，本书能让你学到标准的客户拜访流程、专业的大客户销售心法等。这些方法可以立竿见影地提高你的成单率，帮助你达成业绩。如果你是久经沙场的销售老兵或者销售管理者，本书能帮你归纳总结经验和思路，提高你的工作效率，让你离卓越更近一步。如果你不是从事销售工作的，你同样可以从书中学到人与人沟通的技巧、思维和方法，因为在生活中销售无处不在。

从技巧到战略，大客户销售的成长之路

作为一个有 20 多年经验的销售老兵和一个资深培训实践者，我会把自己接受过的专业销售培训，结合自身在竞技场上拼搏多年习得的经验全部传授给你，希望你能收获真正的专业销售智慧，助力你的实际工作。在本书中，我会围绕大客户拜访与经营的心法，以及如何打造高绩效大客户销售团队展开叙述。

首先，你会习得大客户拜访的专业心法。你如果想成为一名卓越的大客户销售，就必须具备一些专业的素质和技能。以专业制胜，这是起点，也是基础，而且需要你去不断夯实。当然，这也是我在惠普时出门拜访客户之前学到的第一门课。在这个部分，我会给你带来一套经典、有效的销售步骤，包括如何发现、挖掘、匹配并满足客户需求，如何消除客户顾虑，以及如何长期维护客户关系。同时，我也会教你一些实用的小技巧，比如兜里揣一张写有标准客户拜访流程的小卡片，建立一个能说服客户、快速拿单的 FABE 模型[①]。

其次，你会习得大客户经营的专业心法。每一个销售真正的修炼，都是从

[①] FABE 是 features（特征）、advantage（优点）、benefit（利益）、evidence（证据）几个词的首字母缩写，是指销售在说服客户时要按照特征、优点、利益、证据的顺序依次介绍公司和产品。——编者注

经营大客户即关键客户（KA）开始的。客户有很多，但谁才是重点大客户？在这个部分，我会系统地为你讲解：如何做大客户梳理；在你目前的客户里，谁是更主要、更关键的客户；怎样在客户的决策链条中找到关键决策者，等等。大客户的作用和其带来的效益是不言而喻的。所以，你需要去了解，怎样才能赢得你的大客户。

最后，你会习得打造高效大客户销售团队的专业心法。如果你已经是一名卓越的大客户销售或销售团队管理者了，那我们就一起聊聊如何高效地管理销售团队吧！在销售团队管理中，是业务管理更重要，还是人员管理更重要？你该怎样利用自己的经验帮助团队提升业绩？

本书所含知识点有以下三个特点，这三点或许能给你带来切实的帮助。

- 第一，系统化。我会把惠普公司销售成长培训体系中最核心的机制——ASK[①]培训机制，与20多年来的销售管理实践经验结合起来，从态度、技能、知识三个方面，对你进行全方位、系统化的思维培训。

- 第二，实用性。通过本书，我希望你能掌握专业的销售技巧、标准的销售流程，提高销售能力，并形成一套最适合自己的销售行动方案，这便于你把所学知识、技巧运用到实际工作中，切实推动业绩增长。

- 第三，容易上手。我会针对不同的销售场景来进行案例设计和分析，还原销售过程中的难题、情景，给你提供分析问题的方法和工具，帮你解决销售过程中遇到的困难。另外，我在给你提供一些可以在实战中直接套用的有效实战模型的同时，也会给你出一些辅助性的思考题，提高你线下实践的成功率。

---

① A 指的是态度（Attitude），S 指的是技能（Skill），K 指的是知识（Knowledge）。

在我 20 多年的销售生涯中，惠普的培训体系让我受益匪浅。起初我的感觉就是，这套培训体系实用、好用，学了就能用，用了就见效；同时，由于做到了销售语言的统一，这套体系也很便于进行销售管理。后来，经过不断深入学习，特别是在研读了一系列专业好书后，我逐渐懂得了这些经典课程背后的原理、逻辑和思维。这些深入的研究使我的教学与辅导工作变得更加驾轻就熟，教学效果也得到了进一步提高。我会把这些好书在相关章节中一一列出，供感兴趣的读者深入学习与研究。

ASK 模型，专业大客户销售的基石

成为卓越大客户销售所需要具备的基本特质，就是我们经常说的三块基石——态度、技能、知识。接下来，我们就重点谈谈 ASK 模型。

第一块基石——态度：做正确的事

我们经常说，态度决定一切。在做大客户销售时，这点尤为重要。卓越大客户销售的态度可以用三个关键词概括：利他之心、同理心和无限游戏思维。

利他之心

优秀的大客户销售，特别是业绩一直领先、能长期取得客户信任的销售，往往都具有利他之心。利他之心指的是当你在处理利益关系的时候，不但要考虑自己，还要考虑他人；不但要考虑现在，还要考虑将来。也就是说，当你要采取某项行动时，最好既能满足自己的需要，又能帮助到别人。在某些极端情况下，你可能还要放弃自己的需要来满足别人的愿望。这是一种特殊的技能，不能只是说说而已，需要我们去专门学习、持续培养和不懈锻炼。

你可能听过这句话：世界上最伟大的商业模式就是利他，你为别人创造多大价值，你就有多大价值。现在许多企业家都在学习阿米巴，也就是稻盛和夫

的管理理念。稻盛和夫曾说："人人都有获得成功的资质，关键在于信念和心态。""比能力更重要的是人格，是思维方式，还有热情或者意志。要随时保持开朗积极的态度，怀抱梦想和希望，以直率的心面对一切。"这些话，值得我们深思。

"你装不成你不是的样子。"这种利他之心，是写在脸上的。你去见客户的时候，一开口，甚至可能还没有开口，客户就知道你是利他型还是利己型。利己的人，为了完成任务，为了业绩，为了奖金，为了自己不被淘汰，往往会催促客户签约和下单，希望客户帮他完成这个月或者这个季度的任务，或者希望代理商帮忙囤货。当销售以这种心态出现时，很难得到理想的结果。但如果我们做销售是为了给客户创造价值、帮助客户成功的，那么我们就会更多地为客户着想，会问他们当前面对什么问题、需要什么帮助，这时的销售效果就会不一样。

有的销售跟我说，见客户时会发怵，特别是见陌生的客户时。遇到这种情况，我就会问他："你为什么发怵呢？"我会建议他在心理上做一下调整，想想，你若心无杂念，是去帮助别人成功的，也就是利他的，那你还会发怵吗？销售的职能不是卖东西，而是为别人创造价值、帮助别人取得成功。有些销售去见客户的时候，总是抬头挺胸、信心满满，因为他是要去帮助别人的，所以敢于跟客户对视。反过来想想，如果你是利己的，只想要自己成功、完成销售任务、挣这份钱，那么这个时候，很有可能你的目光是会躲着客户的，不敢跟客户对视。所以，利他之心是装不出来的，是写在脸上的。这种利他之心，往往会表现为"以客户为中心"，也就是你需要考虑自己是否真的能从客户的角度思考问题，是否真的能用客户的语言和他们沟通交流，是否真的能为客户创造价值、帮助客户成功。

我在惠普做政府事业部总经理时，为了让我们的销售和客户有共同语言，订阅了不少行业相关报纸和杂志。比如，为了做好税务行业的业务，订阅了《中国税务报》；为了做好公安行业的业务，订阅了《人民公安报》……这些都是我们为了更好地了解行业动态和行业术语，便于用客户的语言与之交流所做的准备。

同理心

同理心也非常重要。**我认为，真正优秀的销售需要的不是狼性，也不是佛性，而是人性。**我常说"顺着人性做销售，逆着人性修自己"，你要好好体会一下。同理心考验的是你能否以别人的感受为出发点，站在别人的立场思考问题，也就是是否可以共情和换位思考；拥有同理心意味着你具备将心比心的能力。想要拥有同理心，一定要记住以下六个原则。

- 第一，你希望别人怎么对待你，就应该怎么对待别人。你愿意帮助客户，客户也会帮助你。你重视客户，客户也会重视你。
- 第二，将心比心，学会站在客户立场上想问题。想让客户理解你，就要首先理解客户。
- 第三，客户眼中的你才是你作为销售的真实形象，学会从客户的角度看问题，并据此改进自己在他们眼中的形象。
- 第四，只能修正自己，不能修正别人。想成功地和客户相处，让客户尊重你的想法，唯有先改变自己。
- 第五，做一个真诚坦白、值得信任的人。一个什么都藏着掖着的人，是不会被别人信任的。
- 第六，敢于真情流露。真情流露的人才能得到真情回报，虚情假意是无法掩饰的。以夸奖举例，要知道，客户能听出你的夸奖是发自肺腑的还是装模作样的。

无限游戏思维

你拥有有限游戏思维，还是无限游戏思维？无限游戏思维也是态度方面一个非常重要的关键词。有限游戏思维，看重的是赢某一单、某一项目，着眼于单点的、短期的价值；而如果你拥有无限游戏思维，就会看得更远、做得更长久。

《价值》[1]作者张磊经常说:"流水不争先,争的是滔滔不绝。"做大客户的生意就是这样的,不是每个项目都要赢,每一点得失都要去计较,重要的是与大客户长久合作,也就是书中提倡的长期主义。这方面的资料数不胜数。2019年全球最具影响力的50大管理思想家之一西蒙·斯涅克曾出版过《无限的游戏》[2]一书。该书得到很多企业家和学者的赞誉,包括海尔集团创始人张瑞敏、清华大学教授杨斌等。经营企业和做大客户销售一样,选择"短期的、竞争的、输赢的"有限思维和选择"长远的、竞合的、共赢的"无限思维获得的结果将大不相同,恰应了一句老话:"赢了每一场战役,却输了整个战争。"所以,做一件事时,不妨用"黄金圈思维"[3]先去寻找自己的"为什么",先思考为什么要做,再去考虑做什么、怎么做。这样的思考方式可以促使你捋清逻辑、增强意志、产生使命感。

在无限游戏思维这一点上我深有体会,可以在此举两个例子。在某省的一个社保项目中,我与关键客户接触后,决定按照客户的意愿把项目中的部分产品让给别的公司做,而不是由我的公司一家独占。这个艰难的决定正是为了和客户建立更强的信任关系和更长久的合作。另外一个例子是,在北京的一个重要项目中,我与客户充分沟通后,决定主动将部分服务让给客户推荐的一个集成商去负责。劝自己的部门退出项目真的很难,但我不得不这么做,因为只有这样我们才能和那家集成商强强联合、共筑城墙,更好地维护和开发客户。

---

[1] 《价值》是高瓴创始人张磊的首部力作,张磊沉淀15年之后在这本书中首度全面公开其投资思想。本书由湛庐策划、浙江教育出版社于2020年出版。——编者注

[2] "无限的游戏"概念最早由纽约大学教授詹姆斯·卡斯提出。简单来说,有限的游戏以取胜为目的,而无限的游戏则以延续游戏为目的。西蒙·斯涅克将这一概念延伸到商业界,提供了一种无限游戏式的商业思维。《无限的游戏》中文简体字版由湛庐引进、天津科学技术出版社于2020年出版。——编者注

[3] 你可以在《如何启动黄金圈思维》中学习这一思维模式。《如何启动黄金圈思维》是西蒙·斯涅克的又一力作,是一本帮你和团队找到底层意义的神奇指南。本书中文简体字版由湛庐引进、浙江人民出版社于2019年出版。——编者注

做大客户销售时，你是抱着猎人心态还是农夫心态？猎人往往到处寻找猎物，打到猎物后就会马上寻找下一个，且免不了会受伤。打猎总面对着激烈的竞争，有时还会与其他猎人发生冲突，甚至厮杀。农夫则不同，他们会播种、浇水、施肥、除草，还会养鸡、养鸭、养牛，平时就可以得到鸡蛋、鸭蛋和牛奶；他们会套种，根据不同的季节种不同的农作物，以便在任何季节和时段都可以有收获。猎人心态和农夫心态是截然相反的，你抱着哪一种？

想做好销售，其实农夫心态和猎人心态都得有。在很多情况下，你都要先打猎。我在带大客户销售团队的时候，就给自己的团队设计了一个logo，画的是一个一手拿枪一手拿镐的人。这个logo提醒着我们：既要做猎人，又要做农夫。

这听起来容易做起来难。你若想做农夫，首先就要"活着"。我曾让一个销售去负责开发一个重要行业的业务，那个行业很有发展潜力，但是需等一个较长的周期才能有产出。这个销售当时就跟我说："我也知道这个行业很重要，但是我很担心自己能不能'活'到那时候。"这句话深深触动了我，令我开始思考如何帮助他"活下去"，以期可持续地做行业开发工作。这件事带给我的警示是：在带团队开拓新业务时，管理者要对公司的策略和政策进行相应的调整，特别是尽可能延长公司考核大客户销售的周期。

第二块基石——技能：正确地做事

除态度外，做大客户销售还需要专业技能。我们常说，做大客户需要"以专业制胜"。态度让你做对的事，技能帮助你把事情做对、做好。总的来说，我们可以把技能归结为三类：技巧、流程和策略。

- 技巧：演讲技巧、"寻问"技巧、倾听技巧、谈判技巧等。
- 流程：销售管理、销售预测、个案管理、客户管理等。
- 策略：机会管理、高层营销、客户政治、顾问式销售等。

读书要读经典的，销售要学专业的。就像学游泳，对多数人而言，比起自学的狗刨，还是要向专业教练学习过后游得才更快。

我进惠普公司开始做销售时，已经有13年工龄了。惠普并没有让我马上冲向客户，而是要求我经过专业培训之后再去。我经历了完整的技能培训，学习了有效的商业演讲技能、专业销售技巧和情景式商务谈判方法等。在学习了专业的技能之后，还要考虑如何为客户、为公司创造更好的价值。不是单纯地卖产品，而要为客户、为公司创造更好的价值，卖解决方案才能达成这一目标。所以专业的大客户销售还要学习解决方案销售和向高层客户销售。企业发展了，做大了，还需要渠道，要学习如何做渠道管理；做行业，要学行业管理，做区域要学区域规划。如果提升了，要管理团队，还要学专业的销售团队管理。

如图0-1所示，我总结了有10门非常有用的课程，可以让你自下而上逐步学习晋级。这本书中就会收录专业销售技巧、大客户经营艺术和打造卓越销售团队的内容。

销售管理 (sales management)	打造卓越销售团队		
专业销售 (sales professions)	渠道管理与实践	行业客户销售管理	区域销售规划与管理
销售策略 (sales strategy)		向高层客户销售 解决方案销售 大客户经营艺术	
销售技能 (sales skills)		有效的商业演讲 专业销售技巧 情景式商务谈判	

图0-1 大客户销售成长十课

掌握这些技能可以提高你的工作效率和业绩，改善你的客户关系。比如，与客户交谈时，你如何表现自己在倾听？这不只体现在你的肢体言语上，比如目视对方、身体前倾、只坐 1/3 沙发，还体现在及时的提问和反馈、简单的语句应和上。这些技能，我将在后文中逐一地和你分享。

第三块基石——知识：达成目标的工具和力量

最后，我们谈谈 ASK 模型的第三块基石——K，知识。

很多人认为，做大客户销售少不了应酬，特别是要喝酒。酒喝好了，事儿才能办、才好办。我自己也曾这么认为。当然，这个想法已经过时了。现在，做大客户销售已经无法像过去那样只靠喝酒了。我们对酒量的要求在减少，对知识的要求却在不断增加。

在饭桌上，大家的交流是很重要的。每个人都可以聊一聊行业上的事儿，聊一聊新动向、新想法、新知识。如果你不读书，又不学习，没有知识，和其他人无话可谈，就只能跟别人说"干一杯……再干一杯"，下次可能真没人带你玩儿了。现在，谁也不缺饭吃，客户同意和你一起吃饭，是给你一次洽谈的机会，也许他们原本正在节食，或者比起与人约饭更希望去健走。你若没有知识，别人便可能会说："和他一起吃饭'没有营养'。"

战略大师加里·哈默与 C.K. 普拉哈拉德曾合著一本书，叫《竞争大未来》。他们把竞争分成三个阶段：知识的竞争、路径的竞争、市场的竞争。所谓的知识竞争，就是寻觅新商机和重构产业的预见能力；所谓的路径竞争，就是缩短从今天的产业结构到未来产业结构的路径；所谓的市场竞争，就是提高市场占有率。大部分企业家的思维都停留在市场竞争层面，而忽略了知识和路径的竞争。市场竞争只能帮你赢得市场占有率，但是知识和路径竞争可以帮你赢得"机会占有率"。市场只能满足当下，但是机会能帮你创造未来。如果我们要在长期竞争中胜出，就不能只关注市场和路径的竞争，而要更上一层，做好知识层面的竞争准备，提升认知，看清未来的变化。认知是人与人之间唯一的本质区别。在当今这种VUCA的时代，我们更需要提高认知。

我们常听到这样一句话"升维思考、降维打击"。当你做不到这一点时，一般都是因为你的认知到不了那个层面。正如《孙子兵法·谋攻篇》所说："上兵伐谋，其次伐交，其次伐兵，其下攻城。"我们看到许多销售喜欢在市场上和对手"打打杀杀"，热衷于投标，这些都属于伐兵和攻城，一般都会"杀敌一千，自损八百"。缺乏知识和认知层次不高的销售做不到伐谋和伐交。有些经常中标的销售被称为"常胜将军"，他一定是好销售吗？我认为不一定，这种"常胜将军"可能还不懂得"伐谋"，因为懂得"伐交"和"伐谋"的销售通常不会老去投标。

我看很多人教销售要勇敢，要去不停地拜见客户，在挫折中成长。虽然这样可以磨炼心智，但是我常对销售说："做销售绝不能有勇无谋。"

前文提到，态度让你做对的事，技能帮助你把事情做对、做好，那么知识就是你用来完成任务的思维、工具和力量。想要做好销售工作，在知识方面的要求很多，首先你需要了解PEST模型，对政治（Political）、经济（Economic）、社会（Social）和技术（Technological）这四大类影响企业的主要外部环境因素进行分析。在大客户销售中，我们可以把知识分为两大类：内部知识和外部知识。

- 内部知识主要指企业知识、运营知识、产品知识、技术知识、服务知识等。
- 外部知识主要指市场知识、行业知识、客户知识、竞争知识等。

如图0-2所示，我们通常更关注其中的4种知识：专业知识、企业知识、行业知识和客户知识。专业知识对你来说应该是必备的，而且企业会不断就此组织培训。掌握企业知识通常意味着会介绍自己的企业，会讲企业故事，学会清华大学门卫的"灵魂三问"——懂得企业从哪里来，要到哪里去，以及如何抵达目的地。客户的层次越高，就越喜欢听你讲企业的故事。把企业的故事讲好了，才会给客户留下非常深刻的印象。此外，企业知识还包含对企业业务和运作的理解。

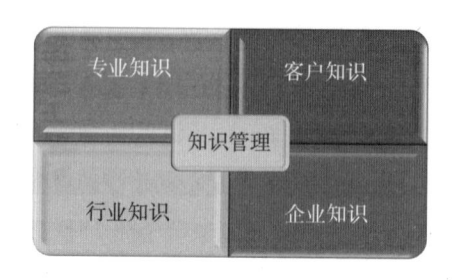

图 0-2　知识管理的重心

我在惠普时，就经常给客户讲惠普发源于一间车库的故事。

两个斯坦福大学的毕业生，在老师的动员下创办了一家公司。这两个人是谁呢？一个叫威廉·休利特（William Hewlett），一个叫戴维·帕卡德（Dave Parkard）。他们创办公司的地点在一间车库。这个车库后来非常有名，被政府定为"硅谷诞生地"。大家都知道硅谷，却不一定知道硅谷诞生地就是惠普创业的车库。后来车库创业的故事开始流行，苹果、谷歌、亚马逊、哈雷、迪士尼、美泰公司等纷纷诞生于车库之中。

惠普公司起名的过程也非常有意思。两位创始人都不擅长起名，所以后来决定用两个人的名字首字母来命名公司。但是谁的名字放前，谁的名字放后呢？他俩是用投硬币决定的。最后谁赢了呢？大家都知道，休利特赢了，所以H放在了前头；帕卡德输了，P就放在了后头。而这，就是惠普公司名字的由来。

再举例来说，掌握行业知识意味着搞懂客户做的是什么行业，你对这个行业是否了解，能不能用客户语言跟对方交流，这一点非常重要。只要你一开口，客户就知道你说的是不是行话、懂不懂行业知识。目前有许多企业请我去讲如何拓展 to G（面向政府）的业务，我一般都会先问他们几个问题：怎么理解"不忘初心，牢记使命"？什么是"两个一百年"？什么是"四个坚持""四个自信"？如果这些对方都答不上来，那就别做政府业务了。因为这些是做政府业务必备的行业知识。在做医院信息系统的项目时，我就要求销售去补课，要求他们了解、掌握医疗信息系统，特别是医疗卫生系统的基本术语。比如，什么是医院信息管理系统（Hospital Information System，HIS），什么是临床信息系统（Clinical Information System，CIS），什么是电子病历（Electronic Medical Record，EMR）。在跟医疗卫生相关行业的客户交流时，不了解这些基本术语，你是无法真正开口说话的。

客户知识只有从客户那里学习和获得。我在惠普和思科工作时，都会请客户来给我们讲课，包括政府客户，如邀请公安领域、财税领域、医疗卫生和教育领域的专家与我们交流。

总结来说，内部知识，是你在企业内部可以学到的；外部知识则需要你向外学习。如果你真的具备这些知识，在做大客户销售的时候会畅通无阻。

目 录

各方赞誉
推荐序 大客户销售的价值不可替代

李东朔
UMU学习平台创始人、董事长兼总裁

前言 做大客户销售,我们强调专业心法

第一部分 基础篇
大客户拜访的专业心法

第1章 两大原则,挖掘客户的真正需求   003
      原则1,以客户需求为重点,把产品卖给真正需要的人   004
      原则2,做有价值的"寻问",搞清需求之前别开口   006

第 2 章　五个步骤，达成成功的业务拜访　　011

步骤 1，准备：收集信息，把握真正的销售机会　　012
步骤 2，开场：客户为先，他想达成什么？　　020
步骤 3，"寻问"：探寻需求背后的需求　　024
步骤 4，说服：善于利用利益和证据　　030
步骤 5，达成：收获承诺，促进成交　　034

第 3 章　换位思考，打动曾拒绝你的客户　　041

方法 1，打动一开口就拒绝你的客户　　043
方法 2，将客户的顾虑转化为需求　　046

第二部分　战略篇
大客户经营的专业心法

第 4 章　步步精进，提升大客户销售的专业素养　　059

四个维度，区分 to B 销售与 to C 销售　　060
三种角色，把握大客户销售的独特价值　　063
三个层次，向企业销售进阶　　066
正三角法则，科学分配时间和精力　　075
知识管理，掌握达成目标的工具与力量　　077
营销创新，触发指数级业绩增长　　078

第 5 章　销售心法，赢得大客户的信任与忠诚　　083

瞄准靶心，找到真正的大客户　　084

　　　　转变思维和销售模式，将"客户至上"落到实处　　095
　　　　创造价值，与客户建立信任关系　　102

第6章　全面布局，与大客户建立战略连接　　123
　　　　使用STP法，制定大客户营销战略　　124
　　　　差异化产品和服务，为目标客户创造价值　　126
　　　　利用SCORE评估系统，分析竞争形势　　128
　　　　巧用四步法，让大客户营销战略落地　　133

第7章　制定作战策略，建立稳中求进的合作关系　　139
　　　　三大进攻型策略，有条不紊地战胜对手　　141
　　　　两大防守型策略，巩固已有客户、赢得潜在客户　　144
　　　　设定思维框架，选择最适合的作战策略　　147
　　　　制订计划，稳扎稳打开展销售过程　　151

第三部分　进阶篇
　　　　　打造大客户销售团队的专业心法

第8章　成为领导者，全方位塑造高绩效的销售战队　　161
　　　　实现从员工到管理者的角色转变　　162
　　　　你的销售队伍是"团队"，还是"团伙"　　164
　　　　实现团队高效管理的四项必备条件　　166
　　　　成功的管理者必须做好的四件事　　168

第9章	人员招聘，选择比努力更重要	171
	招聘的价值不止于人才	172
	优秀的人才是找来的，而非招来的	173
	善用成功规划表，找到真正的人才	177
	准备 FAIR 问题，科学面试	183

第10章	员工辅导，员工需要教练，而非指令	191
	带兵要带心，教练式辅导的五项价值	192
	常见但不简单，教练式辅导的七项原则	194
	七个行为，客户拜访现场辅导的有效结构	200
	职业自立，帮助员工制订发展计划	204
	做好人才投资，制订全面培训计划	210

第11章	员工激励，精神激励比物质激励更有效	215
	有形待遇，把握物质激励的八项原则	217
	无形激励，善用精神激励的葡萄模型	220
	带好年轻销售，建立游戏化管理体系	224

第12章	销售文化，以责任感驱动组织绩效	231
	成效导向，将责任感文化注入企业的骨髓	233
	五个步骤，打造成效驱动的责任感销售文化	237
	八个关键，避免公司资源个人化	242

第13章	销售会议，不要误入评判者的泥潭	251
	八项关键原则，决定销售会议的效能	253

环环相扣，科学安排销售会议的结构	254
因人而异，有效管理不同个性的销售	255
实战演练，善用学习者心态	257

第14章　销售预测，精准预测实现高绩效目标　265

销售预测不准的七项危害	267
销售预测和管理的工具和方法	268
九个阶段，以漏斗型销售创造客户	273
六个步骤，实现精准销售预测	278

第一部分

基础篇
大客户拜访的专业心法

专业与你的学历与职位无关，
只关乎你对工作的自豪感、
对高品质的要求和对客户的积极关注。

/ 第1章 /

两大原则，
挖掘客户的真正需求

客户愿意购买产品、服务和方案，是为了满足自己的需求。所以说，成功的销售必须将满足客户需求作为工作重点。这一点不难理解，却很少有销售能够做到。如果你是一位老销售，就很容易根据经验去猜客户有什么需求，往往会犯我们经常说的"我以为"错误；如果你是新销售，往往会在不敢多问的情况下就主动向客户介绍产品和服务，当客户表现出需求时，便马上加以应对，去努力说服客户，生怕抓不住时机，响应不及时，但是此时，你往往还并不了解客户真正的需求，尤其潜在的需求。那么，如何才能把握住客户的真正需求呢？本章要解决的正是这个问题。

原则1，以客户需求为重点，把产品卖给真正需要的人

我先给你讲个故事。

在美国纽约第五大道，有一家复印机制造公司需要招聘一名优秀的销售人员。老板从十几个应聘者中选出三个人进行最终的考核，其

中有两个小伙子，一个年轻姑娘。老板给出的最终考核是：给他们三个人一天的时间，让他们尽情地展现自己的销售能力，然后第二天早上来汇报成果。可是，做什么事情才最能展现自己的销售能力呢？他们三个人走出公司就开始商量，之后各自采取了行动。

第二天一早，老板就已经坐在办公室等这三个应聘者了。老板说："说说吧，你们都做了什么最能体现销售能力的事？"一个小伙子得意地说："我花了一天时间，终于把复印机卖给了一位农夫！要知道，农夫根本不需要复印机，但我让他买了一台！"另一个小伙子说："我用了两个小时跑到郊外的哈得孙河边，花了一个小时找到一个渔民，接着又足足花了四个小时，费尽口舌，终于在太阳即将落山时说服他买下了一台复印机！"他同样得意地说："事实上，他根本就用不着复印机，但是我让他买下了！"

老板笑着点点头，接着他扭头问："小姑娘，你把产品卖给了什么人，是一个系着围裙的家庭主妇，还是一个正在遛狗的夫人啊？"

小姑娘回答："我把产品卖给了三位电器经销商。"她说着从包里掏出几份文件递给老板："我在半天时间里拜访了三家电器经销商，并且签回了三份订单，总共销售了600台复印机。"

老板喜出望外地拿起订单看了看，然后宣布了自己的选择。

这个故事给我留下了非常深刻的印象。当然，老板最终的选择相信你一定猜得到。但你可能不知道，故事中的这个姑娘，正是美国施乐公司的前任总裁安妮·穆尔卡希（Anne Mulcahy）。2001年，她被《财富》杂志评为"20世纪全球最伟大的百位销售之一"。从一个普通的销售应聘者成长为施乐公司的总裁，她做对了什么？穆尔卡希后来在她的回忆录中说：大家对于"能力"的概念是有误解的。能力不是指用更多的时间，去完成一件最不可思议的事，而是用最短的时间，去完成更多最容易的事。

销售需要效率和效果。我们要服务的客户，就是那些有需求的客户。许多人提出要创造客户需求，要教育和培训客户，但这不是销售的首要工作，而是市场营销的工作，而且还要看你的企业是否有时间和财力来做这些，要不然你很可能就"躺在沙滩上"了。

所以，满足客户需求理念的核心是：成功是你和客户共同的目标。作为销售代表，你成功的关键就在于能为帮助客户成功做出承诺，正确地引导客户做出一个能使他成功的决定。

原则 2，做有价值的"寻问"，搞清需求之前别开口

人的大部分需求，在被满足之前，基本都是隐性的。也就是说，客户的需求不是我们肉眼能看见的，也不是我们能猜到的，只有客户自己心里清楚。所以，只有客户才能告诉你，他们的需求是什么。那么，要挖掘客户的需求，你一定要听客户说了什么。

我打个比方，假设将你的客户比作病人，那么作为大客户销售，你承担的角色类似于"医生"还是"卖药的"？"卖药的"总是被动地听病人的话行动。病人说："我感冒了，有感冒药吗？"这时你就开始介绍各种药品的功效和价格，之后由对方来选择，主动权掌握在对方手里。但是医生就不同了，医生会先问诊，针对病人的情况分析病因，分析他是否得了感冒、得了哪种感冒、怎么引起的，这样病人会感觉受到尊重，之后再提出治疗方案、开相应的处方。这种情况下，决定权是在医生手里，而且医生也受到病人的尊重。这就对应着两种完全不同的销售方法，一种在应对客户的显性需求，一种在发现客户的潜在需求。

当客户明确说出"我需要……""我们正在找……""我们期望……""我们对……很感兴趣""我们的目标就是……"等字眼儿和词句时，你就要打起精神了。这时候，你要仔细地倾听和辨别客户表达需求的言辞。如果没有这样做，你就可能对客户的需求做出不正确的猜测，甚至提起他们不关心的事情，白白浪费时间。

另外，大部分销售在了解了客户的需求后，往往会马上劝说客户购买，会解释自己的公司、产品和服务有多么好，并保证这些一定可以满足客户的需求。但是这其中少了重要的一步——"寻问"。通过有价值的"寻问"去探究客户所处的情形和环境是十分必要的，因为客户的需求一定是由某种场景诱发的。**所以，要多问关于具体场景的问题，场景是需求还原的过程，真实并且细节充分**。这种现象也经常出现在日常生活中。比如，当你去买房时，如果房地产销售人员只在简单问过你想看什么房之后，就开始向你推荐、介绍和展示相关的楼盘和房型，那么，其实他并不了解你真实的需求，因为他不清楚你所处的情形和环境。但是如果你遇到的是一个有经验的销售，他一定会问："您买房是自住、投资，还是改善住宅环境？"同时，他还会问一些简单的问题来了解你的家庭情况，比如，有没有孩子，有没有老人等。这样，他才能给你提出更好的购房建议。

通常来说，客户的需求可能因为业务环境发生某些变化而变化。比如政策变化、出口受阻、内循环依赖度提高，或者出现新的市场竞争对手、财务预算紧缩、行业发展趋势发生变化等，再或者，客户自己所承担的责任发生变化，比如发生职位晋升。这些因素都可能驱使客户产生改进或者达成某些事情的欲望，也就会产生一个或多个需求。

下面是一个发生在新冠肺炎疫情防控期间的真实事件。

我有一个关系很好的合作公司——优幕科技，这家公司专注做知识的分享与传播，还配套有学习互动平台。他们的客户主要集中在教育和培训领域。我从该公司创始人兼CEO李东朔[①]那里了解到，新冠肺炎疫情的到来使得他们在以下两个行业得到了更多的客户。

[①] 李东朔是优幕科技（UMU Technology）的创始人、董事长兼总裁。他推出的在线课程《学习的升级》可以帮助人们用思想领导力与技术领导力推动学习的升级。该课程由湛庐策划并制作，于湛庐阅读App上架。——编者注

一个行业是制药业。制药公司开始大规模采用优幕科技平台服务。新冠肺炎疫情防控期间，他们与礼来、罗氏这些制药公司签约，而原有的客户——拜耳、诺华、诺和诺德等，也都大幅增加了对平台服务的采购量。这些制药公司在优幕科技的学习互动平台上进行销售培训，并开展日常学习活动。另一个行业是零售业。三大内衣品牌，即黛安芬、爱慕和华歌尔，也都大幅增加了对平台服务的购买量。

由此可以看出，受新冠肺炎疫情影响，客户所处的情形、环境发生了变化，因员工不能大规模线下聚集，所以学习和交流的方式都要改为线上，需求也就由此产生了。当然，线上学习可不只是看视频，当下客户对线上学习明显有了更高、更新的要求，他们要求有互动、有考试、有点评，有人工智能辅助，更要求提升人力资源效能，以对抗可能的成本波动和经济危机。所以，可以通过教、学、练、用的闭环真正地实现有效线上学习的互动平台，完美满足了客户的需求，紧紧抓住了他们的心。

辨别出客户需求后，你要随时注意：你和客户的对话，是不是针对客户的需求进行的，你在针对哪几项需求跟客户对话。

研究显示，在销售和客户的对话过程中，客户表达需求的数目和拜访的成果有直接的关系。平均来说，在一个成功的业务拜访中，客户会谈到两个以上不同的需求，这些需求是销售可以用自己公司的产品或服务予以满足的。换句话说，如果在一次业务拜访过程中，销售能满足客户两个以上的需求，那么这次拜访就是成功的。

> **像销售领袖一样思考**
>
> - 能力不是指用更多的时间，去完成一件最不可思议的事，而是用最短的时间，去完成更多最容易的事。
>
> - 成功的销售必须将满足客户需求作为工作重点，把产品卖给真正需要它们的人。
>
> - 在实际销售过程中，你需要通过有价值的"寻问"去挖掘客户真正的需求，以期与客户达成明智而互利的协议。
>
> - 多问关于具体场景的问题，因为场景是需求还原的过程，真实并且细节充分。

/ 第 2 章 /

五个步骤，
达成成功的业务拜访

我们已经谈到，成功的销售必须将满足客户需求作为工作重点。为满足客户需求，销售需要对客户进行成功的业务拜访，进而与客户达成明智而互利的协议。那么，作为专业的销售，你的任务就是要充分把握拜访的过程以达到理想的效果。

这一章，我们将探讨专业的业务拜访到底应该怎么做。任何一次专业的业务拜访流程都应该包括五个步骤：做准备工作、说好开场白、"寻问"、说服和达成协议。

步骤1，准备：收集信息，把握真正的销售机会

我们先聊聊业务拜访的前奏。具体来讲，我想谈两个问题：

- 第一，业绩出色的大客户销售要扮演哪些角色？
- 第二，在拜访客户前，需要做哪些准备工作？

业绩出色的大客户销售要扮演哪些角色？

当我在课堂上问这个问题时，总会有人回答："孙子。"还有人会说："保姆。"如果你上网搜索，还会得到牧师、军师、工程师等答案。当然，日常生活中销售更可能用"甲方爸爸"这种称呼来叫大客户，所以还可能有"儿子"这种答案。你觉得哪个角色更贴近大客户销售的工作呢？我们来看看调查结果怎么说。

惠普曾经委托专业机构做过一项调查研究，目的是了解业绩出色的销售在和客户打交道时，其行为和做法与一般的销售到底有什么不同。接受这次调查的，有500多位来自不同行业的销售代表。在这项调查中，惠普主要通过两个标准来评定销售的业绩：

- 第一，能达到预期销售业绩，或者超过预期业绩；
- 第二，上级、同事或者客户都认同他的工作绩效水平。

如果销售代表能同时达到以上两个标准，就会被评为高绩效；如果只达到其中一个标准，就是中等绩效；如果未能达到任何一个标准，就是缺乏绩效。在接受调查的销售代表中，30%被评为高绩效，47%被评为中等绩效，而被评为缺乏绩效的只占23%。在这次调查中我们也发现：被评为高绩效和中等绩效的销售，和被评为缺乏绩效的销售相比，在经营客户关系的过程中都承担着这三种角色的工作：

- 第一种角色，客户的长期伙伴和朋友，即同盟者；
- 第二种角色，客户的业务顾问，客户有什么问题都会主动征求他们的建议；
- 第三种角色，与众不同的策略协调者。

做好以上每一种角色的工作都可助你成为一个成功的大客户销售，而你如何诠释这三种角色,就决定着你能完成多少销售业绩。那么,如何做好这三种角色的工作呢?

先来看第一种角色。我们知道大客户业务是建立在销售与客户彼此信任的基础上的,要建立彼此间的信任就要和客户成为朋友。作为客户的长期伙伴和朋友,你应该从客户长期需要的角度出发给予建议,而不是把自己能够或需要销售什么作为出发点,也就是说,你玩的应该是"无限的游戏"。你需要给客户做出承诺,表明自己愿助其达成短期或长期目标,并且能诚实地回应客户的顾虑。你一定要实事求是地展示自己的产品和公司,帮助客户充分了解产品的特征、使用方法和能带来的效益。这里我提到了一个词"实事求是"。作为客户的长期伙伴和朋友,一定不要为了抬高自己而贬低竞争对手,一味强调对方产品和公司的缺点,要着重展示自己的产品和公司能够为客户带来什么价值,而且要有必要的证据;展示的同时不要忘记确认客户是否已经接受了你给出的意见,并加强了未来业务合作的意向。

第二种角色是客户的业务顾问。你必须从不同的角度充分收集客户的信息,挖掘客户不同层次的问题和需求,提出相应的解决方案,这样才有可能把握住真正的销售机会。问问自己:客户最主要的业务问题是什么?客户公司方面的问题和优先需求是什么?部门方面的问题和优先需求是什么?个人方面的问题和优先需求又是什么?知道这些问题的答案就是你在拜访客户前必须要做的准备工作。而且,你要把眼光放在大局上,不要专注于细节,在业务关系开展初期更应该如此。你要站在帮助客户增长利益的角度,展示你产品的优势;即使这些优势不一定对这次销售有直接帮助,但它们仍然可以作为商业上有用的建议和信息为客户提供一定帮助。这也是在玩"无限的游戏"。

再来说说第三种角色,与众不同的策略协调者。作为策略协调者,你必须做到与众不同,为客户创造不一样的体验,还要能促进同事和客户公司主要工作人员之间的沟通,协调所有与销售和服务有关的活动。这时候,你需要向公司内部寻求协助或指导,以一种积极解决问题的态度处理市场、生产、运输、服务上的问题，主动协调工作，以满足客户目前和将来的需求。我们经常说：总是讲"Me too"（我也一样）的销售不是好销售。作为销售，你一定要与众不同，要和别人不一样。在此，我不得不提一个送月饼的故事。

每逢中秋节，我们团队都会买一些月饼作为节日礼物送给客户。但有一年，当一个大客户经理拿着一份名单跟我说自己准备按名单给客户送月饼时，我却回答说："还是不送了吧。"

为什么那一年没有送月饼？因为我们没有提前准备。同很多其他公司的做法一样，我们的月饼是从知名酒店订购的，而名单上的这些客户根本就不缺乏送这种月饼的合作公司。没有特色的月饼不会被客户记住，只会平白增加成本。那么，什么样的月饼才是与众不同的呢？我认为，那一年诺基亚公司送客户的月饼就非常有特色。

- 第一，客户拿到月饼就会知道是谁送的。诺基亚是在星巴克定制的礼品月饼，每一块月饼、每一个礼品袋上都有诺基亚和星巴克的标识。月饼兼具商务感和时尚感，同时，还达到了极好的宣传效果。

- 第二，月饼的外形会给客户留下极其深刻的印象。打开月饼盒时，你会看到四块外形和诺基亚即将上市的四款手机一模一样的"手机月饼"。这样的视觉冲击力是很强的。客户每吃完一个"手机"，对诺基亚留下的印象便会更深一分。在别人都送在酒店订购的月饼时，诺基亚送"手机月饼"——这，就是与众不同。

你是否考虑过做与众不同的事，并协调市场部的资源把这件事做好呢？这个送月饼的故事，还有后续。

在确定不送月饼后，当大客户经理看见我桌上也有月饼时，就忍不住问我:"Jerry,你不让我们送月饼,怎么自己还买月饼送人呢?"我说:"我的确买了几盒月饼送人,但是我有两个原则。第一,我会送给那些收不到月饼的人;第二,我不会买很多月饼。"

大客户经理又问:"那你送给谁呢?"他既然问了,我只好回答:"我要送给某重要客户的门卫大爷。"他听后笑了:"公司要求买月饼送给VIP客户,你却买月饼送给门卫大爷?"我说:"对呀,他对我很重要啊!你想想,去客户那里要做的第一件事就是办理进门手续,要填写单子登记、出示身份证,负责的大爷还需要打电话给领导,问他是否有时间见我。但是自从我给大爷送了盒月饼后,大爷看见我就说:'张总来啦!'然后马上给我递来门禁卡。别人看到这个场景总是很诧异:张总是谁啊?怎么一来就能进门?人少的时候,我还会跟大爷聊聊天儿。我会问大爷最近有哪些公司的销售过来拜访、客户都见过谁、多长时间等问题。这些问题大爷都知道答案。"

我们说商场如战场,你必须知道对方的动作,了解对方的动向。经常和客户见面的销售,应该与其关系不错;和客户有较长交谈时间的销售,应该与其有合作项目。在销售过程中,你如果在很多事情上都能做到与众不同,就能获得不一样的成果。

在拜访客户前,需要做哪些准备工作?

我先问几个问题:目前你做客户拜访的效果如何,效率如何?你使用的销售方法是自己摸索的,还是向师傅学的?你师傅的销售方法是自己摸索的还是从哪里学的?用这种方法进行销售,你感到费时费力,还是省时省力?下面我们来学习一下专业的客户拜访技巧,帮你解决和回答这些问题。

要想做好业务拜访,你应该从三个方面做足准备:自身、客户和竞争对手。

首先,我们谈谈自身方面。拜访客户是为了什么?是为了与客户达成互利合作。你必须让客户相信你的公司是安全可靠的，所以，你在介绍公司时需要讲明公司的注册资金、行业经验、所获荣誉等。你不仅要说出来，还要带上相关资料和纸质证明，这样才有足够的说服力。

你还要让客户相信你是真诚、有礼貌的。客户调查显示：客户喜欢诚实、客观、有礼貌、善于倾听、知识渊博、遵守承诺、会共情、能解决问题、善于提出创新方案的销售人员，他们愿意与这样的销售人员讨论自己的需要。你要对客户的要求有全方位的准备，要去思考用什么样的方式和语言才能展现这些品德，以建立良好的第一印象。比如，你可以用换位思考来展现共情力，用对竞争对手的评价来展现你的客观。

其次，谈谈客户方面。你需要针对每一个客户收集具体的信息，并以此评估机会。资格信息检查表这个工具可以帮你把客户的信息梳理清楚。一个合格的资格信息检查表需要包括下面这些内容。

- 你真的有机会吗？

    比如，客户有真正的商业需求吗？如果现在没有，他们将来会有商业需求吗？现在他们遇到了什么问题和挑战？他们准备应对挑战吗？如果有商业需求，你有可以满足他们需求的方案吗？这个方案实用吗？可以用什么方法来衡量这个方案的实用性？可以通过收益来衡量吗？

- 客户在财务上有保证吗？

    比如，客户是否有稳固的财务担保？如果没有，将来能有财务担保吗？客户有采购的记录吗？客户有意愿保持当前的采购水平或者提高它吗？

- 客户的决策基础和决策流程是什么？

    比如，你知道客户真正想做什么吗？他们是怎样做决定的？你知道客户决定是否购买某一方案的考量维度是什么吗？

- **决策者是谁？**

    你了解客户公司的组织结构图吗？你知道谁是关键人物吗？你可以通过谁来认识这位关键人物？这些关键人物你都拜访过了吗？

- **你了解客户的决策时间表吗？**

    比如，客户什么时候发需求书？什么时候写招标书？什么时候招标？什么时候请专家？在大客户销售中时间表非常重要，对手之间竞争的"赛点"都发生在关键时间点。你能按照时间表发力吗？如果不能，你能改变时间表吗？

最后，要了解竞争对手的情况。知彼知己，百战不殆。你需要好好了解一下竞争对手的信息。这个项目的竞争者是谁，或者可能是谁？这个竞争者领先于你了吗？如果领先了，你能超过他吗？为什么？有谁曾经被淘汰了？被淘汰的理由是什么？了解这些可以让你避免犯同样的错误。

只有全面地了解这些信息后，你才算是为业务拜访做足了准备、开了个好头。你可以这样准备：准备一份适合本公司业务和客户情况的检查清单（checklist）。可以看看《清单革命》[①]这本书，千万不要忽视清单的作用。仅仅通过列好清单，就可以贯彻简单、可测、高效三大原则，防止遗忘和遗漏。在已知项前打钩、未知项前打问号，多么一目了然！

总而言之，拜访前要从自身、客户和竞争对手三方面着手做准备，以期让客户有受重视的感觉和更好的体验，从而大幅提高拜访的效率。

---

① 《清单革命》是美国著名外科医生阿图·葛文德的力作。本书提出用"清单"应对复杂世界的观念，旨在告诉人们如何正确、持续、安全地把事情做对、做好。本书中文简体字版由湛庐引进、浙江教育出版社于2022年出版。——编者注

还有一件事你必须认真对待，就是你的形象。你的形象价值百万，你留给别人的形象是否专业，往往比你是否能干还重要。哈佛商学院所做的一项事业发展研究指出：在事业的长期发展优势中，视觉效应是能力的9倍。人是视觉动物，人类所获取信息的83%来自视觉，

其次是听觉、嗅觉、味觉、触觉。

人与人见面时有一个"7秒现象"，在心理学上叫"头七秒钟理论"，就是说人与人在见面的时候，产生的好恶决定于见面的头七秒钟，7秒钟就决定了第一印象。加州大学洛杉矶分校的心理学教授艾伯特·麦拉宾（Albert Mehrabian）经大量研究提出了著名的"麦拉宾法则"，又称"73855定律"，认为在人们进行语言交流的时候55%的信息是通过视觉传达的，如手势、表情、装扮、肢体语言、仪态等；38%的信息是通过听觉传达的，如说话的语调等；只有7%来自纯粹的语言表达。因此，一定要注意自己的形象。我当年进惠普工作时，作为新员工要上的一课就是：着装要求（Dress Code）。公司对员工在什么场合该如何着装有明确的要求。公司要求销售人员平时穿正装，周五可以穿商务休闲装，圆领衫、牛仔裤、球鞋、露脚趾的鞋子、露肩服饰、短裙都不是恰当的着装。为了提升你的着装水平，你可以读一下湛庐的《着装影响力》一书，作者是一位有10余年经验的专业西装定制主理人。书中写到"商务人士穿的不是衣服而是理念""衣服要适合未来的自己，而不是现在的自己"。未来，对企业来说产品与服务固然重要，但"参与其中的是什么样的人"也很重要。当然同时，公司要求员工注意个人卫生，抽烟的人一定要定期洗牙，见客户和开会前不要吃带味食品，我的做法是随身带牙刷。我和销售说："也许你和客户一直谈得不错，只因为你打了一个韭菜嗝，就有可能把合同给呛没了。"在商务宴请时也要注意礼仪，吃相很重要，记住"你在品味食品，别人在品味你"。特别要提醒的是在喝汤和吃面时注意声音。按现在的话来讲，你要学会打造个人品牌。你重视客户，他们才会重视你。

步骤2，开场：客户为先，他想达成什么？

我们已经聊了做业务拜访之前的准备工作，以及大客户销售需要承担的角色，接下来谈谈业务拜访流程的第二步——开场。

不少人的失败都始于开场。我们常说，说好开场白是专业销售拜访的重要一步，在这一步留给客户的印象可能就决定了后续的会谈是否顺利。在这里我可以举两个例子。

案例一：以电话开场。

新冠肺炎疫情防控期间，某国际知名公司中国区副总裁，也是我的一个老同事，发微信给我，希望我给他们公司的销售人员做一些培训，因为他看见我在做一些公益的线上销售课程。我愉快地答应了老同事的请求，开始等对方公司人力资源部工作人员的联系。

周一，他们公司人力资源部的负责人电话联系我时的开场白是这样的："您好，我是××公司人力资源部经理，今天想跟您谈谈培训的事情……张老师，您能不能先自我介绍一下？请跟我交流一下，您都可以讲什么课程。"我会接受邀请做这个培训，主要是因为他们中国区副总裁是我多年的老同事，他对我非常了解，也是因此才邀请我去给他们做培训。但是这位人力资源部经理显然对我不太了解，也没有做过任何准备，所以她的开场白显得很不专业。我回应她说："这样吧，我还是先发一份简历给您，再发一些课程的介绍。您先看看，看完了之后我们再通电话，这样也可以节省大家的时间。您看这样好不好？"于是，这次沟通很快就结束了。

这位人力资源部经理的不专业体现在两点：第一，没有做任何准备，不懂得与客户见面或电话交流之前一定要做足准备；第二，她在提出议程[①]之后就

[①] 本书所指议程，包括会议的流程和核心议题。——编者注

开始让对方自我介绍，这样的开场白对后续进一步沟通很不利。

案例二：直接与客户见面的开场。

这是我在陪同朋友去见客户时发生的事情。双方见面寒暄后，朋友开始解释拜访的原因，而后就开始滔滔不绝地介绍自己的公司并展示自己的实力，说了很多诸如企业性质、是否上市、注册资金、业界成绩、成功案例等相关信息。设身处地想一下，如果你是客户，此时的你会感到舒服吗？很显然，这样的开场白可能不会引起对方的兴趣，并且会影响接下来的整个会面。

那怎样才算是一个专业的开场白呢？开场白的目的是能就拜访中将要谈及的事项达成共识。如果你的议程和客户的议程不一致，那么这次会面对双方而言，就不会有很大的意义。那么，怎么样才能保证双方议程一致呢？专业的开场可以用这三步法。

第一步，提出议程，让整个谈话有一个清晰的方向，使接下来的谈话效率更高。你可以这样说："今天我来见您，是想和您聊一聊企业数字化转型的事，大约需要20分钟。"这种做法看上去简单，但十分有效，让客户既了解议程，又了解了会面的大致时间，这也是我惯用的方法。一般来说，人们需要经过训练才能有意识地做到这一步。

第二步，陈述议程对客户的价值，让客户明白这对他有何益处，借此把重心放在客户身上。一定要注意强调这次交谈对客户的价值，比如可以这样表述："这样我可以更多地了解您的情况，看看我们怎么样才能为您提供更好的服务。"需要注意的是，第二步非常重要，因为如果你不阐明这次议程对客户的价值，重心就不会转到客户身上。这样客户就可能会认为，你只是来推销产品。但是，你如果在这里陈述了议程对客户的价值，客户会感受到你想要帮助他们的心意。

那么，这时候就可以开始谈了吗？不，还有非常重要的一步：第三步，询问客户是否接受。比如，你可以这么说："您看，我们可以开始吗？"这一步的目的是征得客户的同意。如果你在客户没有同意的情况下就开始沟通，议程可能就会和客户的想法不一致，你还可能会在交谈过程中被打断。比如，客户可能会说："上次那个投诉好像还没处理好吧？"或者说："你们上次交货好像延误了。"而这些话题，原本是不在计划中的。

所以，第三步是必不可少的。我们说过，销售需要了解人性。每个人都需要安全感，也都有控制欲，当你询问客户是否可以开始时，这是在对客户表达尊重，是在给客户决定权。如果客户认为需要增加议题，他就会在这个时间提出来。可能他会说："我们能不能谈一下上次投诉的问题？""我们谈一下晚到货的问题吧！"这时，你就可以把这些议题一并加进来，继续交流。当客户同意后，在交流中他就不会来打断你了，这符合《影响力》[①]一书中讲到的"承诺一致原则"。如果你在平时与客户交流中经常被打断，可能就是因为在开始时你没有征得客户的同意就开始了。你看这样简单的一句话，既可以让你和客户的谈话更同步，又能表达你对客户的尊重。

综上所述，在拜访客户时，你可以采用三步法来开场：

- 第一步是提出议程；
- 第二步是陈述议程对客户的价值；
- 第三步是询问客户是否接受。

这三步虽然简单，但是环环相扣，缺一不可。在熟练掌握了这三步法之后，你与客户的沟通就会更加顺畅，也能更好地提高沟通的效率。在拜访客户的过程中，如果你发现其他销售在说开场白时也采用了这三步法，就可以判断他一定受过专业训练。

[①]《影响力》是罗伯特·西奥迪尼的著作，作者从专业角度为读者阐释了影响力的7大基本原则。本书中文简体字版由湛庐引进、北京联合出版公司于2021年出版。——编者注

这三步需要反复演练。我在做线下培训时，一般会组织大家做现场练习。平时，你也可以找朋友或者同事，三人一组进行角色扮演：一人扮演客户，一人扮演销售人员，另外一人扮演观察员。每个人都可以先把见客户的开场白写下来，然后进行角色扮演，每次扮演完成后都要由"客户"和"观察员"点评"销售人员"的表现。

至于如何准备开场，我的建议是：在做开场白之前，先想想自己和客户的目的分别是什么。那何时开场呢？当你已经营造了比较舒适的谈话气氛并准备好谈业务的时候，就可以开场了，可以与客户交换名片，聊聊天气和时事等。需要注意一点，很多人觉得寒暄浪费时间，但其实寒暄有时是非常必要的，它可以帮助你营造良好的气氛。当然，这也取决于你与客户的熟悉程度，越熟的人之间可能越不需要过多的寒暄。

在学过开场白三步法后，许多同学都有了很大变化。湖南一家企业的总裁跟我说，他学了之后，用这个方法去拜访了重要客户及合作伙伴，这些人都能感受到他的巨大变化。有的客户还跟他开玩笑说："你小子怎么一下子变得比过去专业了？"一家合作医院的院长也对他说："现在跟你交流感觉很舒服。"其实许多同学的变化都得益于开场白三步法。

开场白三步法不只在拜见客户的时候有用，在日常生活和工作的诸多场景中都大有用处。

一个著名投资公司的高级经理在听了这节课之后，把开场白三步法用在了与家人的交流上。因为她的丈夫是个IT精英，每天都坐在电脑前工作，很难沟通，总是用"你定，你定，我忙着呢"这样的说法敷衍她。用了开场白三步法后，她觉得沟通顺畅了很多。现在每次交流时，她都先说："老公，我想和你谈一下……大约需要5分钟。"接着马上陈述这一讨论对他的重要性，然后询问："你看怎么样？"这样，每次她丈夫都会放下手中的工作，与她专注地沟通。看到她现在幸福的表情，我也由衷地为她感到开心。

又如，员工想跟领导汇报工作时也可以用上开场白三步法："我想跟您汇报一下工作，大约需要5分钟。"然后马上补充："这样您可以指导我们把工作做得更好……"接下来就是询问领导是否接受，比如这样表述："您看我们现在可以开始吗？"如果领导回应："哎呀，实在抱歉，我正好有个会，1小时以后你来找我吧。"这样1个小时以后，再找领导的时候，因为开场白已经做完，你就可以直接开始切入正题了。

总之，开场白三步法适用的场景非常多，希望各位读者能活学活用。熟练掌握这三步，能给你和客户的后续沟通起到很好的铺垫作用，从而大大提升沟通效率。

步骤3，"寻问"：探寻需求背后的需求

在做完开场白之后，接下来做什么？是说服先行还是提问先行？许多人此时就开始"秀肌肉了"，介绍自己的公司、产品、成功案例等，这是"卖药的"的做法，不是"医生"的做法。除非客户明确请你介绍公司和产品，否则在一般情况下，我们都该提问先行。

在聊了做业务拜访的第二步"开场"之后，我们来谈谈业务拜访的第三步："寻问"。看看如何通过有价值的"寻问"，去挖掘客户需求和需求背后的需求、潜在的需求。在了解具体步骤之前，先问自己几个问题：

- 在拜访客户时，我一般都会问哪些问题？
- 在提问的时候，我觉得有挑战性吗？
- 在我看来，这些问题能起到什么效果？
- 我是如何通过提问来发掘和确定客户需求的？

不妨把答案写下来，在看完本书相关内容后，做个对比，看看有何不同。

"寻问"是一个专业的拜访技巧，因为"寻问"实质上是在设定我们和客户的行为，并决定了可能的结果。你可能会说，"询问"的"询"字在这里写错了吧？我的回答是没有，我有意将"询"字替换成"寻找"的"寻"，表达探索、探究、探寻的意思，对应英文中的"probe"一词，提醒你要探寻地问，为了寻找想要知道的答案而问。

如何开展有效的"寻问"？

接下来，我就从2个W和1个H，也就是"为什么要问"（Why）、"问什么"（What）以及"怎么问"（How）这3个方面，来介绍这一专业销售拜访技巧。

为什么要问？

你需要先了解"寻问"的目的，也就是"为什么要问"。实际上，在做业务拜访前的准备工作时，好的销售会列好检查清单，对客户信息有一定了解并对客户需求做出一些假设，这之后再进行"寻问"，以期对客户需求有清楚、完整和有共识的了解。

- 清楚的了解，是指对客户需求的了解是具体的，明白对方为什么会有这个需求以及这个需求为何重要。
- 完整的了解，指的是要尽可能掌握客户的所有需求，并了解这些需求在客户心目中的优先次序。
- 有共识的了解，指的是和客户对事物有相同的认知，并且能将此共性表达出来。这属于心理学的范畴，目的是与客户形成共同的立场。《影响力》这本书就说过，要做到有影响力，就要符合喜好和承诺一致的原则。没有受过专业训练的人，很难做到这点。

以上三点听起来容易，做起来却不易。因为在销售过程中，大多数人都会耐不住性子，在没有做到清楚、完整、有共识地了解客户需求的情况下，就急着介绍自己的公司、产品和服务，这样往往达不到预期效果。

问什么？

下文是一个比较标准的"寻问"模板，你可以从中感受到问什么才能对客户有个相对清楚、完整、有共识的了解。

新冠肺炎疫情防控期间，某企业需要加速数字化转型以适应新的形势，希望我方企业能提供一整套可以帮助它实现数字化营销的方案。在做业务拜访的时候，你可以这么问："您是否可以谈谈对数字化转型的看法和贵公司的现状？"客户针对这个问题做出回答后，我方销售能全部理解当然是最好的，但是如果该客户对某一个问题的表述还不清楚，那就需要接着"寻问"："问题具体是什么呢？"客户做出具体的描述后，还可以接着问："这件事为什么这么重要呢？"你通过这些问话，抽丝剥茧，就能逐渐地对客户的需求有清楚的了解。

客户回答之后，你可以接着问："那除了这个需求，您还有哪些问题需要解决？还有哪些需求需要满足？……在您这几个需求中哪个更重要呢？您的优先次序是什么样的？"这样就能对客户的需求有更全面、完整的了解。

想要获得有共识的了解，你可以在这之后说："您说得太对了！""我也是这样认为的！"这样就明确向客户表明了双方的观点已经达成了一致，建立了共识。

怎么问？

提问有两种方式：开放式提问和限制式提问。在"寻问"的时候，要多用开放式提问。不要急于让客户做选择题，而要鼓励客户自由回答，多让他们讲。这样有助于收集资料、挖掘需要，而且可以鼓励客户做详细说明。限制式的"寻问"，通常是用在要确认需求或某个事实的时候，以确保自己对客户谈话内容的理解是正确的。限制式"寻问"要用得恰到好处。因为过多的限制式

"寻问"，会让客户有被盘问的感觉，进而不愿意分享资料。要注意的是，我们要通过"寻问"获得和确定客户的需求，而不是去猜客户的需求，切忌把"我觉得"挂在嘴边。

什么是客户需求背后的需求？

需求背后的需求往往是更大、更重要的需求，大部分的时候都表现为客户要实现的财务指标、政绩要求、上级要求、整体形象等，当然也免不了个人需求。把握客户最深层次的需求才是成交的关键。为引出这些需求，有的时候我们可能需要抛出一些犀利的问题。我们常说："问题不严重，客户不行动！"提出犀利的问题主要是为了推动客户的思考和行动，促成相应的结果。

福特公司创始人亨利·福特曾说过，如果听顾客的，他根本造不出汽车来，因为顾客只会说，他们需要一匹更快的马。正是因为福特识别出在"一匹更快的马"这个需求背后，其实隐藏着一个更深层次的需求，那就是"更快、更舒适地出行"，所以他才抓住了顾客的痛点，打造出自己的汽车帝国。

你可以向客户抛出这些问题：

- 如果继续这样下去，我们的客户会流失吗？
- 我们的上级主管会怎样看这个问题？
- 在这些方面对手是如何做的？他们是不是已经超越了我们？

在"寻问"的过程中，除了有意识地去挖掘客户为什么有这个需求，还要还原这个需求发生的背景。探究背景，能让你设身处地地站在客户的立场上去思考问题。客户有的时候不一定清楚自己的需求，甚至不知道自己有某个需求。这都需要你通过"寻问"让客户思考。你在了解客户需求的同时，也要让客户对自己的需求形成清晰的概念。在这个问题上，我想给你讲个故事。

狩猎时代，人们都是跟着水和草迁徙的。哪儿有水，哪儿有草，他们就去哪儿放牧。后来有一个人提出这样一个问题："我们能不能让水和草来找我们呢？"那怎样才能让水找上门来呢？我们可以修水渠和水库。如何让草来找上门来呢？我们可以种植牧草。当人们开始引水、蓄水，开垦农田种下植物时，农耕文明就出现了，人们的生活也变得更加稳定，这就是我们常说的"问题导致结果"。

彼得·德鲁克曾经说过："一个人提问的能力比回答的能力更重要。"每个人都会提问，但要提出好的问题，需要你做很多底层能力上的准备，比如，你需要学会倾听，理解别人所说的论题；你需要学会探究，分析别人所说的理由；你需要学会判断，考证别人的证据是否充足；你需要学会审慎对待，捕捉别人隐藏的假设。如图 2-1 所示，关于倾听，汉字繁写体的"聽"说明了这一切，如果将这个字分解开来，"耳"代表你用什么听（听到）；"王"代表关注（服从），好似对方是你的国王，表示尊重对方；"十和目"代表你要像有十双眼睛（留意）那样善于观察；"一"代表全神贯注地倾听（专注）；"心"代表除了耳朵和眼睛，还要用心倾听。

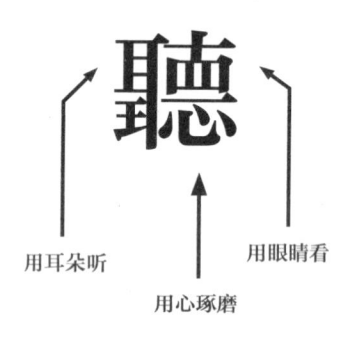

聽

用耳朵听　　用心琢磨　　用眼睛看

图 2-1　由汉字繁写体的"聽"生发的启示

对于一个优秀的销售来说，会问、会听比会说更重要。而是否可以提出有质量的问题取决于你对客户、竞争产品和自身产品的了解。如何提出好问题呢？要注意以下两点：一是问题一定要与客户自身有关，二是要能引起对方思考。什么是好问题呢？如图2-2所示，你可以通过问题的四象限法来准备。

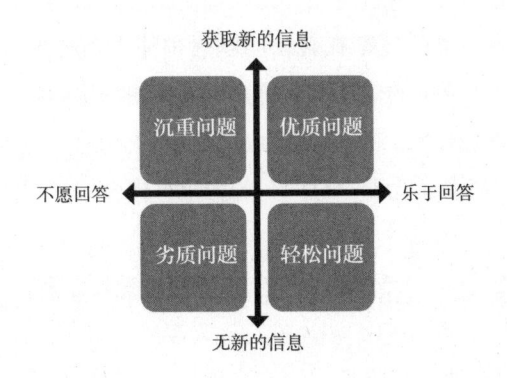

```
                获取新的信息
                      ↑
           ┌──────┬──────┐
           │沉重问题│优质问题│
           └──────┴──────┘
不愿回答 ←──────┼──────→ 乐于回答
           ┌──────┬──────┐
           │劣质问题│轻松问题│
           └──────┴──────┘
                      ↓
                无新的信息
```

图2-2　问题的四象限法

四象限法将问题分成了四类：

- 第一类，如果我问的问题别人乐于回答，又能令我获取到新的信息，那么这是个优质问题；
- 第二类，如果我问的问题别人乐于回答，但是答案没有信息量，那么这是个轻松问题；
- 第三类，如果我问的问题别人不愿意回答，但是有内涵，我必须得问，那么这是个沉重问题，比如，我们在做销售工作时，必须通过提问让一家企业的管理者面对一些现实问题、痛点问题；
- 第四类，如果我问的问题别人不愿意回答，答案也没有信息含量，那么这是个劣质问题。

当你提问的时候，要根据情况来决定问哪一类的问题。比如，你跟别人还不太熟的时候，像销售去拜访陌生客户时，就属于"陌拜"，人还不熟，不可能一上来就问沉重问题，而需要通过问点轻松的问题，建立一种相互信任、轻松愉快的氛围，然后再去提深入的、有信息含量的优质问题。毕竟沉重问题大多点出了大家不愿意面对的一些困难，在这一步之前双方需要建立起充分的信任。还有，要尽量规避掉劣质问题，比如说触犯他人隐私等。优质的提问路径是从轻松问题切入，然后逐渐在轻松问题之中注入信息含量，提升到优质问题，在与客户建立了充分的信任之后再去深入挖掘沉重问题，如果你能把沉重问题背后的价值挖掘出来，那它就变成了优质的问题。在大客户销售的路途上，越往前走，就越会感受到"寻问"的力量，体会到"寻问"的重要性。

步骤4，说服：善于利用利益和证据

探寻到了客户的真正需求后，就该谈及业务拜访中非常关键的一步——说服了。要学会说服客户认同你的产品、服务和公司，使他们愿意为产品或服务买单。这里有一个真实的失败案例。

有一年，我在某省邮政系统赢得了一个采购额高达500万元的项目。这之后，他们马上又提出要上一个新的项目，设备采购预算为1亿元。我当时兴奋极了，对拿下这个项目信心满满。因为我本身就是技术人员出身，自认为对产品和技术很了解，所以负责最后投标现场的主讲工作。我在招标会上振振有词，从设备的主机讲到主板，从设计理念讲到总线设计，甚至讲了内存和硬盘的特征。我认为自己已经把我们设备的主要优势和技术的先进性讲得非常到位了，但是最后的评标结果出乎我的意料：我们公司排名第二，IBM公司胜出了。当时我真的不明白为什么会失败，因为我们两个公司测算的价格相当，而且我的客户关系并不输于对手。项目虽然输了，但我还是希望知道输在了哪里。

为了搞清楚原因，我去问了邮政系统的总工程师。总工程师回答："你讲得不如人家，所以得票少了。"我不明白，因为我自认为讲得非常流畅、到位。总工程师说："你讲得太高端了，很多人都听不懂。"我又问："那对手什么地方讲得好啊？"总工程师说："他们讲的东西大家都听得懂呀。"我说："什么叫听得懂？我不明白，您能给我说说细节吗？"

总工程师就简单地跟我说了两个细节。他说，对方在讲述自己的产品时，提到了他们的机器是按照人机工程学设计的，也就是说他们的设计充分考虑了人的因素，这样的设计使得操作人长期工作也不会累。我说："我的机器也是按照人机工程学设计的呀。"总工程师诧异地说："你没提呀！"

总工程师又说了另一个细节，他说："对方还讲了，他们机箱内的倒角角度是经过专门设计的，会让整个机器气流循环更畅通，通风散热更好，这样机器在长期使用和运转中就不会死机。"

这时候我开始明白了。我忽视了一个很重要的细节：我虽然在不断地介绍设备的先进性，但讲的全是这个产品的特征，而我的对手讲的是这个产品的特征对客户的价值和意义。

所以，如果想说服客户，便要先明白说服的目的，知道自己通过说服想要达成什么。说服客户，一定是为了帮助客户了解你的产品和公司可以用哪些具体的方式来满足他们的需求，也就是说必须把产品特征与客户的需求联系起来。回想一下，你在拜访客户时，是如何说服客户的？你又是怎样向客户介绍你的公司、产品、服务和方案的？效果如何呢？说服，是一种提供有关你的产品或公司资料的技巧。专业的说服也需要三步法：

- 第一步，向客户表示了解该需求；
- 第二步，介绍相关的特征和利益，需要用 FABE 法则；
- 第三步，询问客户是否接受。

第一步很重要，这是对客户的某项需求表示了解和尊重，同时，这也是由"寻问"转到说服的时机。只有很好地表示理解和尊重，才能使客户愿意听你介绍某款产品或服务所能提供的帮助，同时也能鼓励客户去表达其他需求。想做好第一步不妨试试以下几句话：

- 若表示认同，你可以说："您说得太对了。"
- 若表示同意该需求应该得到满足，你可以说："这个问题的确应该得到解决。"
- 提出该需求对其他人也很重要，你可以说："A公司对这件事也特别重视。"
- 表明已经认识到该需求未能得到满足的后果，你可以说："的确像您说的，如果不处理这个问题，会造成一些不好的结果。"
- 表明能体会该需求引发的感受，你可以说："这个事情如果不赶快解决，影响还是蛮大的。"

你要像以上的例句那样，顺畅自然地表达，而不是总说"我知道……我知道……"。第二步就是介绍相关的特征和利益，目前常用的说服法则是FABE法则：

- F代表特征（Features），是你的产品、服务、公司本身所具有的特性，以及与产品有关的信息；
- A代表优点（Advantages），是你的产品或服务与竞争对手相比的优势所在；
- B代表利益（Benefits），是产品的功效能给客户带来的具体意义和价值，也就是你的产品能够如何满足客户的需求，以及如何改善客户目前的情形和环境；
- E代表证据（Evidence），是足以证明可以满足客户利益的证据。

介绍公司和产品时，要按照特征、优点、利益、证据的顺序依次进行。企业在平时培训"产品、服务介绍"这一块时基本上讲的都是特征，例如公司规模、业绩、产品先进性、服务网点覆盖程度等，但你在说服客户的过程中，如果只是简单地介绍公司和产品及其特征，没有说明这能给客户带来哪些效益，客户可能就不会领悟到你所介绍的特征如何能满足他的需要，甚至会对你的介绍产生反感情绪。他们可能会说：那又怎样？所以，一定要针对客户的需求去说服，结合客户所处的场景和需求阐明产品特征及优势能带给客户的价值和意义。

依据 FABE 法则做了介绍之后不要忘记第三步：询问客户是否接受，比如说："您觉得我的方案合适吗？"你要得到客户的反馈。

那什么时候开始这三步法呢？在说服前，先问自己三个问题：

- 客户有没有明确地表达过某个需求？
- 客户和自己都清楚地知道这个需求产生的原因吗？
- 我方的产品可以满足该需求吗？

解决了这三个问题，就可以开始说服了。这时要注意把握三个时机，也就是上一节所提及的"2个W和1个H"之外的第三个W——什么时候问（When），即当客户已经表明了一个需求时，当客户和我都清楚地了解这个需求时，当我们公司的产品和服务可以满足这个需求时，就可以开始实施说服的三步法了。成功说服的三步法，说起来容易做起来难。很多人在见客户时，都喜欢滔滔不绝地介绍自己的公司、产品和服务，这其实是缺乏自信的表现。

新冠肺炎疫情防控期间，我接到一个公司的电话，说希望和我合作，并为我提供服务。对方说："您是领域内非常知名的专家，我们对您有一定了解，特别希望您能加入我们公司。我们可以专门为您提供服务……我们公司成立于××××年，已经有十几年历史。我们服务了××位老师，有××位大咖加盟……我们的创始人和您一样在外企中做到较高的职位，有相似的职业发展背景……"

因为这位销售介绍的都是特征，我基本可以判断出对方没有接受过专业的销售培训。这些介绍对客户而言，没有任何用处。

如果不遵循专业的说服方法，就算是总经理、总裁、董事长亲自出马，也不一定能说服客户。

有一次，我陪一家上市公司的董事长去见客户，而这个客户是我的老相识。这位董事长在跟客户交流时，介绍的都是企业上市板块、注册资金、办事处及员工数量、分公司情况等特征。果不其然，我能感觉到客户对这些不感兴趣，因为这位董事长总是在说特征，却没有介绍这些特征能给客户带来什么利益。

会谈结束后，客户跟我说："您这位朋友的公司实力很强，做的都是大项目，了不起！但我们这方面的业务刚刚起步，可以合作的项目都很小……"这句话的潜台词就是：你朋友的公司太牛了，但是和我没什么关系。

想要更好地说服客户，就一定要把产品和服务的特征跟客户的需求结合起来。在这里需要注意：不同的客户，需求是不一样的。你可以针对不同的行业、客户，做专属的FABE表格，以便具体分析，匹配需求，也可以根据FABE法则，对照公司的网站和产品手册等，查看你准备的内容是否都是在描述特征，缺少了利益和证据。

步骤5，达成：收获承诺，促进成交

接下来，我们学习业务拜访的最后一个环节：达成协议，即促使客户做出承诺，促进成交。

在学习这个环节之前，先问自己几个问题：我在拜访客户时是怎么收尾的？收尾具有挑战性吗？效果怎么样？研究表明，在销售过程中，大约有80%的销售不知道该怎么收尾。你是其中之一吗？

我们来设想两个场景。

场景一：在一次业务拜访过程中，和客户已经聊得差不多时，客户看了看手表。销售问道："您之后是不是还有会议啊？"客户回答："是的。我等会儿还有个会议要开，要不然我们今天就先谈到这里？"销售回复："好啊，那我们今天就谈到这里。"客户接着说："非常感谢你们专程来和我们见面，希望我们以后多多联系。"销售也跟着说："真是感谢您这次的接见，以后我们一定要多多联系。"会谈就这么结束了。

如果学过专业拜访心法，你就会知道这样的拜访收尾是不合格的。我们再来看第二个场景。

场景二：销售和客户约定的会谈差不多该结束了。客户先问："你看时间差不多了，我们是不是今天就先谈到这里？"销售说："好，我们今天先谈到这里。"客户接着说："现在已经到了中午吃饭的点儿了。我们这儿有规定，不能出去请客吃饭，您要不然就到我们食堂吃个便餐吧？"销售愉快地接受了客户热情的提议，跟客户一起去食堂吃了个便餐。吃饭时，客户还表示以后有这方面的需求就会主动联系。销售听闻十分高兴，并再三表示感谢。

这个收尾怎么样呢？如果学过专业拜访心法，你就会发现这个收尾同样也是不合格的。

那怎样才能正确、专业地结束拜访呢？在专业销售技巧用语中，正确的收尾叫达成协议。这里所说的达成协议不是指签单，而是指将与客户的合作向前推动一步，达成一个可以继续推进的协议。达成协议的目的是：与客户就下一步行动达成共识，并向着达成互利决定，即签单的目标迈进。

那何时达成协议呢？其实在客户给出以下的信号时就可以开始考虑了：客户看手表、手机，起身，接电话，开始摆弄手上的物件等；或者，客户已经接受和了解了听你介绍产品的特征和所能带来的利益。你要注意不同的客户发出的信号是不同的：有语言的信号，比如"听起来都不错呀"或者"你说的这几点都蛮有意思的"；也有非语言的信号，比如微笑、点头，以期待的眼光看着你。你必须留心这些信号，千万不要转换话题，错过了邀请客户做出承诺的关键时刻。

具体如何达成协议呢？我推荐使用以下这个三步法：

- 第一步，重提先前已接受的利益；
- 第二步，提议你与客户下一步将推进的事项；
- 第三步，询问客户是否接受。

当客户表示就谈到这里的时候，你可以在表示同意的同时开始套用三步法。

- 第一步，先做一个小结。你可以说："好的，我们今天就先谈到这里。那我给您做一个小结：我们今天向您介绍了……也跟您谈了……您也同意这些对您有所助益。"这一步，就是重提客户先前已接受的利益。

- 第二步，提议下一步。你可以说："我知道您非常忙，但是否可以安排您项目的具体负责人跟我对接一下呢？"或者说："这个方案和计划我下周一可以写完，到时候是不是再来向您汇报一下？"又或者说："我们正在 A 公司实施这个项目，而且做得还蛮不错。下周三不知道您有没有时间，我可以带着您实际参观一下。"这些问题都可以引出你和客户具体的下一步。

- 第三步，询问客户是否接受。你可以说："您看这样安排行吗？"这是为了收获承诺，让事情可以确定下来并继续推进。

在这三步中，最重要的是第二步，也就是提议下一步。做事情没有下一步，就相当于没有推进，客户也不会将我们的提议当真。有了达成协议这个三步法，你就能更好地推进工作、提高拜访效率，与客户达成互惠互利的合作。

如果客户不同意进行下一步，该怎么办？当客户故意拖延时，你同样可以用这个三步法。

- 第一步，询问，找出具体原因。你可以问："您这些天是不是特别忙？""是不是我还有没说清楚的地方？""您是否还有其他问题？"

- 第二步，提出一个较小的建议。比如："要不我下周一给您发微信，好确定您什么时间有空？"

- 第三步，尽量在当天取得客户愿意做出也能够做出的最佳承诺，哪怕是个小承诺。你可以这样说："那就这样定了，我等候您的回复。"

如果客户还是不愿意跟你确定下一步呢？若客户说："我最近实在太忙了，这事先放一放。"这就是客户持续表示拒绝的情况。如果你在与客户沟通中发生了这种情况，你就明白了，这个客户不适合作为你当前的目标客户，因为你们双方没有建立起任何的信任关系。那有可能是因为客户已经选择了另外一个供应商，或者暂时决定不处理这个需求。这时候你可以进行下面的这三步：

- 第一步，感谢客户肯花时间和你沟通交流；
- 第二步，要求客户给予回应；
- 第三步，请求和客户保持联络。

你此时需要感谢他花时间与你沟通，同时可以请求客户给予回应，询问一下客户为什么做出这个决定。比如："我的产品或公司有哪些不足？"如果这个客户之后可能还和你有业务联系，你也希望保持联系，也可以就此提出保持联系的请求。

其实，在商业活动中，"保持联系"的潜台词就是近期不会有联系，因为如果没有确切的下一步，就无法推进任何一个商业活动。所以，你也可以想想：有的时候，我们是不是把"保持联系"这个短语用得太早了呢？再想想当你遇到不想答应的事或者拒绝某事时，是否也会用"保持联系"作为委婉的说法？有些时候，不和某些客户合作反而更好，因为彼此无法契合的情况是难以避免的。得到否定答案后放弃某个业务，总比不断地得到一些不置可否的回答、维持一种没有共同利益的关系更好。**记住：不是所有的客户都是你的客户。**

在销售或其他日常工作中，会有一些人不好意思直接提出下一步，以免显得咄咄逼人，对他人施加太大压力。我不太同意这种想法。正所谓"事事有着落，件件有回应"，其实在许多情况下客户是很看重下一步的，有下一步，表示你做事是认真的、有诚意的、靠谱的。

当然，考虑下一步做什么是需要提前的。在考虑拜访的目的和决定应该商讨什么事项时，你应该先问自己：我可以在下一步邀请客户做些什么？我当前的下一步或者接下来的几步是什么？承诺是相对的。在达成协议的过程中，你要明确自己希望客户做什么，也要告诉客户自己要做什么。你要让客户感受到你的认真程度和专业性，以便共同向目标迈进。若一家公司的销售每次见客户的结果都是"保持联系"，而另一家公司的销售每次拜访客户都有下一步，那么哪家公司的销售效率更高是不言而喻的。可见，达成协议的技巧非常重要，绝对不能忽视。

这里有两个真实案例。

第一个案例的主角是一位创业公司的老板。他与投资方谈得很好，但是双方都迟迟没有行动，也就是谁也没有主动提出下一步，这种僵局持续了很久。在听取我的意见后，他马上去联系了投资人。在电话中，他用到了开场白、"寻问"和说服等技巧，并与客户共同商量了下一步，最后取得了成功。

第二个案例的主角是大连的一位企业家。她平时在接待领导视察的时候，总是会陪领导参观。学了专业销售技巧以后，她给领导做介绍时就显得与众不同了。有一次，领导到她的企业视察。她在向领导汇报的同时，提出了下一步。她说："您看，下一步我们是不是应该这样……"领导回复："对，你下一步的工作就应该这样开展。"在得到肯定的答复后，大家也都认同了这样的工作安排。当天晚上，这位女企业家就给我打电话说："您教的这一点太有用了！我问了领导下一步，领导也说了下一步应该怎么做，其他领导也都听见了，而且大家也都同意了。这让我的工作开展得顺利多了！"应用达成协议的技巧改善拜访效率和效果的案例数不胜数，许多人都因此而改变。

你有没有注意到，在这两个案例里，"下一步"都是怎样提出的，或者说都是通过什么方式提出的？

两个案例中的下一步全是选择题，比如："领导您看要不然这样？""您看是不是这样？"这是一个很重要的方法。在向客户提议下一步的时候，最好给客户出选择题，而不是出问答题。如果向客户问出"那您看下一步我们怎么做呢？"你知道你在做什么吗？你这是在挑战客户的智商和应急处理能力。这时候，客户可能还没有想好接下来怎么办，通常就会回答："那我们研究研究再说。"此时，这个下一步是完全无效的。

达成协议的技巧，无论是在工作中还是生活中，都会对我们有很大的帮助。比如和朋友约好有时间聚一下的承诺，是不是从未实现过？我几乎每周都会收到这样的邀请：什么时候来给我们讲次课吧；来我们公司当顾问或者董事吧；到上海时我们来聚聚吧；到深圳一定要来找我们；等等。其实这就是寒暄，因为没有下一步，所以不必当真，什么都不会发生。

像销售领袖一样思考

- 从客户长期需要的角度出发给予建议，而不是把自己能够或需要销售什么作为出发点。要做"医生"，而非"卖药的人"。

- 对客户做出承诺，表明自己愿助其达成短期或长期目标，并且能诚实地回应客户的顾虑。

- 做与众不同的策略协调者，为客户创造不一样的体验。

- 千万不要忽视清单的作用。列好清单，就可以贯彻简单、可测、高效三大原则，防止遗忘和遗漏。

- 客户需求背后的需求往往是更大的、更重要的需求，是成交的关键。

- 在专业销售技巧用语中，正确的收尾叫达成协议：与客户就下一步行动达成共识，并向着达成互利决定，即向签单的目标迈进。

/ 第3章 /

换位思考，
打动曾拒绝你的客户

前文所讲的业务拜访的五个专业步骤，是以客户同意见你为前提的。如果你想拜访的客户从一开始就不愿意见你，或者没有需求，又或者态度冷淡，你该怎么办？这种客户往往会说："我没有需求。"或者说："真的抱歉，你可能走错门了，我们在这方面进展得很好，暂时不会考虑这些。"就如同你拒绝买保险那样。你遇到过这种情况吗？现在我们就来看看，在业务拜访的过程中，该如何提起客户的兴趣，消除客户的顾虑。

一般来说，我们可以把客户分为三类：

- 第一类：有需求的客户；
- 第二类：并不关心你的产品和公司的客户；
- 第三类：对你的产品和公司有顾虑的客户。

前两章的技巧都是针对第一类客户，即有需求的客户展开的，接下来我们重点谈谈后面两类客户，即"不关心的客户"。

方法1，打动一开口就拒绝你的客户

如果你想拜访的客户不愿意见你，或者没有需求，又或者态度冷漠，你该怎么办呢？其实，这样的客户非常常见，我们会把这类客户定义为"不关心的客户"。客户对你的产品和公司漠不关心，通常有以下几个原因。

- 原因一：他们可能正在使用你的某个竞争对手的产品或者服务，而且满足于现状。
- 原因二：他们不知道目前的情形和环境还有改善的空间，也就是说客户出现了某种认知障碍，不知道还有更好的选择。当然，他们也可能只是单纯地没有意识到改善目前情形和环境的重要性。

"不关心的客户"往往会对你产生排斥心理。他们可能会这样对你说："你肯定找错人了！"或者说："你认错门了吧，我们没有这方面的需求。"如果客户是你的友人，他可能会说："咱们是朋友，我可以给你留点时间，但是实在抱歉，我确实没有这方面的需求。"而这种时候，就正是需要你去攻克"不关心的客户"的时候。那么，该怎么做呢？在此我需要介绍一种专业的做法，也是一个标准的三步法。

- 第一步，表示了解客户的观点。

    你可以说："我知道您对目前的供应商很满意。"或者说："您当前的工作很顺利，也没有遇到什么麻烦或者不顺利的事，我替您感到高兴。"

    需要强调的是，此处的话语是向客户表示了解他的观点，并不是真的赞同他的观点。了解和赞同一定要在语气、语调和措辞上区分开来。了解是表示你知道客户的想法，对他表示尊重；赞同则是同意了客户的想法。因此，千万不要在回复时表示赞同："您说得对。"或者说："哎呀，您说得还真对。"

- **第二步，请求客户允许自己进行"寻问"。**

　　第二步的难度很高，因为你在这里要提出一个有限度的议程作为开场，来请求客户允许自己开始"寻问"。为什么这一议程必须是有限度的呢？因为这时候你面对的是"不关心的客户"，必须在问题的范围和时间上都加以限制，问题范围要窄、时间花费要短，客户不会给你太多时间，也不愿意回答你过多的问题。

　　譬如，有人在敲你家的门，要向你介绍某个产品或者某项服务。你把门开了个缝儿，问："谁呀？"他说："我是××公司的，我想向您介绍××产品，想为您提供××服务。"你谢绝的同时就准备把门关上，但就在关门的时候，他用脚抵了一下门说："您能不能先别关门？我只想问您个问题。"不就是问一个问题嘛，你转念一想就答应了。那么如果这个问题问得好，你可能就会打开房门放他进来；如果这个问题问得不好，你可能就会关上大门，不再给他机会了。

- **第三步，用"寻问"促使客户察觉到其自身的需求。**

　　这一步主要是为了探寻客户所处的环境，寻找机会，挖掘你的产品或者公司潜在的可能性，并用这些可能性去影响客户。请注意，在跟客户交谈时，一定要明确说明保持现状可能带来的后果，以及做出改变会有的前景，以此来确定客户的真正需求。如果你能够帮助客户找到他们未察觉的问题，并提供良好的解决方案，就会得到更多的尊重，成为客户的顾问。

　　你还要知道一点：机会和需求是有差别的。机会是指你的产品存在能够改进客户现状的一种可能性，而需求是指客户已经有了改进现状或达成某些目的的愿望。

　　只有客户本人才能决定自己有没有需求。你就算发现了机会，也要用限制式的"寻问"去确认客户的需求。一定要根据客户的言辞确认客户的需求。你可以问："想办法改进现状是否对您很重要？""这个问题是不是严重到非要解决不可了？"得到肯定的回答之后,你就可以开始说服客户了。即便客户当下回绝了你,你也已经成功地让客户察觉到现状的不足之处,并且明白这种不足之处在未来某一天可能会产生严重问题,那时他就会自然而然地想起可以处理这种不足的你。

在应对"不关心的客户"三步法里,你应于第一、第二步表达出和客户交换资料的愿望,这非常重要,随后用第三步引导客户与自己交换资料。你可以通过下面的案例加深理解。

有一年,客户在我的团队向他们介绍异地数据备份时明确表示自己没有这个需求,因为他们当前的系统运行良好,而且已经在同一个机房做了双机的备份。所以,我们可以认为,这是一个"不关心的客户"。

当时,我和客户解释说:"我知道您现在的使用体验挺好,但能不能允许我问个问题?"客户回答:"可以啊。"我说:"您知道上海曾发生过因为地铁工程导致楼房倾斜的事件吗?"客户说:"好像听说过这个事,具体不太清楚。"我进一步说道:"一个客户的重要数据就保存在那栋楼里。这件事发生后,我们公司的工程师冒着危险去把数据备份了出来。在这之后,这个客户就决定,一定要做异地备份。后来,他们在浦东又建了一个数据中心,以防万一。"客户在听了这件事后,已然了解到防患于未然的重要性。所以我接着向客户发问:"有这样的异地备份,是不是就能减少我们的数据风险呢?"这就是通过提问题去寻找机会并且影响客户,使客户看到潜在的风险。这样,客户就愿意跟我们一同探讨一种新的备份方案了。

在克服客户"不关心"的这个环节上,你一定要会讲故事,而且一定要用真实的案例去打动客户。人天生是喜欢听故事而不喜欢听大道理的,如果你只是讲道理,就不会有立竿见影的效果。对于你想达成的目标而言,故事就是一种论据,发生在别人身上的故事有时也会成为你自己的人生经验。

新冠肺炎疫情使许多企业都受到了很大的冲击，有些企业应对得很好，而有些企业却被打得措手不及，毫无办法。如果你是做数字化转型服务的，你可以这样向客户提出问题："我能不能问您个问题？"待客户肯定后接着问："您知道，为什么××公司在新冠肺炎疫情防控期间，业务不但没有减少，还增长了吗？"客户可能会问："为什么呢？"你这时就可以解释："因为这个企业在新冠肺炎疫情之前就已做了系统升级和数字化的转型，并把很多的工作，包括和客户的沟通交流，移到了线上。所以新冠肺炎疫情防控期间，他们的工作并没有被耽误。"你可以通过提问和讲故事，让客户察觉到自己的企业和其他企业之间的差距，促使他跟自己一起探讨数字化转型的一些项目。

切记，千万不要直接指出客户需要改进的地方，也不要指出客户在什么地方有问题，和其他公司又有哪些差距；一定要通过提问让客户察觉到自己的不足。即使你看到了机会，也一定要通过提问去影响客户。所以，你提问的功力就显得至关重要了，就像前文所说：问题不严重，客户不行动。还有特别要注意，千万别显得你比客户更聪明、更高明，一定要照顾到客户的自尊心、控制欲和安全感。如果做不到这一点，即使客户通过与你的沟通了解到了目前业务上的不足，看到了改进的方向，也不会选择把项目交给你。

方法2，将客户的顾虑转化为需求

如果你在拜访客户时，一发现机会，就直接指出客户的不足或需要改进的地方，会发生什么？答案是，这很有可能会让客户觉得没有面子，进而跟你进行争论和辩解；如果此时你还在坚持自己的看法，试图去说服客户，可能最后还会伤了和气，让项目不了了之。即便以后客户发现你是对的，并想解决这个问题，他们也只会自行解决，或者找其他的供应商而不是找你来提供产品或服务，因为你的方式已经伤了客户的自尊。

雨果有句名言：被人揭下面具是一种失败，自己揭下面具却是一种胜利。你要好好体会一下这句话，并明白用"寻问"这个强有力的武器去探寻客户需求的重要性。我们常说：销售要懂人性。一个优秀的销售需要的既不是狼性，也不是佛性，而是人性。所以，在方法 2 中，我想着重跟你谈两个问题：

- 第一，业务拜访过程中，客户通常有哪些顾虑？
- 第二，如何打消客户的顾虑？

业务拜访过程中，客户通常有哪些顾虑？

业务拜访过程中，客户都会产生什么顾虑？你是怎样应对这些顾虑的？你认为客户有顾虑是好事，还是坏事？

我相信你在销售过程中，一定遇到过对产品或者服务有顾虑的客户。客户可能会在销售的任何阶段表示拒绝，提出顾虑，或者不愿意做出你所要求或希望的承诺。你该怎么应对这种客户呢？

首先，不必为客户提出的顾虑而感到不安，客户提出顾虑其实是他表示需求的一种方式。如果你能鼓励客户自由地提出顾虑，并且营造一种开放交流的氛围，你愿意合作的诚意和有决心帮助客户做出明智而互利决定的态度，都会完全地传递给客户。有句老话：褒贬是买主，喝彩是闲人。客户的挑剔正是他有需求的一种表现。

其次，把顾虑归类。不同的顾虑有着不同的处理方法。你是否总结过客户的顾虑，并将其归类？在专业拜访心法中，我们把客户的顾虑分为三类：第一类是怀疑，第二类是误解，第三类是缺点。

如果客户表示不相信你的产品或公司，那么你遇到的就是持有怀疑态度的客户。比如，在你陈述后，客户仍然不相信你的产品和公司具有你所强调的那些特征，或者仍然不相信你的产品和公司能够提供你所强调的好处。怀疑的客户可能会说："我还没见过哪种产品和设备可以有这种效果。""你们真的能做到吗？"

那么误解呢？误解就是客户以为你不能满足他的需求，但是实际上你是可以的。造成误解的原因可能有：没有及时针对未被表明或谈及的需求加以说服，使得客户对你的产品或者公司了解不完全、不正确；特别是竞争公司的"小报告"，也是你与客户形成误解的重要潜在原因。

我们再谈谈缺点。客户在对你的产品或者公司有完整和正确了解的前提下，对产品和公司存在的某些缺陷，或者对某一种特征、利益感到不满，这就表明，你的产品或者公司存在缺点。虽然每次拜访客户时，你都会尽最大的努力去证明自己公司的产品可以满足某些需求，但是每一种产品或者每家公司都有自身的局限性，你不可能永远满足客户的所有需求。所以当客户认为你的产品或公司有缺点时，不要草率行事、强行说服，要坦承自己产品的缺点，示人以真，显示出你的正直，为你和公司塑造良好的形象。

如何打消客户的顾虑？

在具体了解了怀疑、误解与缺点这三种顾虑及它们产生的原因后，接下来谈谈第二个问题：如何打消客户的顾虑？

为消除客户顾虑做好准备

我们先来看看在回应客户的这些顾虑之前要做哪些准备。

首先，你要根据自己或同事的经验，搞清楚哪一类客户比较容易产生什么样的怀疑，然后据此准备好相关的资料，重新向客户提出保证。其次，你要找出客户可能在跟哪些竞争对手来往，设想一下这些竞争对手可能会说出哪些让客户误解你的话语，以及可能会给客户讲述哪些特征，出让哪些利益。这些都会使客户对你的产品或公司产生顾虑。客户的误解，往往都是由你介绍不完全的陈述或者竞争对手的捣乱造成的。所以，一定要提前准备好应对方案。

准备工作要足，所有设想都需要与客户的实际顾虑相匹配。在处理客户的顾虑前，你还要通过"寻问"来了解他真实的顾虑，因为在客户表达顾虑时，你可能一时无法判断这个顾虑的本质。如果你不清楚面对的是哪一种顾虑，就应该一直"寻问"，直到完全清楚为止。即使你已经知道顾虑的种类，也要继续"寻问"，来让自己更全面地了解客户的顾虑，以便做出回应。

面对怀疑，你应该去了解客户怀疑的原因。比如，客户是否曾跟别的公司或者你的公司有过不愉快的合作经历。消除误解，需要你去了解客户的需求，以及他为什么有这些需求；你还要展示你的产品或公司的某项特征和利益，告诉客户你可以满足这些需求。想克服缺点，你首先应该找到自己的缺点，比如价格高、服务的覆盖面小、缺乏项目经验、产品上市周期短等。你还应该去了解你不能满足的需求有哪些，以及需求背后的需求又是什么。即使你当前不能提供客户所要求的具体特征和利益，但只要明白了不足之处，就有改进的余地，这样就能在下次拜访中满足客户的需求。

那么具体该怎么做才能消除客户的顾虑呢？针对不同类型的顾虑，有以下几种不同的方法。

三个步骤，打消客户的怀疑

你需要给持怀疑态度的客户重新做出保证，也就是证明你的产品和公司真的具有你所介绍的特征，能提供你所说的利益。你可以采用以下这个三步法，为客户重新做出保证：

- 第一步，表示了解该顾虑；
- 第二步，给予相关的证据；
- 第三步，询问客户是否接受。

第一步非常重要，因为无论何时，你都要让客户知道你明白和尊重他的顾虑。你可以这样说："我完全了解您希望稳妥推进，确保万无一失的想法，尤其是在这么重要的事情上。"在表示了解客户的顾虑时，一定要小心，不要让客户得出你的公司和产品真的有问题这一结论。所以一定不要说"您说得对"或者"不少客户都有相同的顾虑"这类话。你只需要表明自己了解客户的观点就可以了。要注意，是"了解"，不是"认同"。

第二步是给予相关的证据。此时，你一定要出示相关证据或者案例，来证明你的公司或者产品的确具备你所介绍的特征，并能提供相关利益。你一定要选择那些最能针对客户所怀疑的某项特征或利益的资料作为证据，不能没有针对性地胡乱收集资料。

在给予证据以后，你一定要询问客户是否接受，也就是进行第三步。如果客户不接受你的证据，你就要继续"寻问"，并找出原因。你也可以通过"寻问"确定客户愿意接受的证据种类，并据此提供另一项证据。

两个步骤，消除客户的误解

我在上课时，经常会让自己的学生现场演练一下怎么消除误解。我曾向一个学生——某净水电器公司的总裁提出误解型顾虑："听说你们公司的净水器质量有问题？"这个学生下意识地回答："你听谁说的？怎么说的？那不是事实，是瞎说！"这样的回答往往会引起你跟客户的冲突。在跟另一个学生做演练时，我说："你的公司好像财务上有问题？"他的回答也同样是："你听谁说的？"或者说："谁在造我们的谣？"每次演练都会出现类似的结果。如果你学习过专业的拜访心法，受过专业的训练，就不会这样回应了。

因误解而产生顾虑的客户，会认为你不能满足他的某一个需求；当然，实际上你是可以满足的。要澄清这方面的误解，你需要做到下面两步：

- 第一步，确定顾虑背后的需求；

- 第二步，针对该需求进行说服。

第一步，即把顾虑转化成客户的需求，非常重要。当客户对你的产品或公司有误解时，你要鼓励客户把顾虑背后的需求表达出来，而不是把顾虑当作一个麻烦。为了确定该需求，你应该用一个将客户需求包括在内的限制式问题去"寻问"。当听到"听说你们公司的净水器质量有问题"时，你可以回答："什么问题呢？"客户可能会说："我听别人说，净水器在使用过程中会出现一些瑕疵，而且使用寿命也不太长。"这时你就可以说："所以，您需要的是一个质量可靠、使用寿命长的净水器，对吗？"客户如果回答说："没错，是这样。"那么，需求就确定下来了。

接下来是第二步，针对该需求进行说服。可以采用前文提及的说服三步法：表示了解该需求；介绍相关的特征和利益（FABE法则）；询问客户是否接受。

那么，在上文的两次演练中，该如何化解客户的误解呢？假设你是净水器公司的总裁，你可以这样回应误解："看来您对净水器的质量要求很高啊。"对方一定会说："对呀，净水器的质量决定了饮用水的质量和设备的耐用性。如果质量不过关，那怎么行呢？"这样，就可以确定客户的需求：一个高质量、信得过的净水器。接下来就要进行说服了，可以这样说："我非常认同您这个观点，我们公司是非常重视净水器质量的。"你还可以接着介绍你们产品的特征和利益，并且说明你们是如何保证质量和使用寿命的。在介绍完后，你就可以问他："现在您是否还有顾虑呢？"遇到误解不要慌，也不要着急应对，就像打太极拳，别人出拳时，你不要硬碰硬，要接过来，让他的力量在你这里化解，然后再推出去，去说服，也就是再发力。

当被质疑财务上有问题时，你可以这样回应："看来您对企业的财务管理看得很重？"对方如果回答："当然了，如果财务有问题，那将来我们怎么合作呢？"你就可以从这个回应中明白，他的需求一定是和一个财务状况良好的公司做业务。说服时，你可以说："我非常同意您的看法，我也认为一定要和一个财务管理到位的公司进行合作。"接着你就可以向他介绍你们公司的财务状况，也就是介绍相关的FABE，然后询问客户是否接受这个财务状况。

四个步骤，化解客户对产品缺点的不满

请记住，你需要多加实践，才能很好地处理误解。而克服缺点要比消除误解困难，因为你无法满足缺点所对应的需求。基于缺点而产生的顾虑，是你无法消除的，因为你的产品或公司没有客户所期盼的特征，不能提供客户希望得到的利益；又或者，你的产品或公司有某种客户不想要的特征或利益。面对缺点型顾虑，你要做的就是"寻问"，直到明白顾虑背后的需求为止。客户想要些什么？他为什么会有这种需求？你虽然不能提供客户想要的特征和利益，但还是可以做出回应，并且尝试以其他的特征和利益满足客户对整体利益的需求。克服缺点需要以下四步：

- 第一步，表示了解该顾虑；
- 第二步，把焦点转移到总体利益上；
- 第三步，重提客户先前已经接受的利益以淡化缺点；
- 第四步，询问客户是否接受。

第一步，表示了解该顾虑。正如回应其他的顾虑一样，你应该让客户知道，你明白且理解这个顾虑。例如，当客户认为你们的产品不够国际化且价格偏高时，你可以这样说："我明白您着眼于国际化的选择，而且在近期的采购决策中，价格因素也确实变得愈发重要。"

第二步，把焦点移到总体利益上。在表示理解客户顾虑之后，你应该引导客户换个角度去考虑自己的需求，或者从一个更广的更高的层面看待某些缺点。你可以这样说："如果您不介意，请让我花几分钟的时间回顾一下讨论过的重点，这样将有助于您做决定。"在处理缺点型问题时，千万不要在了解顾虑和转移焦点的语句之间使用"但是"这类有转折意思的词。"但是"会让客户觉得你正在降低他对顾虑的看重。你应该用"还有""让我们这样看""让我们这样考虑这个问题"这一类的词句。你也可以直接请客户退一步,考虑项目的总体利益。

第三步,重提客户先前已经接受的利益以淡化缺点。你若已经把焦点转移到总体利益上,便可以继续第三步,这样做常常可以淡化缺点,以求让客户更看重你的产品和公司能满足的需求,而不是满足不了的需求。你可以说:"我们已经谈过,在未来两年内,我们都会协助您达成增长的目标。"或者说:"我们的客户资料能让您掌握客户期望的变化情况,保证您维持客户满意度的同时,持续拓展相关业务往来。"还可以说:"我们的市场调查服务,可以助您在新产品定价方面做出最佳的决定,使您能更坚定地迈入新市场。"在重提利益的时候,一定要在确认能淡化缺点的特征后,再重提能满足客户最优先需求的,或者能满足客户需求背后需求的那些利益。当然,这些利益应该是你的竞争对手所不能提供的。

第四步,询问客户是否接受。在对客户关于缺点的顾虑做出回应后,记得一定要询问客户是否接受。你可以这样说:"根据您整体的成长目标和我们协助开发国内市场的能力,现阶段我们可以先进行一项国内市场的调研,您意下如何?"

当然,你可能无法利用客户先前已经接受的利益淡化缺点,即无法淡化客户所顾虑的缺点;你也可能在提出足够的利益之前就被客户打断,此时客户会重新指出你产品和公司的缺点。但你仍然可以用"寻问"来发掘更多的需求,用新的利益去说服客户。一旦客户接受了新的利益,你就可以再次尝试淡化缺点。当然,如果客户只专注你的不足,那他自然也没有和你交换资料的兴趣,也就转变为"不关心的客户"。应对"不关心的客户",可以参考前文相关章节:表示了解客户的观点,请求允许"寻问",利用"寻问"促使客户察觉需求。

你需要活学活用大客户拜访的专业心法，而这一心法的重点是人与人沟通的技巧，是应变和说服的理论。在应用这一技巧时，要以客户为中心，懂得变通，无惧不确定性，向客户提供可增强说服力的资料。

总结下来，第一部分围绕几个关键词展开，把握住这几个关键，你便可以顺利开展业务拜访。

- 开场白

    当下，我们主张销售应该越来越注重应变，也就是有适应性。应变式销售，指销售在拜访客户时，能根据情况及时改变方向。换句话说，比起照葫芦画瓢、把计划好的商议事项和盘托出，应变式销售要求销售调整计划，按照客户的兴趣、顾虑和需要随时改变谈话的内容。应变式销售要求销售不再只关注客户对产品、服务的需要，也要留意销售过程中注意到的相关客户需要和客户的潜在需要。例如，时间紧迫的客户，他会厌恶不懂客户需要、只会按照冗长的议程进行拜访的销售。通过开场白提出议程、陈述议程对客户的价值、询问客户是否接受，可以让大客户销售更加明白客户的需要。

- "寻问"

    应变式销售的重点在于搜集有关客户的资料、做出适当的回应、处理客户的需要。大客户拜访的专业心法注重全面、彻底的"寻问"，因为这可以帮助大客户销售更容易发掘关键资料、掌握业务拜访或整个销售过程的大方向，以达到最能满足客户需求的目标。

- 说服

    多项研究显示，客户如果被灌输了过多的资料或者信息，就会很容易捷径式决策，即忽略实质的问题，只注意细枝末节。例如，购物时，被灌输了一些与自己需要无关的产品资料的客户，与在适当时机获得适量而且有用信息的客户相比，更喜欢把业务代表的外貌与口才作为决策依据。说服的技巧模式可以避免销售向客户灌输过量的信息。如果销售能够在适当的时机，用相关的特征和利益去说服，那么客户被说服的概率就会大大增加。

- **达成协议**

　　我们所介绍的达成协议的方式和现代商界注重的应变式销售是一致的。事实证明，大多数销售都需要经过多次拜访，经历不同的步骤，才能达成目标。我们鼓励大家提前想好下一次拜访的目标，清楚地询问客户是否接受下一步，在必要的时候提出后续的步骤，并且任何时候都要和客户保持良好的关系。

　　想要消除客户顾虑，就要针对客户的逻辑和理性，给予合理的回答。如果面对的是怀疑的态度，那么你给出的回答更应该有可靠的证据作为支持。

　　客户容易按照让他们感觉良好的建议去行动。在满足需要的销售过程中不断地谈及利益，可让客户对销售、销售所在的公司以及被推荐的产品和服务产生良好的印象。想要达成这个目的，你应在达成协议的第一步就重提利益，用利益去说服客户，去消除客户的误解和对缺点的顾虑。如果所讨论的事情和客户本身有关联，客户也就更容易被说服。尤其要注意在整个销售过程中提出利益的重要性。说明利益，就是有针对性地向客户证明产品或服务对客户的具体价值。

像销售领袖一样思考

- 在克服客户的"不关心"这个环节上,你一定要会提问和讲故事,而且一定要用真实的案例去打动客户。

- 切记,千万不要直接指出客户需要改进的地方,也不要指出客户在什么地方有问题,和其他公司又有哪些差距;一定要通过提问让客户察觉到自己的不足。

- 大客户拜访的专业心法注重全面、彻底的"寻问",因为这可以帮助大客户销售更容易地发掘关键资料、掌握业务拜访或整个销售过程的大方向,以达到最能满足客户需求的目标。

第二部分

战略篇
大客户经营的专业心法

实力决定你的今天,
而进化力决定你的未来。

/ 第4章 /

步步精进,
提升大客户销售的专业素养

在这一章，我们主要探讨四个问题：

- 大客户销售和一般的销售，在业务逻辑上的核心区别是什么？
- 要想成为一个卓有成效的大客户销售，你应该做好哪些工作、发挥好怎样的角色作用？
- 如何区分大客户销售的三个层次？
- 大客户销售如何分配自己的时间和精力、掌握哪些知识和创新方法，才能使销售能力和业绩持续提升？

四个维度，区分 to B 销售与 to C 销售

一般来说，我们把 B to B 的销售称为"大客户销售"。

在商业市场中，销售类型一般都是按发起者和目标者两个维度进行分类的。比如，业务是由谁发起的？是由企业发起的，还是由消费者发起的？另外，产品和服务针对的目标是谁？是以消费者为目标，还是以企业为目标？我

们把由企业发起、以消费者为目标的销售类型叫作 B to C；把由企业发起、以企业为目标的销售类型叫作 B to B；由消费者发起的、以消费者为目标的销售类型，就是 C to C；由消费者发起的、以企业为目标的销售就是 C to B，即"员工社会化"，"员工"（消费者）直接给企业提供产品或服务的一种模式[①]。

而对于销售来说，我们一般把客户的类别简单地分为两大类：一类是个人和家庭的客户，即消费类客户，一般都是以 B to C 为主进行合作；第二类是商业客户，就是我们通常所说的大客户，通常以 B to B 为主进行合作。这两类客户的消费习惯是完全不同的，所以对应的销售方式也有所差异，主要有以下四个区别：

- 第一，采购对象不一样；
- 第二，采购的金额不一样；
- 第三，销售的方式不一样；
- 第四，对服务的要求不一样。

第一，两种客户的采购对象不一样。to C 类型的客户基本是个体并且他自己就能做主。但是 to B 类型的客户的采购决定就会受很多人的影响，如用户、客户领导、业务部门和采购部门工作人员、招标公司、决策者，甚至还有专家评委。

第二，采购金额不同。一般来说，to C 的销售中，金额普遍小一些，而且较大金额的重复购买也很少，也就是说复购率较低。但是 to B 的销售不一样，它的规模一般都比较大，而且客户会持续、不断地重复购买，复购率高。

第三，销售方式不一样。广告宣传、店面设计，包括网站什么时候下钩

[①] 本章采用销售领域常用的表达，B 指 Business（企业），C 指 Customer（个人消费者），to 指从一端到另一端。

子、怎么去下钩子①，什么时候种草，怎么样带节奏②，怎么去促销一种产品等，都是 to C 常用的方法。在此类销售中，销售要懂得察言观色，明白如何贴标签、写广告语、定标价等。但是 to B 就不一样了，它要求专业的销售团队针对某一客户深入了解需求，挖掘需求，做专业的解决方案。

第四，对服务的要求不一样。to C 类型的销售中，销售一般只需要向客户保证产品能正常使用，承诺可以退换货就可以了。但是 to B 不一样，大客户会要求及时、周到、全面甚至可持续的后续服务。

表 4-1 总结了个人和家庭客户与商业客户的不同，以便你进一步理解。

表 4-1 两种客户的比较

	个人和家庭客户 （消费类客户）	大客户 （商业客户）
采购对象不同	一个人	许多人
采购金额不同	较小，大金额重复购买少	较大，会重复购买
销售方式不同	广告宣传、店面设计	专业销售团队
服务要求不同	保证正常使用，承诺可以退换	及时、周到、全面、可持续

由于这两种客户有很多不同，所以在销售上，一般都会对应分成两种销售模式。本书主要讲的是大客户销售，即针对团体机构客户的一种销售。当然，大客户销售相对难一些，对销售人员的专业素质和能力的要求也会更高。

当前，很多公司更加注重 to B 的业务拓展，更加注重大客户的经营，因为在这种模式下，业务持续时间较长，变动较小。现在除传统的 to B 企业外，很多大公司，像阿里巴巴、腾讯、京东、小米，包括滴滴，都在做 to B 的业务拓展。

---

① 此处意为留住客户信息，提高用户付费率。——编者注
② 网络用语，指在社交平台上做舆论的引领者。——编者注

三种角色，把握大客户销售的独特价值

那么，要想成为一名卓有成效的大客户销售，你应该做好哪些工作、发挥好怎样的角色作用呢？想要发挥好角色作用，就要先了解大客户销售的工作内容。大客户销售的工作内容主要包括五个方面：

- 建立内部关系；
- 建立外部关系；
- 创建并提高客户认知份额；
- 推动客户需求的产生；
- 发展和保留利润丰厚的业务。

第一个方面，建立内部关系。

如果你不理解为什么要优先建立内部关系，可以设想一下：在公司中，要想成为一名卓有成效的大客户销售，最需要的是什么？你需要借助团队的力量。大客户销售部门平时主要通过和支持部门的合作，来解决客户售前、售后问题。比如，如果需要通过电话寻找客户，大客户销售部门就要跟电话销售部门合作；需要拓展市场，就要跟市场部门合作；需要培训以提高销售技巧和客户的专业技能，就要跟培训部门合作；当公司希望在除产品之外的其他方面获得创收时，大客户销售部门就要与技术服务部和咨询部门一起解决技术和方案问题；当然，法律部门、财务部门等也会提供重要的支持。试想一下，如果这些支持部门不了解你或不喜欢你，那你在开展工作时会遇到多大的困难！反之，如果你和这些部门都建立了密切的合作关系，那你在开展工作时会多么轻松！支持部门能够帮助销售提高工作效率、简化办事手续、及时解决客户遇到的问题，进而帮助销售取得客户的信任。

我认识一个下订单总是很顺利的年轻销售，他就很注重维护与销售后台管理部门的关系。有时候，这个销售还会和销售后台管理部门的同事共进午餐。

在月末或者季度末，下单部门需要加班熬夜的时候，他还会买一些饮料去慰问一下。和支持部门关系融洽、相互尊重，获得的支持自然就多了，办事也就顺利了，也就越能迅速响应客户的需求，从而赢得客户的信任。

第二个方面，建立外部关系。

对于大客户销售来说，最重要的外部关系肯定是客户关系。想要成为一名卓有成效的大客户销售，除客户关系以外，你还要依赖公司外部的哪些关系？与市场合作伙伴、外包实施合作伙伴、本地分销商、代理商和媒体等的关系，也都是你重要的外部关系。想打赢大部分的大客户销售战，靠单打独斗是行不通的，你需要的是相互配合、协同作战，正如《孙子兵法》所讲的"伐交"。在分工合作的重大项目中，与合作伙伴建立信任和结成同盟是非常重要的。为了给客户创造价值，一个优秀的大客户销售应该规划并建立良好的内部和外部关系。所以，结有"同盟军"，和客户处在一个"朋友圈"里，这些都非常重要。

第三个方面，要创建并提高客户认知份额。

什么是"认知份额"？认知份额指的是你在客户的心目中占据的份额。大客户销售的工作就是提高自己在客户心目中的认知份额。拥有较高的客户认知份额能确保你和你的公司吸引客户大部分的注意力，更容易促使客户购买你的产品。想要确定客户认知份额，不妨问问自己：当我走进客户的办公室时，他桌子上摆的是我的资料，还是我对手的资料？

想要创建并提高客户认知份额，你需要履行客户管理职能，包括进行市场推广，以提高客户对你产品和服务的认知度和兴趣，进一步宣传公司在客户中取得的成就。这里所说的市场推广并非指大众性广告，而是指具有针对性的推广，比如为了打入某一行业而专门与这个行业的内部刊物进行合作，刊登自己公司的成功案例或软文，编写行业应用白皮书，参加年度行业会议，争取做主题演讲，请行业专家给客户讲课等。

第四个方面，推动客户需求的产生。

当你在客户心目中有足够的认知份额时，接下来的工作就只剩销售了。如果你工作努力，而且客户也恰好有购买的需要，那么你就有可能成功地售出产品和服务；但这种情况是可遇而不可求的。如果销售只会消极地等订单，只是在满足客户的"显性需求"，那么他的成绩是不会理想的。大客户销售需要有相应的知识并会积极采取一些吸引客户的措施，比如，为客户提供培训、研讨会，在帮助他们了解运行业务新动向、新方法的同时，挖掘客户的"潜在需求"，引出新需求，并展示自己的方案。

第五个方面，发展和保留利润丰厚的业务。

创建客户的购买需求后，你可以再争取赢得新业务。但你的工作不仅仅是争取新业务，更重要的是保留老业务。我们把保留老业务称为"既定销售"，指的就是客户按照以前签署过的合同，继续向你的公司支付费用。保留老业务对于实现收入很重要。在了解了自己公司是如何创造利润以及主要利润点在哪里之后，你就可以考虑发展利润丰厚的业务了。在发展新业务前，你应该明白竞争对手的销售策略，以便把握商机，和竞争对手争夺市场。要注意，你不能让竞争对手对当前的市场感到绝望，应该给他们留有一定的市场份额。《孙子兵法》说"围师必阙，穷寇勿迫"，就是这个意思。你的目标是赢得和保留利润最丰厚的供应合同，那些较小或难以服务的客户可以交给竞争对手去沟通，去做。

了解大客户销售工作后，就要明白大客户销售需要诠释好的三种角色：面对客户，要成为一个"顾问"；面对竞争对手，要成为一个"战略家"；面对公司内部和合作伙伴，要成为一个"团队领导"。想要发挥好这三种角色作用，你需要明白以下这两点：

- 第一，你虽然没有管理他人的正式权力，但是要承担"团队领导"的角色。

  你工作的关键就是完成业绩、达成目标，并自行管理全部风险。你没有管理他人的正式权力，无须听取虚拟团队中人员的报告，也无法对他们进行奖惩；但是，你必须去影响、去调动他们，利用他们的资源，赢得他们的大力支持，以便完成你的销售任务。

- 第二，你要清楚，每年你的任务量只会增加，任务难度只会更高。

  没有哪一位 CEO 会告诉销售："去年干得非常不错！今年你可以好好放松一下，不用那么努力了！"你的公司希望今年的收入比去年少吗？答案当然是否定的。你只会承受逐年提高的销售压力。

为了在竞争中脱颖而出，让客户看到你的独特价值，你需要不断去营造这种独特价值。需要强调的是，不管你的产品多么独特，这份独特都不会持续很长时间，而你的独特是可持续的，但要保持这种独特的价值所付出的努力会越来越多。

事实上，现在的销售工作已经从销售产品变成了销售价值。作为大客户销售，你在把信息从销售机构转移到购买机构的过程中起着关键的桥梁作用。要想成为卓有成效的大客户销售，就必须明确自己的职责，承担好自己的角色，做一个"有里有面儿"的大客户销售。

三个层次，向企业销售进阶

前文已介绍了大客户销售需要承担的三种角色，即客户的"顾问"、竞争中的"战略家"、公司内部和合作伙伴的"团队领导"。现在，就可以开始了解大客户销售的三个层次了。围绕这一主题，我将着重跟你谈两个问题。

- 第一个问题，如何区分大客户销售的三个层次？不同层次的大客户销售，他们的投入产出是怎样的？

- 第二个问题，这三个层次的大客户销售为什么会有这么大的差距？他们到底有何不同？他们做事情的思维方式和关注焦点有何不同？

我们先来考虑，如何区分大客户销售的三个层次，并尝试分析他们的投入产出。

一个大客户销售的表现，可以划分成三个层次。这三个层次，越往上，对应的人数就越少，像金字塔一样。在金字塔最底层的销售叫"业务型销售"，英文外号是 box moving，翻译过来即"搬箱子"销售，是大多数销售的类型。这类销售在金字塔最底端，人数也是最多的。它的上一级销售叫"咨询型销售"，咨询型销售也被称为"解决方案"销售，人数相对少一些。再往上一层，也就是在金字塔顶端的销售，叫"企业销售"。企业销售一般就是客户的顾问了，人数自然就最少。在这里特别要说明一下，客户的顾问和顾问式销售是两种不同的概念。如果客户很愿意向你请教，愿意向你咨询、和你商量，那么你是客户的顾问。顾问式销售则是一种销售方法论。

图 4-1 能让你很直观地看出大客户销售的金字塔层次。

这三层，不仅在人数上有区别，在投入产出（ROI，return on investment）上也大相径庭。

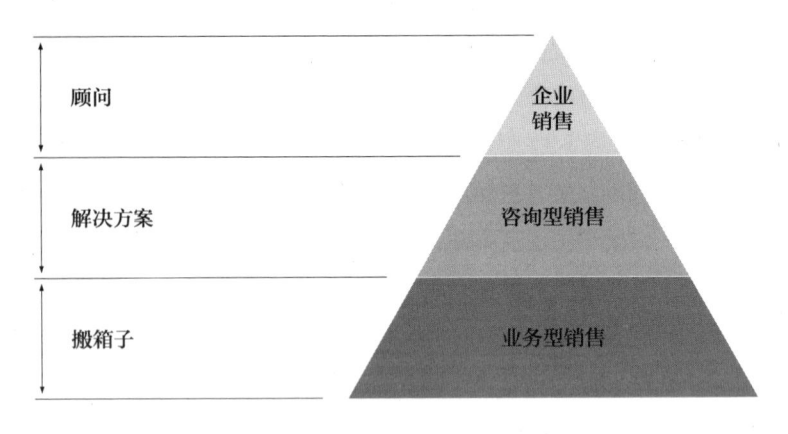

图 4-1 大客户销售的三个层次

再看看图 4-2，纵轴代表生产力，横轴代表时间和资金的投入。我们可以结合该图理解投入产出的相关概念。

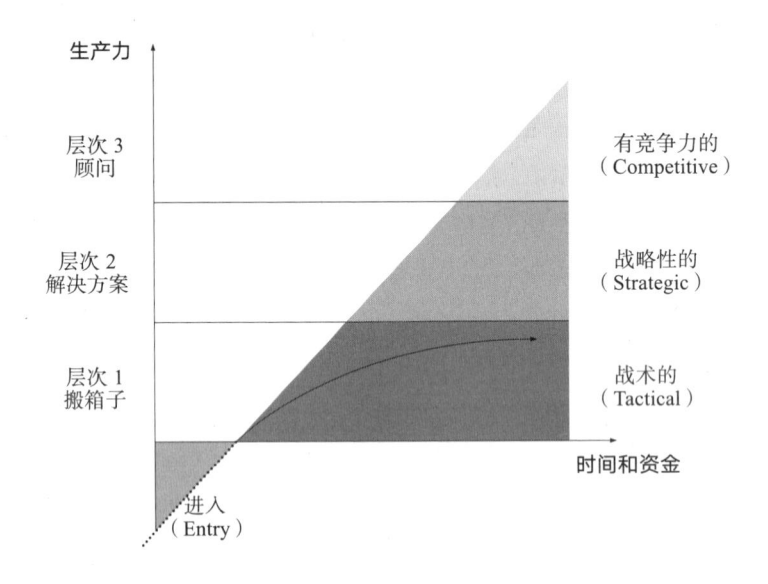

图 4-2 销售的投入产出分析图

对于一个新销售来说，如果他刚从技术部或者其他部门转来做销售，或者大学刚毕业来做销售，他应该是处于进入阶段（Entry），也就是说他处在"进入期"。在这个阶段，销售的生产力是负的，没有什么效益。经过一段时间的学习和锻炼后，新销售就进入了第一层，成为业务型销售。业务型销售的特点是生产力偏低，只卖公司现有的产品和服务，像搬箱子一样。再经过一段时间的锻炼后，有些业务型销售可能会升到第二层，成为咨询型销售。咨询型销售与业务型销售区别很大。咨询型销售跟客户建立了更好的信任关系，因此可以了解客户的业务，并可以针对客户的业务提供相应的解决方案。咨询型销售已经不再只单纯地卖产品和服务了，他的生产力也得到了很大的提升。咨询型销售再往上晋升，就进入了第三层，成为企业销售。客户有什么问题都愿意找企业销售咨询，所以企业销售在给客户出主意的同时就能拿下订单。毋庸置疑，企业销售的生产力是最高的，投入产出也是最高的。

那么，这三个层次的销售，他们的投入产出为什么会有这么大差异呢？因为他们做的事情是不一样的。业务型销售更偏重战术，看重具体怎么做，是战术型销售；咨询型销售已经会思考一些规划问题了，他站得更高，看得更远，是战略型销售；企业销售往往能将战略、战术融会贯通，是最具竞争力的销售。从一个普通销售成长为卓越销售需要经历很多，不是所有人都能逐步向上升级，不少销售都停滞在业务型销售这一层，无法上升。所以，工作很多年的老销售，有不少还是只能销售公司现存的产品、服务和方案。图 4-2 中第一层的那条曲线，就是由难以突破的极限值组成的，这就是业务型销售需要突破的点。

那么，不同层次的销售，他们做事情的思维方式和关注焦点有何不同？我们可以从五个维度来分析这三层销售：

- 第一，从他们做事的焦点——关注点来分析；
- 第二，从定位——他们自定的工作重心、范围和位置来分析；
- 第三，从技术、服务的能力来分析；
- 第四，从资金、财务来分析；
- 第五，从关系的维度来分析。

你可以在图 4-3 中清晰地看到这五个维度的比较。

	多功能性		
	层次 1 业务型销售	层次 2 咨询型销售	层次 3 企业销售
焦点	事件	过程	结果
定位	产品	客户业务	政治
技术/服务能力	技术/服务	系统 系列服务	解决方案
资金/财务	价格	成本	价值
关系	技术、操作、执行人员	管理人员	CEO

图 4-3 三层销售的五个维度分析图

第一个维度，焦点。

不同层次的销售关注的焦点不一样，即他们做事的重点不一样。比如业务型销售，他的重点是事件，比如客户要报价，他就给报价；客户要方案，他就给方案；客户要招标，他就去投标；客户要开会，他就去赞助；客户要吃饭，他就去请客。业务型销售觉得，只要积极响应客户的要求，解决客户的问题就会起到积极的作用，就是好销售，但实际上这些事往往都没什么效果。

客户要报价，你就给他报价吗？你有没有跟客户建立起信任关系呢？你给了报价，客户会做什么？你有没有想过最差的情况？如果客户在帮助你的竞争对手要报价，那么，你给客户报价的第二天，这个价格就到了竞争对手的手里。再比如，客户要方案，你就给他方案吗？你的决定取决于你跟客户的信任程度。因为，有的客户可能只是在帮助你的竞争对手要方案作为参考。举一反三，客户告诉你要招标，你就去投标吗？其实也不一定。这要看你在客户方面做了什么工作。我在工作中一般不会阻止销售去投标，但是会问三个问题。我的第一个问题是："招标书是你写的吗，或者你参与写了吗？"因为客户的标书一般会有人帮忙起草，最后由客户定稿，通常情况下谁写标书谁中标。销售若回答"不是"，我就问第二个问题："关于标书里的重要指标，客户和你交流过吗？"一般情况下客户需要就重要指标和信任的人讨论。销售若回答"没有"，这就证明他没有进入客户的"朋友圈"。接下来，我就问第三个问题："你是什么时候知道这个项目的？"销售若回答"刚知道"，那他自己也该知道该不该投这个标了，因为赢率几乎为零。

现实生活中，有时候你也可能会在诸多不利条件下中标，但这只会有两个原因：第一种，因计算错误而造成的偏低报价使得你脱颖而出，可在这种情况下即便你中标了也会很难受；第二种，招标过程混乱，你乱中取胜。但凡客户在招标流程上做一些规划和布局，比如，在价格方面防止低价中标，偏向有更多成功案例的公司，给加分项、给指标配权重等，那么毫无准备的你就没有胜算。因此，只关注事件的销售可能很忙碌，但是业绩不会太好，也就是"不出活儿"，只会浪费公司大量的资源。

咨询型销售要比业务型销售强很多，因为他关注的焦点不再是事件，而是过程或流程。比如，他们关注客户的业务流程、采购流程、项目进程、决策流程。你在熟悉客户的各种流程后，就已不再是业务型销售，而是咨询型销售了。在这个层面，你的生产力已经比业务型销售高出了不少。

业务型销售再往上，就是第三层销售——企业销售，也就是客户的顾问。作为客户的顾问，你可能在为客户出主意的同时就把订单拿下了。要上什么项目？要做什么投资？这笔投资款怎么花？后续应该做些什么？客户会跟已经建立了信任关系的销售交流这些问题，而销售也会在交流中提出互利性建议。企业销售关注的是什么呢？是结果。他们在报价或给方案时会想：我把这个价格报给了客户，或者把这个方案给了客户，可能会有什么结果呢？投标也是一样，企业销售会主动放弃没有胜算的标。每个销售的精力和时间都是有限的，企业销售懂得把有限的精力和时间投入那些能有产出的事情上，而不是投在那些没有结果的事情上。所以，做事前要多想想：这个结果会是我想要的吗？当然，在投标上也不一定只有中标一个结果。当你想要的是别的结果时，也可以在毫无胜算的前提下参加投标。比如，通过投标与客户建立信任，让客户知道自己的实力、严谨性、可靠性等，为今后的合作做铺垫。

我曾因想玩"无限的游戏"，而在毫无胜算的前提下参加投标，因为当时我要的结果就是增加和客户交流的机会，通过做"托"和客户建立关系；说白了就是去当个"明托"，让客户领情。我的一个朋友还因为想锻炼团队而送他们去投标，因为他的团队在这个行业没有突破，且动力不足。他想通过投标，强制团队学习行业知识和所有的客户知识。由此可见，结果是多种多样的：有人投标是为了中标；有人投标是为了跟客户建立关系；也有人投标是为了锻炼团队。

从焦点这个维度上看，三个层次的销售关注点是不同的：**业务型销售考虑的是事件，咨询型销售考虑的是过程，企业销售考虑的则是结果。**

第二个维度，定位。

三个层次的销售考虑的定位也不一样。业务型销售的定位是产品。他们时常把产品好坏挂嘴边，输给竞争对手时，就说是产品不行。确实，不同公司的产品有好有坏、有强有弱，但胜者不一定全是拥有顶尖产品的销售。毕竟，如果产品好到无可挑剔，那么销售的价值体现在哪里？许多销售，靠着并不顶尖的产品，也能获得不错的销售业绩。这种定位在产品上的销售，就是业务型销售。

咨询型销售定位在客户的业务上。他们很了解客户的业务，能够针对客户的业务与要求，挖掘客户需求，结合自己的产品和服务，给客户提供一系列相应的解决方案。咨询型销售关注客户利益，能针对客户的业务提出一些互利的方案。所以定位在客户业务上的销售就是第二层销售——咨询型销售，也叫解决方案销售。

企业销售定位在"政治"，即客户的实际情况上。我们常说有人的地方就一定有"江湖"，也就是说大企业有大企业的"政治"，小企业有小企业的"政治"。企业销售会根据客户公司的实际情况，如是不是家族企业，来做不同的事、说不同的话，这非常重要，需要你去思考和理解，并且对具体问题具体分析。

第三个维度，技术和服务能力。

如果你只强调你有某些技术或服务能力，那你就是个业务型销售。但是如果你跟客户谈的不是一个简单的技术或服务，而是可以给客户提供一个系统、一系列的服务，那你就是一个咨询型销售。企业销售，则能给客户提供一整套解决方案。单一技术和服务、一整个系统和系列服务、完整的解决方案，难度逐渐增加，层次越来越高。

第四个维度，资金和财务。

如果一个销售只谈价格，项目输赢全靠价格，他就是个业务型销售，做的是一次性的买卖，玩的是"有限的游戏"。你可以考虑一下，如果全靠调整价格就可以赢得订单，那公司还需要雇佣销售吗？做一套线上报价系统就行了。而咨询型销售关注成本。他会跟客户谈购买成本、使用成本、维护成本。他更希望能和客户有长期的合作，具有一些"无限的游戏"的思维。就拿买车举例。比起价格，咨询型销售更着重跟你谈百公里油耗、十万公里免费保养等，他还会谈及后续的优惠服务、会员卡等相关信息。

企业销售谈的是价值，即抛开这个价格和成本之后，他能帮你实现什么。有经验的4S店销售经常会说："像您这样的成功人士最适合这种车！""这种车的车主都是您这样的人生赢家！"他们还可能和你说"一看您就有爱心，有责任感"，接下来就会和你聊低碳出行，节能环保。这些话语都在为你这次的购买赋予某种价值。在跟客户合作时，你可以跟客户说清楚下一步打算，让他看到未来的美好愿景。这样做，一是可以让他放心，二是能让他对未来业务的增长、业绩的提升抱有希望。

第五个维度，关系。

如果你跟客户的关系是建立在操作层面上的，也就是技术层面、采购层面、执行层面，那可以断定，你就是业务型销售。如果你和客户的关系是建立在管理层面上的，也就是中层领导层，那你就是咨询型销售了。企业销售的关系则建立在 C×O 这个层面上，即 CEO、CFO、CIO，或者 COO 等层面，换句话说就是和决策型领导建立了信任关系。成功的大客户销售都是在决策层面上建立客户关系。to B 的业务，跟 to C 的业务是不一样的：to C 的业务由客户自己一人决定，但 to B 的业务往往由客户公司的决策层领导决定。我就曾失误过。在某个项目中，我注重了和基层工作人员、中层领导的关系，却忽视了与 C×O 决策层这个层面关系的建立，最终，客户公司的决策者拍板采用了竞争公司的方案。所以，要想成为企业销售、确保项目的成功、和客户有长久的合作，你一定要和决策层面的客户建立良好的关系。

通过以上五个维度的分析，不难看出三层销售的区别。企业销售，也就是客户的顾问，他们的生产力是最高的，因为他们的焦点是结果，定位在"政治"；他们可以给客户提供整套解决方案，喜欢跟客户谈价值，能够和决策层面的客户建立关系。这种销售，业绩能不好吗？要注意的是，你可以跟你的销售介绍大客户销售的三个层次，也可从五个维度来与他们分析交流，但是切记不要给销售贴标签。一定不要说："你看看，你现在就是个业务型销售。"这样会打击个人积极性。你可以讲解销售的三个层次，可以让他们自己去对照，让他们明白自己是在哪一层，知道自己提升的方向和突破点，以调动他们的积极性，鼓励他们向上升级。

正三角法则，科学分配时间和精力

了解大客户销售的角色与层次之后，我们需要思考，想要成为卓越的大客户销售，应如何分配时间和精力。从图4-4中，我们可以看到两个面积相同的三角形，它们代表的是普通销售和卓越销售相同的时间和精力。

普通销售的时间与精力分配情况如左侧的倒三角形，卓越销售的时间和精力分配情况如右侧的正三角形。这两个三角形从上到下分为四层，依次对应的工作是要求承诺、介绍产品与提交解决方案、发觉客户的需要和问题、建立信任。我们可以很直观地看到每一项工作对应的时间与精力分配情况，普通销售的时间和精力从上到下依次递减，而卓越销售正好相反。

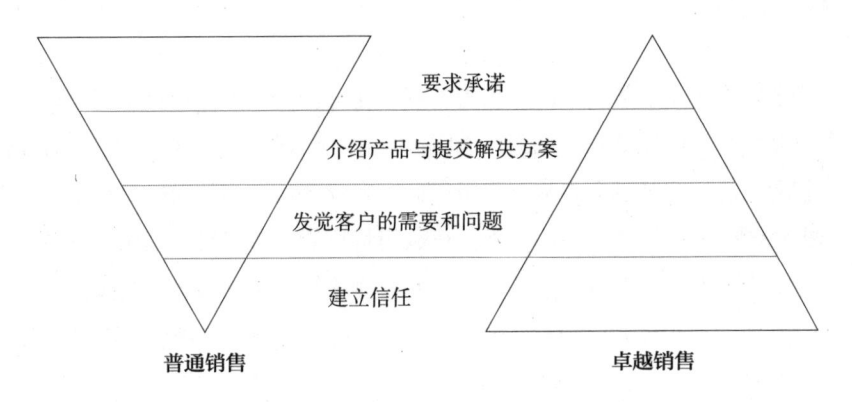

图4-4　不同类型的销售时间与精力分配

一个普通的销售会把大量的时间和精力花在要求承诺上，因为他特别希望客户把项目交给自己做，或者选用自家的产品和服务。所以，普通销售在说服客户上用的时间和精力是最多的，他希望能通过说服获得客户的承诺。见标就投这种行为也被概括在要求承诺里。

普通销售还会把时间和精力用在介绍自己的公司、产品、服务和解决方案上，就跟"秀肌肉"一样。他们在这方面用的时间和精力是排在第二位的，因为如果客户不给他们承诺、不许诺项目，他们就希望用自己的实力产品和方案征服客户。当客户不仅不给承诺，还不太想听产品、服务或者方案的介绍时，普通销售会马上开始探寻客户的需求和问题。这时候，他们会问客户："您有什么需求？""您有什么打算呢？""您想做什么？""还有什么问题？"他们花在这方面的时间和精力是排在第三位的。他们在跟客户建立信任上花费的时间和精力最少。普通的销售可能会说："我平时工作安排得太满了，也实在太忙了，每天要见客户，要介绍我们的产品、服务，还要去'寻问'客户的需求。当然了，还有日常的办公室工作……太多事情要做了，哪儿有时间去跟客户建立信任？"

无论是卓越销售，还是普通销售，他们的时间和精力都是差不多的，但工作方法和重点是截然不同的，也就是说，采用的思维和战术是不一样的。

卓越销售会花最多的时间和精力与客户建立信任。因为他们知道，to B 的业务建立在客户信任这一基础上，能跟客户建立信任，就自然可以发现客户的需求和问题。在此基础上，他们就可以针对客户的需求和问题，有针对性地去介绍自己的产品、服务和解决方案。卓越销售在要求客户给予承诺上花的时间和精力最少，因为跟客户建立了信任以后，获得承诺是顺其自然的事。他们甚至可以直接跟客户说："领导，要不这个项目就交给我来做吧？"客户可能也就顺水推舟答应了。

这里有个例子可以证明：普通销售和卓越销售的时间与精力的分配是完全相反的。

我和一个代理商王总有着不少的交流。在一次沟通中，我曾对他说："现在做大客户销售光靠吃饭喝酒是不行的，需要有更多的知识。"王总采纳了我的建议去上了 EMBA。过了两年，再次见面时，我问王总："现在怎么样啊？"他说："业务开展得很顺利，现在越做越大了。"我又问："你最近忙什么呢？"他说："还在读 EMBA。"我诧异道:"这都两年多了,你应该毕业了吧?"他回答:"是毕业了,不过我又去读了第二遍。"我觉得奇怪,就问他:"你是没学会,还是没考过呀,怎么又读第二遍了?"他说:"当时没告诉你,我上次是陪重要客户去读的EMBA,就是当个现代版的陪读书童。现在我再读EMBA,是因为又要陪另一位重要客户去了。我现在和这两个大客户都有着密切的业务往来。你想想,我陪客户念书两年,平时帮客户梳理笔记、答疑解惑,建立了多么深厚的同窗友谊啊!再说还有两个班的同学呢,大家都成朋友了。"

这就是我们说的建立信任关系,清楚客户的痛点,提出互利建议,再顺其自然做项目。当然这中间可能需要一个投标的过程。有时候,你甚至可以提前知道客户第二年的项目,提早准备。上文的例子,就是一个很典型的卓越销售建立信任的案例。我还认识一个因为客户的兴趣爱好而开始跑马拉松的大客户销售。他后来和客户变成了"跑友",建立了信任关系。和客户相互了解,才能让客户放心把项目交给你,你也才能把业务越做越大。

知识管理,掌握达成目标的工具与力量

知识和创新对于现在的大客户销售来说越来越重要了。那么,一个专业的大客户销售,应该有哪些知识储备?

过去的大客户销售跟现在的大客户销售有很大的不同。过去做销售靠酒量,现在做销售靠知识。随着时间的推移,我们对酒量的要求在减少,对知识的要求在不断地增加。通过ASK模型我们知道:态度让你选择做对的事,技能帮助你把事情做对、做好,知识则是你用来完成任务的工具和力量。知识给你力量、给你方法论,是你成功的必要条件。以下四种知识对大客户销售来说非常重要。

第一种知识是专业知识。你做什么领域,就一定要有这个领域的专业知

识，要对这个专业有足够的了解。比如 IT 行业的销售当然要有 IT 知识，机械设备行业的销售要有机械知识，化工、汽车、金融、电信等行业的销售也都要有相关的专业知识。这些专业知识，还包括你对产品、技术、服务、方案的了解。同时，你还需要不断更新这些专业知识。

第二种知识是企业知识。你一定要了解企业知识，特别是你们的企业从哪里来、到哪里去，要会讲企业故事。会讲企业故事的销售才能给客户留下深刻的印象。企业知识还包含对企业业务和运作的理解。

第三种知识是行业知识。你一定要会说自己和客户所在行业的行话。如果你在和客户交流时，说的话都是外行话，那客户就会觉得你根本不了解这个行业，对跟你的合作有排斥感。

第四种知识是客户知识。你对客户的了解程度，最终决定着你能否赢得这个客户，是否能跟客户走得更远、做得更久。如果客户认为你根本不了解他，你就很难和客户建立信任关系。为了让团队的销售和售前、售后技术人员了解和掌握客户知识，我会邀请客户专门过来讲课，以此让团队学习客户知识。

专业知识、企业知识、行业知识、客户知识，它们都属于一个知识管理体系。所谓知识管理，就是在组织中对知识、知识创造过程和知识的应用做一些规划和管理，比如判断四种知识是否可以归纳、是否有所更新、是否可以在团队内分享。

营销创新，触发指数级业绩增长

德鲁克有一句名言：企业仅有两个最关键的职能，就是创新与营销，其他都是为这两个基本职能付出的成本。这里说的创新，并不是局限在技术层面上进行的创新，而是指在满足客户需求的方式上进行创新，以适应新的变化。

创新主要分三种，即技术创新、管理创新和模式创新。

销售人员不用考虑技术创新，因为我们只做销售。我们也基本上不用去想管理创新。从泰勒的工作法、福特的流水线，到丰田的精益制造，再到国内盛行的道盛和夫的阿米巴，这些管理模式虽都不是我们创造出来的，却可以为我们所用。中国销售的创新，体现在模式创新上。模式创新要求的是学习和转变：学习，再根据实际情况，做一些模式上的改变。要实现模式创新，就要学得快。

营销创新，需要你根据市场情形与环境的变化，即根据客户所处场景的变化，结合企业自身的资源和条件，包括经营实力等，去寻求营销要素在某一方面或者某一系列的突破或变革。过去的那些老方法无法应对当前的新问题，我们要去尝试新方法。这些新方法应在你对场景有所了解，并进行了相关的学习和研究后制定。在这个过程中，你要做的是去适应环境和了解客户心理。当然，不触犯法律法规和一些通行的惯例是底线。并且，你的这些创新和改变也应该是企业能够接受的。在营销创新方面，我们要具有一定的互联网思维，要依靠大数据，会应用一些AI技术，让AI成为你的助手，以此促进业绩增长。大客户销售的业绩一般有两种增长模式：线性增长和指数增长。

按传统的方式做大客户销售，也就是和客户一一对接，不断加深客户关系、深入挖掘客户，在维系好这些客户关系的同时，做更多的业务。这种增长往往是线性增长。

新的销售模式包括学习和借用一些现代的工具，比如说通过社区营销、内容营销、数字营销等方式，在某些方面做到指数增长。新的销售模式要求我们在以客户为中心的前提下，投入较少的资源，获得更多的客户资源，开创一个新的局面，也就是创新。现在销售工作已经前置，就是销售和客户还未见面，相关工作就已经展开了。这也是摆在我面前的一个课题。很多公司都已经在大数据和数字营销上做了些新的尝试，这值得我们去了解和学习。当然，我们也需要去了解和学习社群营销，因为这完全是一个新的概念。

社群营销,有一个"4C"法则,也就是 Context、Community、Content 和 Connections。第一个 C,Context,就是场景。我们要了解客户所处的场景。第二个 C,Community,就是社群、圈层。在了解了客户的"聚集地"——社区后,我们才能做到有的放矢。第三个 C,Content,就是内容。客户关注什么内容、需要得到什么内容,我们就应该给客户提供什么样的内容。第四个 C 就是 Connections,连接。它要求我们知道如何加强与客户的连接。这 4 个 C 要求我们研究场景,了解客户的社区、网上聚集地、部落后,再给客户投放优质内容,以最终建立与客户的连接;这样操作往往可以帮助我们更好地完成销售。

数据显示,客户的上网时间变得越来越长。运用社群营销的思路,你就可以足不出户地去建立新联系。在这里还要注意,创新的想法需要种子客户的支持。大客户不一定就是种子客户。种子客户指敢于去拥抱新事物、引领新潮流、愿意分享、愿意帮助别人的客户。你需要去挖掘种子客户,你在行业里的影响力会因种子客户而得到扩大、传播。

像销售领袖一样思考

- 想打赢大客户销售战,单打独斗是行不通的,你需要的是相互配合、协同作战。

- 业务型销售偏重战术,看重具体怎么做;咨询型销售会思考规划性问题,看重战略;而企业销售往往能将战略、战术融会贯通,是最具竞争力的销售。

- 销售工作已经从销售产品转到了销售价值。

- 认知份额指的是你在客户心中占据的份额。大客户销售的工作就是提高自己在客户心目中的认知份额。

- 大客户销售需要诠释好三种角色：面对客户，要成为一个"顾问"；面对竞争对手，要成为一个"战略家"；面对公司内部和合作伙伴，要成为一个"团队领导"。

/ 第5章 /

销售心法，
赢得大客户的信任与忠诚

在这一章，我们主要探讨三个问题：

- 如何找到真正的大客户？
- 如何真正做到"以客户为中心"？
- 如何真正与客户建立信任关系？

瞄准靶心，找到真正的大客户

同销售一样，客户也是分层级的。大客户销售要优先关注处在金字塔顶端的客户，即头部客户。

一个大客户销售可能在其主管区域内拥有一个或几个大客户，即关键客户或企业客户。这些客户是公司最大的服务对象，也是最重要的战略客户。这些客户有以下特点：采购金额大，项目量大；有较大的行业影响力，是行业内众所周知的顶尖客户；和这些客户中断业务往来后，你的公司在行业内的市场地位、资源等各方面都会受到影响。所以，这样的客户对公司未来发展有重要的影响，你一定要谨慎对待。有一些 to B 的销售，他们的客户有时被称作中小客户（SMB），他们面向的是中端市场。这些大客户销售负责的区域内可能有几十个此类客户。还有一些 to B 的销售并不直接面向最终客户，他们向分销商和其他销售渠道进行销售，这些分销商、代理商再面向最终客户进行直接销售。如果拥有了金字塔顶端的关键客户，你需要用大量的甚至是全部的时间与此类客户打交道。你只有集中精力才能获得最佳业绩；当然，回报也是非常丰厚的。但是，如果你因过失而丢掉了其中一个大客户，你的公司也会遭受毁灭性的打击。因此，你的工作对公司而言是富有战略意义的，获得此份工作的你，也要成为值得公司领导信赖的员工。

要注意的是，大客户也是一个相对的概念，它由你负责的区域大小和公司的体量来决定。你可以用 STP 营销战略来确定公司体量和客户层级。S, Segmenting，是指在你负责的区域内如何细分市场，细分市场是将整个市场根据客户的需求、购买行为和偏好等因素，划分为若干个不同的客户群体，并针对每个客户群体制定不同的营销策略；T, Targeting，是目标市场或客户群体，就是选择一个或多个有潜力的、你要进入的细分市场和要选择的目标客户群体，并制定相应的营销策略以满足目标市场的需求；P, Positioning，是在目标市场中选择一个独特的定位，确定市场提供物（产品或服务）在目标客户心中的位置，从而与其他竞争对手的产品和服务区分开来。你的细分市场、目标客户、定位都决定着你的大客户体量和层级。所以，大客户是一个相对的概念。

图 5-1 可以方便你理解目标客户的分类。在选择大客户的时候，你还要考虑这个大客户是否具有垂直管理的关系，即这一客户是否作为上级拥有直接管理的下级机构，主要是看是否有人事直接任免权，比如海关总署与各地海关、母公司和其子公司等，只要其中一方有需求，那么它整个系统的所有相关部门都会有同样的需求。

除要注意有垂直管理的公司之外，还要区分大项目与大客户。大客户跟大项目是不一样的，大项目可能是"一次性"的，就像基建工程，做完也就结束了。奥运会也是大项目，但每四年才会开一次。所以，这种客户有一个很形象的名字，叫奥林匹克客户。奥林匹克客户每隔几年才会有一次采购需求；他们虽然有大项目，却并不是大客户。这种客户的优先度是较低的，因为我们需要的是那些能不断和我们有业务往来的客户，而不是奥林匹克客户。正如《价值》一书中谈到的："流水不争先，争的是滔滔不绝。"大客户销售希望的是业务"滔滔不绝"。

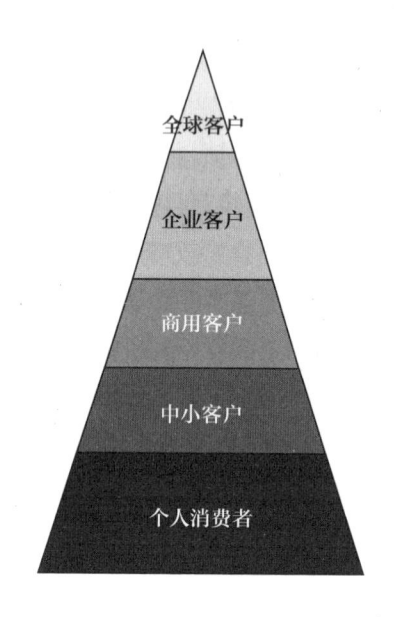

全球客户
企业客户
商用客户
中小客户
个人消费者

图 5-1　目标客户分类

销售是一门极具挑战性的工作，而做大客户销售则更具挑战性，因为它需要系统理论的指导；这要求大客户销售不仅要有悟性和人情关系，还要有方法论和成功经验。可以说，大客户销售必须"十八般武艺样样精通"。而且除基本功外，大客户销售要想成功，还需要真诚、主动、敏锐、高效、专注、有大局观。这些都是战斗力的体现，没有战斗力，就没有签单力。

在了解大客户的概念，知道了怎么区分大客户以后，我们应该学会如何选择和梳理大客户。

俗话说:"选择比努力更重要。"大客户的筛选工作不容轻视。

在做大客户选择时,要考虑四个效应。第一个是势能效应。我们说,做成一件事儿,本质上不在于你的能力有多强,而是要顺势而为,于万仞之巅推动千钧之石。换句话说,就是你要学会借势。如果即使和一个客户达成了交易,你也无法借用这个客户的势能,那么你对客户的选择可能就是欠考虑的。比如,我在许多大学授课,但平常我在介绍自己时,可能只说自己在清华大学授课,因为清华大学是我可以借势的。再比如,如果你做金融业务,服务银行,在对外介绍时,你可能只会提到你的应用或者产品在工商银行得到了应用,这就足以为你的产品背书,因为谁都知道工商银行被戏称为"宇宙第一大行"。这些都是在借势。

你要考虑的第二个效应是灯塔效应(Light House Effect)。我们经常问别人:你做的案例是不是一个灯塔案例?有时我们也说:拿这个案例打个样,做成一个标杆案例。大家都知道,灯塔是能指明方向的。如果你做的项目或合作的客户能在行业或者地区成为一个灯塔、一个标杆,那么这一定能帮助你在市场竞争中处于有利地位。你在选择客户的时候,要考虑你们的合作是否有潜力产生灯塔效应。

第三个是保龄球效应。你可能打过保龄球,知道打保龄球的时候要聪明地选择打哪个瓶,击倒不同的瓶子所产生的效果是不一样的。击中哪个瓶子能打倒一片?你一定要好好选择。这种能带来全局影响力的动作,我们形象地称之为具有"保龄球效应"。

第四个是雪球效应。雪球效应是"股神"巴菲特总结的,巴菲特9岁那年冬天和妹妹在院子里玩雪,他发现想要滚个大雪球,必须要有一个长长的雪道,有一块非常黏的雪,才会成功。在他的传记《滚雪球》一书中他说:"人生就像滚雪球,最重要的事就是找到很湿的雪和自己那条又湿又长的雪道。"雪球效应让巴菲特终身受益。做大客户也一样,要找到很湿的雪——就是与自己建立起信任的客户，和长长的雪道——就是指长期向上看好的行业和主题。

还有一个要强调的就是，别人的大客户和关键客户不一定能成为你的，也就是说你需要去评估并维护好你能力圈之内的少数客户。你的能力圈大小不是最重要的，更重要的是你要清楚自己的能力圈的边界在哪里。

举个例子，我认识一个在北京做教育行业的销售经理，他主要负责对接北京各大高校。北京的高校很多，选择和筛选工作对他而言就显得尤其重要。他当时是按机会和项目做筛选的，也就是说，哪个大学有机会、有项目，就做哪个大学的业务。有一回，我在办公室里遇见他，和他聊了几句业务状况、了解了他的做事方法后，我不禁说道："这么做怎么能做得好呢？！大客户销售做业务一定要有方法论，也一定要选择重要的客户。你不能按照机会和项目做，要按客户做！"

按客户做业务，就要面临一个问题：该怎么选择大客户？有三种选择和梳理大客户的方法：二八法则、矩阵法和提问列表法。

第一种方法，"二八法则"

大多数人很少主动运用这个看起来熟悉又简单的方法。"二八法则"指的是，不同的事情对应的时间价值是不一样的。这里推荐一本书——《精要主义》[①]，"精要"二字指的就是"二八法则"。把这个法则放在大客户的选择和梳理上，也许你会发现，你80%的销售额实际上来自20%的客户。也就是说，如果你集中时间和精力去经营那20%的客户，就可能收获超过80%的成果。

在这里，我想问你几个问题：

---

① "21世纪的史蒂芬·柯维"格雷戈·麦吉沃思的力作，旨在让人们重新掌握自己的选择权，自主决定如何支配宝贵的时间和精力，而不再是许可他人替我们做出选择。本书中文简体字版由湛庐引进、中国财政经济出版社2022年出版。——编者注

- 你知道谁是你的大客户吗？
- 你经常联系的客户是哪几个？
- 经常联系的客户在你的客户群里的占比是多少？
- 这几个客户的成交额占总成交额的比例是多少？
- 你的产出是否与投入的精力相匹配？

顺着问题回答到最后，如果答案是否定的，那你可能就需要调整经常联系的客户了，这样才能做到有的放矢。你应该用特殊的价格、密切的关怀和超值的服务对待这 20% 的客户。剩下 80% 的客户呢？给他们基本的价格、基本的关注和基本的技术支持及服务就可以了。你可以用一些线上工具研究客户，如企查查、天眼查、找到等软件；如果你的客户是海外客户，你也可以用领英来了解他。

"二八法则"能帮我们建立一种基本的精要思维，时刻提醒我们要专注于更有意义的少数，提升自我效能。

第二种方法，"矩阵法"

你也可以用"矩阵法"来做大客户的选择和梳理。根据筛选关键客户的维度，在这里我们介绍两种模型：一是"投入—产出"模型，它根据客户的现状和重要性来筛选关键客户；二是"现在—未来"模型，它根据客户现状和未来发展趋势来筛选关键客户。

"投入—产出"模型的具体操作方法如下。

第一步，花时间和其他销售讨论并整理客户信息，然后把整理出来的客户信息，分别写在可粘贴的便签纸上。注意，每一张便签纸上只能写一个客户的名字，以及该客户对应的销售额及销售的产品和服务。

第二步，准备一个大白板或者一大张白纸，在上面画出 x 轴和 y 轴，x 轴表示投入，y 轴表示产出。这张白纸或白板一定要够大，因为你所存的客户便签都要贴在它上面。根据客户对应的销售额，在 y 轴上依次对其进行排序，销售额高的贴在上，销售额低的依次贴在下。一定要把带来最高销售额的客户找出来，先贴在最高处，这样方便操作。

第三步，根据利润，调整 y 轴上的排序。不同的产品和服务，对应的利润也不同。你需要将利润高的客户向上排，利润低的客户向下排；也就是，在销售额排序的基础上，再根据每个客户的销售利润进行调整。需要注意的是，这个比较是相对的，不是绝对的。

第四步，评估每个客户的影响力后再做一次调整，把影响力大的客户向上调，影响力小的客户向下调。行业内知名的客户、在某一行业取得突破的客户、从竞争对手手中争取到的客户等都是影响力相对较大的客户，我们要将这些客户沿 y 轴向上调整。第四步做完后，你可以再整体评估一下排序的合理性。确认无误后，就可以进行下一步了。

第五步，根据我们对每个客户的投入，调整其 x 轴的排序。投入包括人、财、物。人，就是销售人力资源的投入；财，是指财务方面的支出，涉及价格、账期等；物，是指一些具体的物质资源，比如样机、试用设备等。我们在每个客户身上的投入不同，他们在 x 轴上对应的位置也不同。投入越大的越靠右，依此原则摆放排列。一定要注意，先找出投入最大的客户将他们水平移动到最右方，再依次移动其他客户；还有在摆放、调整客户在 x 轴的坐标位置时，一定要水平移动，其对应的 y 轴坐标不变。

五步后，你就会得到一张贴满所有客户信息的白纸（白板）。在白纸（白板）中央画个大十字，我们就又得到了四个象限，如图 5-2。

图 5-2 能让我们更清楚谁是重要的客户。在第一象限的客户就是重要的客

户；因其产出和投入都高，从现状来看，他们就是我们的关键客户。第二象限的客户产出相对高也重要，与之对应的投入则较少，我们可以考虑对其增加投入。第三象限的客户，产出、投入都低，不需要我们花费太多精力去维护。第四象限的客户，产出相对较低、投入较高，我们可以考虑减少相关投入。

用这种方法，就可以很直观地梳理和筛选现有的客户。这种方法运用的是面思维，而不是点思维。运用点思维思考问题，你会认为每个客户都同等重要；但是如果你把客户放在一个平面上进行多维度比较，就会马上找出真正重要的客户，并把重心放在他们身上。但是，这个模型有一个问题：只能对当前的情况进行评估。因为评估依据的是过去的销售情况，所以它无法预测未来的销售情况。

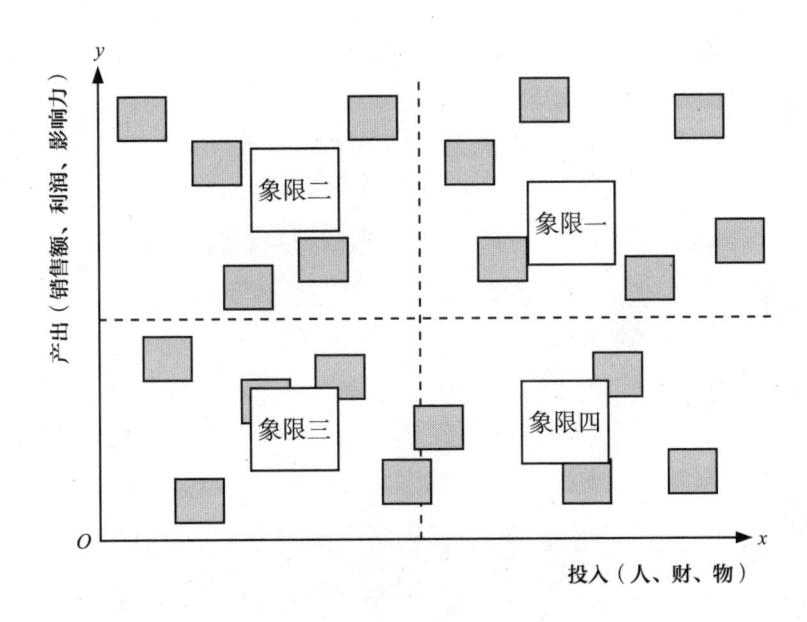

图 5-2 "投入—产出"模型

想要了解未来，就需要运用"现在—未来"模型。"现在—未来"模型可以根据客户现状和未来发展趋势筛选关键客户。以下是该模型的具体操作方法。

第一步：同"投入—产出"模型第一步。

第二步：在白板或白纸上，画 x 轴和 y 轴；x 轴表示现在的业务收入，y 轴表示潜在的、未来的业务收入。根据客户对应的销售额，将它们沿 x 轴贴在白纸或白板上，销售额高的往右贴，销售额低的往左贴。

第三步：评估每个客户的潜在业务。研究每个客户的未来发展趋势，判断哪个客户在未来可能发展得更好；当然，这需要有资料、数据的支持。你需要根据客户的未来发展情况、评估情况，将它们移动到 y 轴的适当位置。客户未来发展得越好，他的位置就越靠上。这里需要注意，垂直移动便签时，要保证它们在水平轴上的位置不变。

这时，你就会得到一张贴满所有客户信息的白纸。在白纸上画个十字我们就得到了四个象限，如图 5-3 所示。

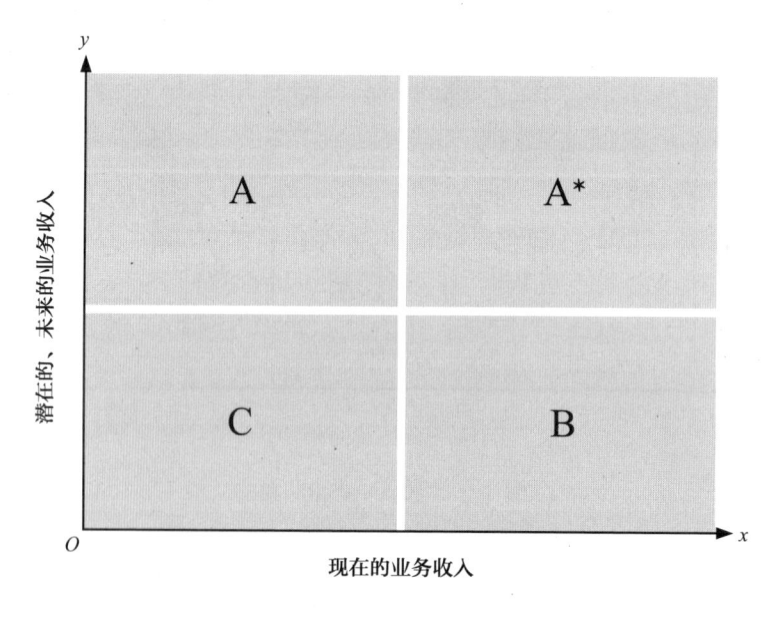

图 5-3 "现在—未来"模型

由图 5-3 可知，落在 A* 和 A 区的客户是我们的关键客户和重要客户。A* 区的客户，当前和未来的业务都发展得很好。A 区的客户虽然当前业务收入一般，但未来可期。B 区的客户虽然目前对应的业务收入较高，但未来他们可能由于产业调整、政策调整、技术创新乏力等走下坡路。C 区的客户总体水平不高。

以上两种模型都很实用。运用模型确定重要客户时，切忌凭自己的印象直接摆放便笺纸，一定要按照步骤一步步来。不仅仅限于"投入—产出"和"现在—未来"模型，你可以根据不同的场景选择不同的维度定义 x 轴和 y 轴，从而得到自己想要的结果。

第三种方法，"提问列表法"

如果你觉得"矩阵法"过于复杂，可以试试第三种方法——"提问列表法"。

你可以提前设定一些关键问题，以此为基础对客户进行研究，比如：客户的自身成长性好吗？客户的业务规划好吗？客户的潜在收入高吗？我们的商机多吗？我们的解决方案的契合度高吗？我们有竞争力吗？我们和客户的关系好吗？

弄清楚了这些问题的答案，你就对客户的情况有了充分的了解。作答时，你可以把这些答案量化，如表 5-1 所示。

表 5-1　潜在业务工作表

衡量标准	评分标准	得分
客户的自身成长性	好（1）/ 差（0）	
客户的业务规划	好（1）/ 差（0）	
收入潜力	高（1）/ 低（0）	
商机	多（1）/ 少（0）	
解决方案适合度	好（1）/ 差（0）	

续表

衡量标准	评分标准	得分
我们的竞争力	强（1）/弱（0）	
客户关系	强（1）/弱（0）	

这里要注意，在表里，收入潜力高低是在衡量客户的收入潜力；商机多少是在衡量我们的机会。我们可以用表 5-1 给每一个客户打分，比如，客户自身成长性好，就打一分，差就打零分。打分后记得合计每一个客户的总分，分数高的客户就是你的重点客户。表 5-2 是潜在客户分析表，可以帮助你从客户的自身成长性、业务规划、收入潜力等维度衡量客户的重要程度。

表 5-2 潜在客户分析表

衡量标准		客户				
		#1	#2	#3	#4	#5
客户的自身成长性	好（1）/差（0）					
客户的业务规划	高（1）/低（0）					
收入潜力	高（1）/低（0）					
商机	多（1）/少（0）					
解决方案适合度	好（1）/差（0）					
我们的竞争力	强（1）/弱（0）					
客户关系	强（1）/弱（0）					
	总计					

通过"二八法则""矩阵法"和"提问列表法"得到的结果会对我们执行大客户销售计划或客户覆盖计划有所影响。表 5-3 从未来潜力、资源配置等角度划分了客户类别并给出了对应的维护措施。我们要提高 A 类客户的资源配备和参与度，即提高登门拜访的频次；同时，只需维持和 B 类客户的良好关系，偶尔联系 C 类客户。

表 5-3　客户覆盖计划

客户类别	未来潜力	资源配置	您的参与度	措施
A	高	高	高	经常登门拜访 建立紧密关系
B	中	中	中	维持良好关系
C	低	低	低	偶尔联络

转变思维和销售模式，将"客户至上"落到实处

当下，可供客户选择的供应商太多，现有的销售模式已经难以为继；与此相对应，因为产品过剩，客户自己也面临着巨大的经营压力。转型非常重要，因为你不转变就没有出路，就无法实现业绩的增长。

想成为卓越的大客户销售，首先要做到以客户为中心。这个"以客户为中心"，可不只是个常用的口号。确实，很多人都会说这句话，有些企业还会把它当标语贴在墙上。但许多人说归说，在实际工作中却不仅不以客户为中心，还会以自我为中心。想要真正做到以客户为中心，你需要考虑以下三方面：

- 第一，如何完成思维上的转变；
- 第二，怎样识别你的销售模式是否以客户为中心，以及如何转变；
- 第三，如何判断转变是否有成效。

步骤 1，三项思维转变，真正为客户创造价值

第一个转变：意识到从客户的角度思考问题和以自己为出发点思考问题这两种思维方式区别很大。

你要能意识到：客户同样面临着竞争压力，他也希望战胜对手、发展业

务、提高业绩、领先业内。想通这些，你就会明白客户想要的不是做"一锤子买卖"的供应商，而是能够帮助他们成长、助他们一臂之力的长期合作伙伴。能否成为客户的长期合作伙伴，就取决于你能否真正从客户角度思考问题。

第二个转变：明白用客户的语言与客户交流的重要性。

你一张嘴说话，客户就知道你是不是以他为中心了。当然，用客户语言的前提是你对客户足够了解。比如，部分企业的部门是有代号的。如果你在跟他们交流的时候也会用这样的代号，他们就会明白你了解他们的系统，不用再花时间向你解释。你不了解这些，又怎能说自己是以他们为中心的？比如，跟医疗行业的客户交流时，你是不是会用医院信息系统那些专用词与客户交流？跟教育行业的客户交流时，你是不是会把教育分成基教（K12）、高教、成教等再与客户交流？

我讲一个自己的亲身经历。有一次我要去某省拜见财政厅厅长，在上飞机前我已经准备好了厚厚的一摞资料，包括厅长的履历、最近的讲话、省财政厅的公开资料、媒体对厅长的采访和报道。我在飞机上一直在看资料、学习文件。在见到厅长时，我可以在与他的谈话中直接引用他的语录、观点，也就是用客户的语言与客户交流，让客户感觉到你的用心，知道你是有备而来的，对他们十足重视。凭借这些准备，我迅速获得了厅长的好感，建立了初步的信任。这次会面带来的结果也非常好，达到了预期。

在与客户交谈时，如果你会用客户的语言，就能马上拉近与客户之间的距离。

第三个转变：懂得去为客户创造价值，助其取得成功，而不只是追求自己的成功。

ASK模型中提过利他之心、同理心，销售要想着怎么给客户带来价值、帮助客户成功。这个转变就是要求你有同理心，懂得去共情，去换位思考。

众所周知，微软是个人电脑时代当之无愧的王者。而在2014年，当萨提亚·纳德拉刚接任微软掌门之位时，微软其实正处在一个内外交困的时期，各方面情况都很糟糕，每股市值只有36美元。当时，大家对微软的评价都是：没什么创新，只会打补丁。甚至有人写文章说：微软已死。那时候的微软，虽然精英云集，但每个部门都各自为政，部门之间甚至剑拔弩张，凝聚力很差。

微软最终能成就一个神话，靠的就是他们的新CEO——萨提亚·纳德拉。他做了件不寻常的事情，就是"刷新"——刷新使命、刷新战略、刷新文化。在这个"刷新"里，最核心的就是："一切的创新，从同理心开始。"他认为：微软之前所遇到的问题不是因为员工智力上的不足，而是因为公司缺乏文化上的凝聚力，而凝聚力主要来自同理心。纳德拉上任后，将同理心置于其他所有成功要素之上：从发布的新产品到开拓的新市场，再到员工、客户和合作伙伴。他说："我们的成长心态文化要求我们真正理解和共情他人的感受。我们必须拥抱我们共同的人性，并渴望创造一个充满尊重、同理心和机会的社会……建立起对客户的同理心，满足他们未提及的和未被满足的需求，这样你能够获得更多更依赖你的客户资源。"对于领导力而言，拥抱同理心是迅速拉近距离的好方法。

这句话说得特别好，有同理心才能去发现客户未提及的和未被满足的需求，这就是我们说的发现和挖掘客户的"潜在需求""隐性需求"，唯有这样，你才能创造价值，才能在竞争中胜出。

毫不夸张地说，微软正是通过展现同理心、满足客户未提及的和未被满足的需求，才获得了如此多的客户资源，重回巅峰状态。近日微软每股市值已超过400美元，比2014年2月萨提亚上任时涨了10

多倍，并重回全球市值第一的宝座。

步骤2，四个思路，实现销售模式的转型升级

作为一名销售团队的管理者，你怎样判断自己的销售模式是否需要转型？你可以用下面这四个表现来识别。如果你的公司存在这些现象，那就说明你的销售模式还不是以客户为中心，已经过时了，必须转型。

第一个表现：销售只与客户公司的采购部门互动。如果有这种情况的话，那你离真正的客户还比较远。采购部门只是客户公司对外的一个执行部门，他们不是真正的用户，只是来走流程、保证合规和砍价的。对我们而言，真正的客户是客户公司的销售部门、生产部门、设计部门、工程部门、制造部门等。

第二个表现：销售和客户之间的沟通停留在讨价还价环节。如果你只跟采购部门互动，那么你们沟通的内容就只能是价格。可能你确实提了公司品牌、产品、功能，但这只是为讨价还价做个铺垫，起辅助作用，而且效果也不太明显。如果客户会谈判的话，他会用切分法来和你谈，比如说先谈折扣，再谈运费，再跟着谈技术支持、服务……最后再谈付款——为的就是不断压价。如果你没受过专门的谈判训练，那么你的产品就有可能被不断压价，直到几乎没有利润空间。

第三个表现：销售没有参与产品、服务的设计工作。最了解客户需求的应该就是销售，因为他们战斗在一线。哪怕你的销售缺乏全局思维，也不知道设计这个产品的背后意图，他们作为最了解客户、最接地气的员工，也应该参与产品、服务的设计工作。如若不然，我们就失去了一个了解客户的宝贵机会，销售向客户介绍产品时的有效性也会受到影响。所以，不让销售参与这些设计工作，不听取来自他们的建议，这很可能导致一个双输的结果。

第四个表现：销售总是忙于内部的事务工作。很多公司在管理销售的时候

都定了KPI，要求销售交很多的报表。你可以算算作为销售每天花在这些报表上的时间有多长。销售的时间是有限的，如果他的时间和精力都花在应付内部的各种要求上，他就没有时间见客户，也就绝对不会像我们说的以客户为中心了。你要时常分析一下这些报表是为客户和企业创造了价值，还是只带来了"内卷"。

如果你所在的团队存在这些问题的话，你就要知道其实自己并没有以客户为中心。那具体怎样转型呢？这里有四个思路，可供参考。

第一，真正了解客户需求。你只有了解客户，才能发现他们面临的关键问题，进而有可能满足他们的真正需求、赢得他们的信任，成为他们长期的伙伴和朋友。

第二，改变销售的工作方法。你要从客户的需求入手，从真正为客户创造价值的角度出发，制订客户规划，完成销售提案，继而获得订单，锁定客户。在以往的销售模式中，销售往往只关注价格，总想着通过降低售价、公关来搞定客户。当下，更多客户关注的是：你的产品和服务是否能帮助他们提升形象、完成业绩、达到上级的要求、提高市场份额、实现收入增长、提升利润空间等。针对当前新形式，我们要深入思考在销售的工作方法上应做出什么样的改变。

第三，培养新型销售队伍。你想要转变成以客户为中心的模式，就需要先对销售进行转型。销售需要改变过去的思维方式和习惯，从新型销售必备的素质出发，掌握新的技能。改变销售最直接的做法就是培训和辅导销售。你要考虑怎样自上而下地展开培训和辅导，让销售在培训时有所触动，从而强化技能。如果老的销售不愿意转变，可以从培养新销售做起。例如，我曾帮助台州一家数控机床企业培训专业销售，培训后经过一段时间的实践，公司老板高兴地告诉我：目前的两个销售冠军都是新销售，他们采用专业的方法后业绩都超过了老销售。他们能成功，主要是因为没有包袱，没有老观念、老习惯，也不会去怀疑专业的方法。而且，他们的改变反而促使老销售发生变化。

第四，建立机制、推动转型。转型要靠机制作保障，这就需要提高公司主要管理者的重视度，使他们在管理中大力推动转型，在绩效目标、财务预算上给予支持。比如，对那些做到了以客户为中心且业绩好的销售，公司要将绩效考核与激励政策落到实处。转型需要众人持之以恒地去做，不能取得一点儿成果就松懈；它没有捷径可走。对于很多公司来说，转型的道路是曲折的，但前途是光明的。

步骤3，六大关键问题，检验销售模式的可行性

如果你的公司已经开始尝试做转变，那么，转型的首要思路就是真正了解客户需求，如何判断是否真正了解客户需求？当你真正了解了客户需求的六大关键问题后，你就做到了这一点，并且是以客户为中心了。

第一个关键问题：客户目前面临什么样的机遇和挑战？只有清楚这一点，你才能有目标、有方向地服务好客户。

第二个关键问题：客户的客户及竞争对手是谁？我们不仅要知道自己的客户是谁，还要知道客户的客户、客户的竞争对手是谁。了解了客户的客户和客户的竞争对手后，你就能知道给客户提供什么样的产品、服务和方案，才能让客户去更好地服务他们的客户、更有效地击败对手。

第三个关键问题：客户的决策是怎么进行的？你需要知道客户的决策机制和决策人。只有知道客户的决策关键人，才能把握与客户成功合作的关键点。

第四个关键问题：客户的企业文化和价值观是什么？你可能会问："为什么我要了解客户的企业文化和价值观呢？"要知道，如果一个公司的企业文化真实存在的话（不是挂在墙上的标语，也不是嘴上的口号），那它一定会影响

员工思考问题的方式和他们的行为。如果一个公司的企业文化是诚信，那你一定能在合作时感受到。

如果你不清楚一个公司到底有没有企业文化，它墙面上也没有书面的文字标记可供参考，就可以从该公司的管理者身上推测一二。管理者的风格往往就是企业文化的一个表现。管理者讲诚信，下属也会跟着讲诚信；管理者不讲诚信，那下属也不会讲诚信。

第五个关键问题：客户的目标和工作重点是什么？了解客户的目标和工作重点后，你才能更好地配合他们工作。我建议年初时要学习一下客户公司创始人或董事长的新年致辞和重要讲话，在这些讲话中他们往往会谈到公司的年度目标和全年工作重点。

第六个关键问题：客户的盈利模式是什么？换句话说，他们是怎么挣钱、怎么运营的？知道这些，你才能给客户提供更好的方案。

"以客户为中心"不能只靠喊口号，我们还要把这一原则根植于心。在这一点上，你可以学微软，也可以学亚马逊。

亚马逊就提出要打造地球上最以客户为中心的公司。它有一个很典型的做法就是：在内部开会的时候留一把空椅子。这把空椅子是给客户留的座位。当会议出现争议性议题时，总会有人指着空椅子说："我们应该听听他的想法。"那这个座位只是个符号吗？答：当然不全是。客户可以坐，一线的销售也可以坐。

思路决定出路。我们必须帮客户找到出路，也要帮自己找到出路。这个出路就是推动销售模式的转型，采用为客户创造价值的新模式，把关注点放在客户身上，不把自己的成功作为首要目标，尽自己最大的努力帮助客户成功。成就他人就是成就自己，我们要充分利用自己能够掌握的全部资源，帮助客户完成重点工作、达成业绩目标。只有真正为客户创造价值，真正帮助客户成功，我们才能从激烈的竞争中脱颖而出，获得应有的利润和回报。

创造价值，与客户建立信任关系

关注价值，建立回路型业务关系

对大客户销售来说，"关系"非常重要。这里的关系其实包含两个方面：一个是与客户的人际关系，就是我们常说的客户关系；一个是与客户的业务关系。

客户关系有三个层面：操作层面、管理层面和决策层面。客户关系很重要，要想取得胜利，就必须维护好客户关系，特别是决策层面的关系。不过，在做大客户销售的时候，除了维护客户关系，我们还要考虑业务关系。在这里，我们就从两个方面思考业务关系：

- 第一，不同的销售方式会对应什么样的业务关系；
- 第二，如何判断销售和客户的业务关系属于哪一种。

第一个问题：不同的销售方式会对应什么样的业务关系？

我们可以从产品和风险[①]两个方面给销售做个分类。按照这两个方面，我们把销售分成三类，分别是简单销售、深入销售和复杂销售。简单销售指卖简单的、没有什么风险的产品。比如，卖日用品。网销、超市自选这类销售方式都可以算作简单销售。卖虽然简单但有一定风险的产品，是深入销售。比如，浴缸、马桶、洗手池之类的家装虽简单，但因安装尺寸、位置等的差异，消费者需要自行学习相关产品信息，或向销售征求建议，或购买专业人员的增值服务。如果我们卖的产品是一个复杂的产品，比如服务或咨询，而且产品对于客

[①] 此处的风险指消费者的购买门槛或难度。——编者注

户来说也是有风险的，那么就可以说我们进行的是复杂销售。销售应用软件等都被包括其中。在这种情况下，客户做决策时需要有多个决策人，也需要以解决大量的问题为前提。复杂销售从初步探讨到最终签订合同需要很长的时间，你需要逐渐地跟客户建立信任关系。

面对不同的销售方式，尤其是复杂销售，作为大客户销售，我们有一个很重要的作用——降低客户的决策难度，这同时也降低了他的决策风险。三种销售方式对应的业务关系是不同的。销售的主要任务就是为客户创造价值，而不同业务关系的价值框架是不同的。在实际的销售工作中，我们经常把价值框架分为三层，这三层分别是：漏斗型，对应的是简单销售的业务关系，它关注的是产品；钻型，对应的是深入销售的业务关系，它关注的是解决方案，也可以说是建议；回路型，对应的是复杂销售的业务关系，关注的是长期价值。

三种业务关系的价值框架可参考图5-4。简单销售、深入销售和复杂销售与客户的关系是递增的。

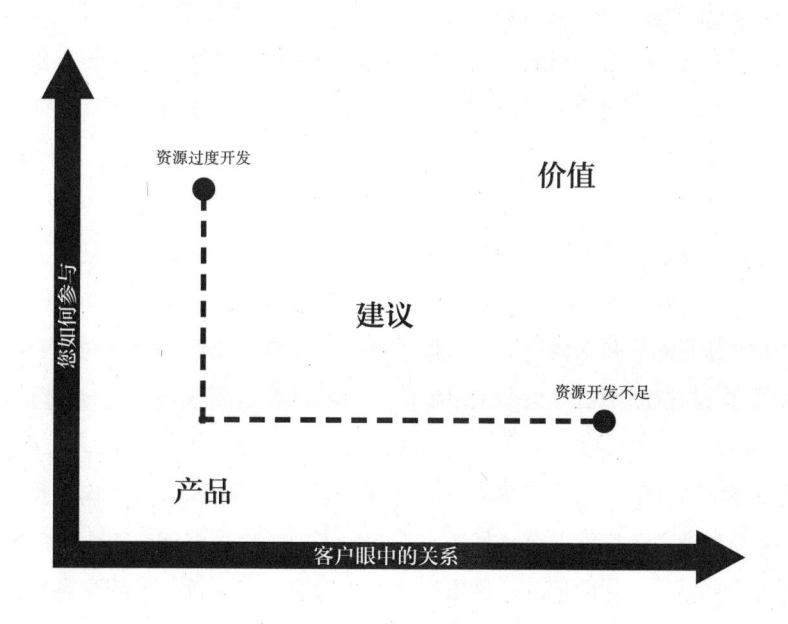

图 5-4　三种业务关系的价值框架

我们先说漏斗型的业务关系，它关注的是产品。如果你的客户了解你的产品以及产品的使用方式，那你就需要改变一下他们原有的购买方式。你要为他们提供便利，让他们乐意从你这里购买。这种销售类型会更多地依靠市场推广工作，以便让产品给客户留下深刻的影响，从而实现更多的销售。同时，因为产品有很多替代品，所以你的公司需要具备强大的分销渠道。

在简单销售中，如果你在客户身上花费过多的时间和资源，就可能会存在过度浪费客户资源的问题，这会影响你和其他更高级别客户的交流。所以，如果你的客户了解你的产品、服务和功能，以及产品的使用方式，但仅想购买一款产品，切忌把交易变得过于复杂。你可以把这些交易类型添加到销售漏斗中，快速完成销售。这就是以"产品"为中心的漏斗型业务关系。

我们再来说钻型的业务关系，它关注的是解决方案，或者叫建议。如果客户有没被满足的需求，而这个需求在和你讨论后才能获得合适的解决方案。那么，为了得到更好的建议，他们愿意花时间和你面谈、交流信息；当然，他们也期望你的公司能够有同样的投入，愿意为他们提供增值服务或者建议。这类业务关系我们使用"钻"来标记，代表以"建议"为中心的销售。你需要提出问题来了解客户的需求和问题，挖掘你所在公司的资源以提供支持，这就是钻型业务关系。

最后，我们再来说回路型业务关系，它关注的是长期价值。复杂销售对应的客户，需要的不仅仅是产品和建议，他们还希望充分利用你所在公司的核心能力来改进业务，并把他们的产品推向市场；这就需要你去充分利用公司不同职能部门所积累的丰富经验和大量资源，以满足客户需求。这是一种持续不断的关系，合作时间将会超出销售的初始阶段，考验的是双方之间真正的协作，因而能够创造价值。当客户希望供应商进行这种级别的投入时，你需要准备对应的资源来满足客户的需求。如果你不能向客户提供足够的资源，他们可能会转向其他供应商。我们把这一价值框架称为回路，它通过价值的交换来创造更大的机遇，并且不断地验证。

了解业务关系的分类后，该怎么判断自己跟客户的业务关系属于哪一种呢？我们可以从六个维度去考虑自己与客户的业务关系：

- 第一，你提供的产品和服务是什么？
- 第二，你目前的销售核心是什么？
- 第三，客户购买的核心是什么？
- 第四，客户做决定的主要决策标准是什么？
- 第五，你现在跟谁建立了关系？
- 第六，目前你们的关系是什么样的？

比如，如果你现在提供的产品和服务比较简单、可替代性强，也就是说你提供的都是一些标准化的产品和服务，那么你目前的销售核心，可能只是达成交易、赢得订单，客户的购买核心是如何交易、怎样降低成本。这时候，客户的主要决策标准就是性价比，再就是产品的便利性。

对于简单销售来说，你最好是跟决策者建立关系，因为决策者可以决定购买谁的产品。此时，你跟客户的关系就是买卖关系，而且这个关系是以产品为核心的。你和客户可能还会在价格方面产生一些对抗：因为他要压价，你不愿意降价。如果这些情况你都能对号入座，那你目前应该是处于漏斗型业务关系。

但是，如果你目前的产品和服务是有很多潜在可能性的，比如，你可以做出一些差异化产品，甚至可以根据客户的需求提供定制服务；那么，你的销售核心就是帮客户解决问题，而客户的购买核心也变成了决定采购流程、确定业务上的受益者。此时，客户的主要决策标准就不是性价比了，而是对方公司的业务增长、成本回报、专业性，以及解决方案的适用性。想要满足这种客户的需求，你不仅要与决策者建立关系，还要与可以对这个项目施加影响的人建立关系，包括客户内部的业务专家、项目负责人和外部的专家等。这时候，你跟客户的关系是以方案为核心的，也就说你现在卖的是想法、方案。你有望成为客户的顾问并与客户保持长期的合作关系。如果你符合以上几点假设，那你做的就是深入销售，对应的是钻型业务关系。

回路型业务关系是我们最应期待的一种关系。在这种关系中，我们和客户的联系最为紧密。

当你与客户的业务关系是回路型关系的时候，你就不能只单纯地提供一种简单的产品或者解决方案了，你要跟客户达成战略合作协议，这可能是联合创建一个项目，或者是共同投资，甚至是组建合资公司；这主要考验的是你们的联合能力。在回路型业务关系中，销售的核心是制订日程，即你跟客户要定期开会、定期查看项目进度、确定下一步的动作。客户购买的核心是战略计划，这个战略计划也是你跟客户共同的计划，要靠你们的相互信任才能完成。这时候客户的决策标准也变了，主要由你和你所在公司的核心价值决定，也就是由你们是否想玩"无限的游戏"决定。

回路型业务关系中，你需要跟客户建立的是战略的连接关系，这种关系应基于共同的价值核心和长期的协作。

从这六个维度去判断的话，我们就可以清楚地知道我们跟客户的业务关系是什么样的，也可以知道这种业务关系是不是我们想要的。如果你跟客户的业务关系还是漏斗型，那你卖的就是产品，容易被替代；深入销售，也就是钻型，销售的是想法，这就要求你去做问题的解决者；在回路型业务关系中，你是客户的业务顾问，要与客户玩"无限的游戏"，跟客户携手共进。你可以参考表 5-4 理解这三种业务关系。

表 5-4 漏斗、钻与回路的区别

	漏斗	钻	回路
您的产品或服务	非常易于理解 可替代 标准化	潜在的能力 差别化 定制的	联合能力 战略性 联合创建

续表

	漏斗	钻	回路
销售核心	达成交易	解决问题	制订日程
购买核心	交易与成本	采购流与受益	战略计划与信任
主要决策标准	性价比 个人关系 便利性	成本回报风险 小组专业技术 解决方案的适合性	公司价值 核心竞争力 可持续性
建立连接	决策者	施加影响者	战略
关系	产品核心 买方—卖方 对抗	想法核心 客户顾问 合作	价值核心 业务等价物 协作

三层进阶，成为客户的业务资源

想要成为卓越的大客户销售，就既要有全面和不断更新的知识储备，也要有探索全新销售模式的勇气。只有这样，你才能更深入地了解客户和行业、更好地服务客户，以此保证自己的业绩有所增长。你有没有想过你的企业和客户的业务关系是什么样的？销售平时很难抽空静下心思考：我跟客户的业务关系到底是什么样的？不同的业务关系之间有什么区别？本部分的重点是：企业与客户的三层业务关系；三层业务关系给销售和公司带来的合作价值的区别。

企业与客户的业务关系主要有供应商、问题解决者和业务资源这三层。这三层也是呈金字塔结构逐级递升的。每上升一层，企业之间的业务关系紧密程度和业务级别都会有变化，当然大客户销售担任的角色、发挥的作用以及与客户建立的信任关系程度也会随之改变。

我们可以对照图 5-5 来思考这三层业务关系。

在金字塔最底端的一层业务关系是供应商。

很多企业都是客户的供应商，供应商往往是以产品为中心的。这层关系的特点就是：客户可以选择你，也可以选择别人，即你只是一个备选项。在这个产品过剩的时代，如果你只是个供应商的话，面对的竞争是非常残酷的。

图 5-5　三层业务关系

（金字塔从上至下：业务资源、问题解决者、供应商）

作为一个供应商，你肯定要打价格战。面对新客户时，因为产品替代性太强，你只有价格这个武器。你想想，除价格以外，你还有什么可以拿出来和别人竞争的？可能你会说："还有很多啊，比如产品质量、供货周期、服务、账期等。"但这些真的还那么重要吗？如果你的产品质量不合格，那你根本入不了客户的眼。但凡能去竞争的产品，质量都是过关的。那服务呢？服务其实是一个比较虚的概念，不好界定，服务好不好其实完全取决于你跟客户的关系。和你关系好的客户会说："你公司提供的服务不错。"和你关系不好的客户会说："你公司提供的服务一般。"甚至会说："我们从来没有用过你公司的服务！"付款周期和到货周期同样也是取决于关系。跟客户关系好的话，他可以提前付款，或者是放宽条件优先付款。交货周期也是一样，跟客户关系好了，他可以多给你一些时间备货；或者提前告知，让你有充足的时间去准备。由此来看，其实除价格之外，最重要的是客户关系。维护好客户关系非常重要。如果你和客户的业务关系在供应商层面上，那你能使用的武器就是价格和客户关系。

供应商是业务关系的最底层，竞争最激烈。在此层公司的销售，日子也是最难过、最辛苦的。关系好了，价格高了不行；价格低了，关系不好也不行。所以，很多人想在业务关系上再上一层。

我们再来看业务关系的第二层——问题解决者。

问题解决者，是以技术、服务和方案为导向的。就是说销售已经不是一个单纯的供应商了，他开始去了解客户的业务，而且试着去了解客户的问题和痛点。当你能够站在客户的位置去想问题，能给客户提供可行的解决方案、意见和计划时，你的企业和客户的业务关系层级就提升了。你可能已经从供应商进化成指定供应商，或者解决方案的提供者了。当你的地位高于供应商时，你的竞争范围也就缩小了。

如果你是供应商，你只能通过公开招标来参与竞争。但是如果你已经是问题解决者的话，你就有可能参与到邀标式招标或者竞争性谈判中去。因为你更了解客户，比别人更有价值。

我们再来看第三层业务关系——业务资源。

上升到第三层关系后，你的公司就是客户的业务资源了，这种业务关系是以为客户创造价值为驱动的。此时，你通常已跟客户签订了战略合作协议，或者说成了客户业务的一部分——这是最好的关系。这时候，你跟客户的关系是一个更长期的业务关系，不是简单的、买卖设备的关系；你是一个长期服务的提供商，或者说是客户的一个共建者。

比如说在医疗行业，很多厂商都会回购大型的医疗设备，如CT、彩超、伽马刀等设备。这些大型设备非常昂贵，所以回购后，商家会与医院签署服务协议，许诺为医院提供设备和相应的定期维护、保养和升级更新服务。这样，医院就只需要按年支付服务费，降低了固定资产的投入。你用我的产品，我定期给你维护、升级，这样的关系就是一种长期的业务资源关系。一般情况下，商家只要不犯大错，就可以维系这层关系。

我在思科工作时，有一次陪同销售经理和销售去拜会上海一所知名职业院校的校长。在和校长的交流过程中，销售经理向校长介绍了思科在教育行业的投入和业务情况，并提出了一个创新方案——运用云技术、云服务，与学校共同开发未来培养人才需求量较大的云课程，然后把课程商业化并销售给需要的学生，进一步还可以帮助学校扩大招生等，以此提高学校的生源及技术、教学水平，并为大学创收。这个方案不错吧？我们认为这样的创新方案一定能打动校长。但当时校长一句话就把我们的方案否定了。他说："你们的想法很好，很有创意，但是国家规定我们这种职业院校不许向学生收钱，而是由国家拨款提供经费。"所以我们计划的这条路径是走不通的，这反映了我们对客户及其所在行业还不够了解。

这时我就向校长提问了："您在信息化建设过程中最担心的问题是什么呢？"校长说："我最担心的是变化太快，科技不断革新，设备不断被淘汰。"你看，这才是校长最担心的问题，也恰是我们可以提供的服务。我就建议校长，改变学校目前的信息化建设和采购思路，采取购买服务的方式。也就是说，思科可以帮助学校建设整个信息化网络系统，保证定期维护和更新设备，打消校长对设备老化、过时的担心，以及对设备更新和淘汰的顾虑，而且减少了学校的固定资产和一次性投资。我们只需要签一个长年的服务协议就可以解决这个问题了。这很好地说明了，我们要去做客户的业务资源，而不要去卖设备或者解决客户的某一个问题。后来我们谈得很好。当然，最后的结果也令双方满意。

在航空业中，也有很多这种业务资源关系。截至2022年年中，还没有正式下线投入使用的国产大飞机C919，预约量就已达1015架。你知道都是谁订的吗？是航空公司吗？不是，是工行、通用电气、农行、平安、华融、光大……他们买飞机做什么？他们其实就是想成为航空公司的业务资源。与航空公司签订长期的服务协议，就可以为它们提供经营性租赁或融资性租赁服务。经营性租赁能使企业有选择地租赁企业急需但并不想拥有的资产。工艺水平高、升级换代快的设备更适合经营性租赁。典型的例子就是，全球最大的代工厂富士康，它的生产线就是租的。融资性租赁可以使企业能在极短的时间内，用少量的资金取得设备并将其投入使用，以获得效益。因此，融资租赁能使企业缩短项目的建设周期，有效规避市场风险，避免因资金不足而错过稍纵即逝的市场机会，有时也避开了竞争者。

通用电气作为著名的飞机发动机生产制造商，会将飞机发动机租给航空公司。飞机是航空公司的，发动机是通用电气的；通用电气就是航空公司的业务资源，负责发动机的日常保养、维护、更换工作。目前已有飞机发动机公司与航空公司签订按飞行时长付费的长期服务协议。除了发动机，有些厂商甚至还能出租飞机起降用的轮胎。

其实，互联网行业也是如此。互联网行业的企业最看重的一个业务就是云服务，因为云技术的强大运算能力，可以提高客户的业务响应时间和生产效率。如果你是客户的"云"，那么你就变成了客户的业务资源。

很多行业都有类似的做法。比如大厦的经营者租用电梯，按使用情况付费给电梯厂商。

我在做大客户销售时最想做的事是：给客户提供长期服务。比如给学校、医院或者政府完成一个满足他们要求的信息化项目，不用客户大量投资购买设备，与客户签一个服务协议，许诺提供定期的升级服务，要求他们按年支付合理的服务费。按照客户的选择，提供融资性租赁或经营性租赁服务，这对大家来说都是最好的选择。客户不用担心设备的折旧或损坏问题，我们则获得了一项长期业务，何乐而不为。

最高层的业务资源关系就是最好的业务关系。如果你是最下层的供应商，你是不是希望再上一层做问题解决者？如果你现在已经是问题解决者了，那为了谋求长期稳定的合作，是不是想再上一层做客户的业务资源？

当你是客户的业务资源时，你的业务是相对长久的，你玩的是一个"无限的游戏"；与之对应的是供应商，玩的是"有限的游戏"。这就好像现在很多只提供服务的互联网企业，当你无法离开它所提供的平台时，它就成了你的业务资源。

以信任为基础，与客户建立稳固关系

那么在确立优质的业务关系之后，该如何加强和保持与客户的联系呢？在回答这一问题之前，先思考以下两个问题。

- **问题一：客户的购买行为是建立在什么基础上的？**

    是建立在信任的基础上。如果客户不信任销售，他就不会购买销售的产品或者服务，因为他觉得有风险。

- **问题二：to B 中，客户是理性的，还是感性的？**

    会有人认为和 to C 比较，to B 中的客户相对理性。这个认知对吗？确实，to B 中多了一些理性的环节，比如方案书、招投标等，但最终的决定还是带有感性的。领英就专门做过此项研究，研究结果证明 to B 业务也是感性的。这就意味着，我们必须花时间和精力去经营客户关系，在了解客户的基础上，建立信任关系。

对于销售来说，建立信任关系的做法就是登门拜访，即线下拜访。

因新冠肺炎疫情的影响，再加上网络的普及，不少客户选择通过线上沟通来开展业务。那么，在这样的新形势下，怎样维护客户关系呢？你可以从这两个方面入手：

- 第一，打造个人品牌；
- 第二，学会用线上工具管理客户关系。

无论是在线上还是在线下，你都要意识到个人品牌的重要性。拿跟客户毛遂自荐举例。你可以这样说："你好，我是××，专门做销售管理的培训和咨询，性价比高，请让我来给你提供服务吧！"这是在"推销"。你还可以说："你好，我是××，专门做销售培训和咨询。因为疫情影响，为了支持企业，现在，我的服务费可以打7折！"这叫"促销"。如果有客户说："我不认识××老师，但是听过他的分享，觉得还行，就来试一试，听听他的课。"那这就是"营销"起作用的结果。再比如，有位客户说："我不认识××老师，但是公司要求培训，我也想学习一下，朋友们都推荐他。"这最后一句话就是"品牌"，它口口相传，是口碑。

为什么打造个人品牌这么重要？因为品牌才是你获取信任、赢得客户的最有效的方法。同时，客户也会愿意把你介绍给他的熟人，使得你获得新的客户。在大客户销售里，转介绍是转化率最高、最有效的成交方式。所以，我们一定要发现自己的优势，找到自己的独特价值，建立自己的信誉、打造个人品牌。一定要注意你给客户留下的印象，以及客户会给你贴的标签。我们常说："业绩年年都清零，信誉却能伴终生。"

接下来我们来看第二个方面——线上沟通。在用线上工具管理客户关系时，我们一定要注重细节。

细节一：不试图去改变客户的使用习惯。我们要知道客户习惯使用哪些线上工具，并学会使用这些工具。比如，中国的客户喜欢用微信，国外的客户喜欢用Twitter、Facebook。你要知道客户在用的工具是什么，要去配合他们，一定不要增加他们的迁移成本。例如，我的电脑上就装有多种版本的线上会议软件，包括思科的 WebEx、ZOOM、腾讯会议、微软的 Teams、飞书、钉钉等，不同的公司，如外企、国企、民企，用的会议软件各不相同。

细节二：依据客户类型调整沟通姿势。有学者从心理学角度做了研究和分析，指出可以通过推特、微信、微博等社交平台头像的一些特征，如颜色、美观度、面部呈现方式等，分析预测出头像使用人的性格：开放型的人，他们的头像可能有着良好的审美和艺术性，有着较高的对比度、清晰度、饱和度；尽责型的人，他们的头像大多有面孔，而且只有一张面孔（多半是自己的照片），颜色多彩、自然、明亮；外倾型的人，他们的头像色彩最为丰富，照片很明锐，往往有好几张面孔，而且头像上会包含身体姿态和周围的环境；宜人型的人，因为具有信任、直率、利他等特质，几乎与开放型的人完全相反，他们的照片颜色丰富，锐度和明度都比较低，甚至会比较模糊；具有焦虑、敌对、压抑等特质的神经质型的人，他们的头像颜色比较阴沉，图案简单，看起来和开放型的人的头像比较像，但是他们的头像没有那么高的审美水准。

头像是最容易被客户注意到的，所以我们在选择头像时要特别注意。在与客户接触的过程中，你也可以在分析预测的基础上，根据头像调整沟通方式。

细节三：注意你社交平台上的名字和命名方式。名字也能暴露出你的性格。比如，会在微信的名字前面加个 A 的人，多半是微商；微信名是公司名＋本名（英文名）的人，多半是中介、保险、销售等基层业务岗工作人员；直接用真名的人，大多是混得不错的中年人。

细节四：把微信当作客户关系管理的工具。微信有很多功能，比如设置标签、记录客户的真名、添加客户的电话号码、添加对客户的描述、添加备注、附加图片……我们可以用这些功能建立客户档案。

你可以参考图 5-6，学习如何用微信做客户管理。

你要给重要客户标注真实城市、姓名和行业，还要加标签说明你们的关系，他的职业类型、工作职位、性格特点、电话等信息。你也可以加一些描述，比如他的兴趣爱好、你们共同参加过的活动等；还可以附加照片，比如聊天截屏、双方的资料，方便交流时使用。

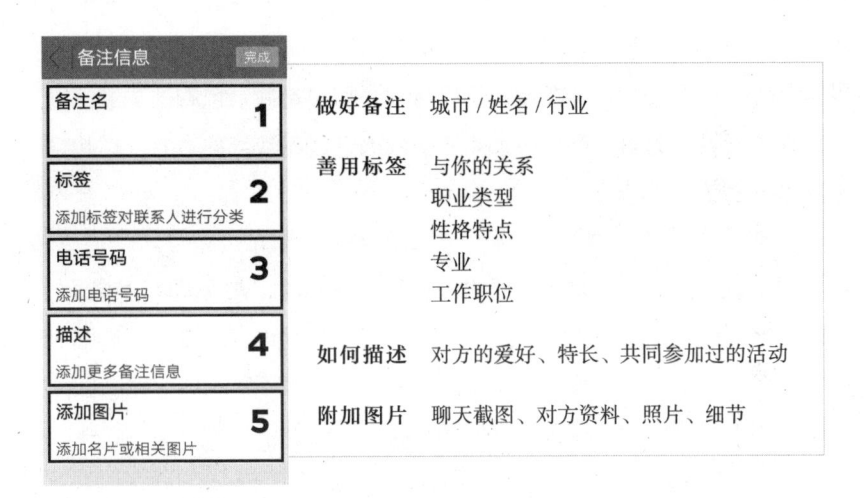

做好备注	城市 / 姓名 / 行业
善用标签	与你的关系 职业类型 性格特点 专业 工作职位
如何描述	对方的爱好、特长、共同参加过的活动
附加图片	聊天截图、对方资料、照片、细节

（a）

星标：可以更方便地找到好友。请把重要的客户设置为星标好友，定时定点地问候。还可以把刚加却没有深入交流的客户设成星标朋友，再选择合适的时间进行营销。

屏蔽：那些经常为自己的公司打广告，打得比你甚至比微商还要勤快的客户，可以屏蔽。

删除：对那些合不来或者反感的客户，应该果断删除。客户的数量在精，不在多。

（b）

图 5-6　如何用微信做好客户管理

你还可以加一些新的标记，比如，加星号方便找好友，设置朋友的权限、屏蔽、删除好友等。微信的这些功能，都可以帮助你整理客户关系。微信朋友圈的点赞情况，也能显示出你跟客户的关系。如果你和客户能做到经常互动点赞、事事有回应，那你们的关系就与他人有所区别。如果你也用微信和客户交流的话，有以下三条建议可供参考。

- 建议一，最好不要在朋友圈里转发一些带有政治色彩的文章，更不要评价时事，避免因观点不一致而造成不应当的对立，影响你开展业务。

- 建议二，一定要提升自己的认知和辨别能力，特别是审美能力，因为你要保证你转发的文章内容真实可靠，语言、排版、选图等美观、上档次。应拒绝转发内容不错但排版不美观的文章，因为它们可能对你造成一些不好的影响。

- 建议三，要关注一些优秀的公众号，如科技、金融、生活、知识、运动等类公众号，还要关注一些行业内的话题。我们可以跟客户分享这些好的内容，以便进一步交流。

除了建议，还有几个注意事项。

- 第一，慎用语音。在跟客户交流的时候，如果你们不熟，建议你用文字沟通交流，因为用语音会显得你态度随便，而且传达的信息不一定准确。
- 第二，不要在朋友圈里发一些表达负面情绪的东西。
- 第三，不在喝了酒、意识不清的状态下发微信。
- 第四，不要轻易地换头像和昵称，因为这会让客户觉得你不稳重，也使得客户不容易找到你。
- 第五，发重要的信息时一定要附加"收到请回复"这几个字。有必要的话，再追加发送联系人电话，或直接打电话，以免有客户漏看信息。
- 第六，不要在微信上处理太复杂的事，复杂的事还是要通过电话或者线下见面沟通来解决。
- 第七，不要把跟朋友或客户的对话截屏发给别人。要善用截屏，不要滥用截屏。

只有和客户加强并保持联系，才能和他们更好地建立信任、获得更好的转化率，但交流时也要注意细节。大客户全生命周期的价值运营，已经成为大客户营销的全新的主题，也就是：客户关系从成交开始，成交才是价值增长的开始。以往销售都是帮助客户决策的，帮助他们选择正确的产品、服务；但是在客户体验前移的当下，客户可能在线上时就已提前发觉需求并寻求帮助。在收到成效之后，销售也要时刻注意客户的目标是否实现，整个的价值周期是否在延伸。签订长期服务的合同、促使客户持续购买、赢得客户的口碑等都是价值周期延伸的体现。

四象限法，让客户认同你的价值主张

市场营销，就是企业为了从客户那里获得利益回报，而为客户创造价值并和客户建立稳固关系的过程。我们主要关注市场营销的两个方面：如何为客户创造价值；怎么样和客户建立稳固的关系。客户关系和业务关系的重要性，前文已论述过，接下来，我们着重来看看如何为客户创造价值。

想要为客户创造价值，首先得让客户认同你的价值，或者说让客户明白你的价值和自己的价值是匹配的。故而，你得先学会怎样向客户陈述你的价值主张（value proposition），让他们认可并接受，这是大客户销售的必备技能。其实向客户陈述自己的价值主张是有方法的，不是随便说说就行的，不能只一味地强调我的产品或服务有多么优质。

什么是价值主张？

价值主张就是你的公司承诺要提供的、能够满足客户需求的所有利益和价值的集合。你向客户陈述价值主张，就是让客户了解你是如何为他创造价值的。

怎么样描述这个价值主张？其实不难，有一学就会的方法，它的名字是"四象限法"。我们可对照图 5-7 学习"四象限法"。

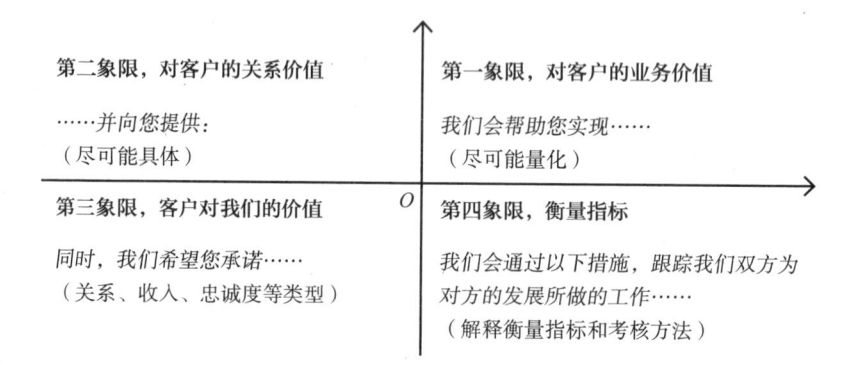

```
        第二象限，对客户的关系价值    │  第一象限，对客户的业务价值
        ……并向您提供：                │  我们会帮助您实现……
        （尽可能具体）                │  （尽可能量化）
        ──────────────────────────── O ────────────────────────────
        第三象限，客户对我们的价值    │  第四象限，衡量指标
        同时，我们希望您承诺……        │  我们会通过以下措施，跟踪我们双方为
        （关系、收入、忠诚度等类型）  │  对方的发展所做的工作……
                                     │  （解释衡量指标和考核方法）
```

图 5-7　价值主张"四象限法"

你可以找一张白纸，画一个坐标轴，把它分成四个象限，在每一个象限内写上你希望告诉客户的价值主张。向客户陈述价值时，你可以依象限次序，逐层论述。

首先来看第一象限——对客户的业务价值。在第一象限里，你不要急着"秀肌肉"，夸赞自己的产品和服务的种类和质量。你应该先梳理你们公司的产品和服务对客户的业务价值。业务价值指你的产品或者服务能帮客户实现什么，比如帮客户降本增效、提升业绩、增加利润、减少投入、维护客户关系等。在第一象限里，你一定要了解客户，尤其是客户的痛点，同时对客户的业务价值要有量化的指标，不能虚，要让客户知道你有实实在在的东西，并不是夸夸其谈。你可以说："我可以帮您提升 30% 的利润。"

在第二象限，你一定要陈述你对客户的关系价值，就是你能为客户提供什么，怎么实现第一象限中承诺的对客户的业务价值。你可以说："我可以为您提供的产品是……相关服务是……方案是……"这里的表述要尽可能具体。要注意，这里的关系价值，指的是和客户业务关系的价值，不是指人际关系的价值。

第三象限聚焦的是客户对我们的价值，你可以在此提出要求，以求获得客户承诺。当你告诉客户你可以帮他实现什么的时候，也要知道客户能为你做什么，并且要求客户对此进行承诺。可以有很多方面的承诺：在关系方面，是不是可以有更进一步的合作，提前进入项目调研阶段，双方做到信息共享，客户提供试点，在人、财、物方面给予支持；在收入方面，是不是可以共同制订计划；在客户的忠诚度方面，是不是可以把你们公司列为合作首选，签合作备忘录，成功后介绍给同行。承诺应该是互相的，你当然有权利提出自己的想法。

在第四象限，你要表述的应该是衡量指标，也就是通过制定执行措施来确保前面承诺的真实有效性。你可以加上这一段话："我们可以通过……的措施，跟踪双方的进展和工作。……我们还可以设定考核标准，定期汇总、汇报……"

当你按照象限次序，跟客户陈述价值主张后，客户就会明白：你能提供什么价值，你提供的价值对于他们的重要性；你能提供的具体产品、服务和方案；需要配合你做什么以及何时做；你是怎样保证项目实施的。这就是价值主张的一个完整模板。按"四象限法"陈述价值主张，比你单纯地介绍一个产品、一个服务或者一个方案，效果要好得多。

图5-8便是运用"四象限法"做出的具体陈述，你可以照此加深理解。

第一象限，阐述销售公司对客户的价值。销售可以说："我能帮您实现这五点：第一，节能，帮您节约20%的能耗；第二，节约1%的成本；第三，减少70%的库存；第四，减少20%的停机时间；第五，节约人工，减少工人

20%的工作量。"

第二象限，提供五个解决方案。可以说："我们能提供节能减排的方案。还能提供模块化产品，从而提高配件的通用性，节约成本。当然，我们也能优化分销的网络，减少库存。为减少停机时间，我们可以提供故障检测软件。我们还能提供一个完整的信息化、自动化系统，减少人工作业。"

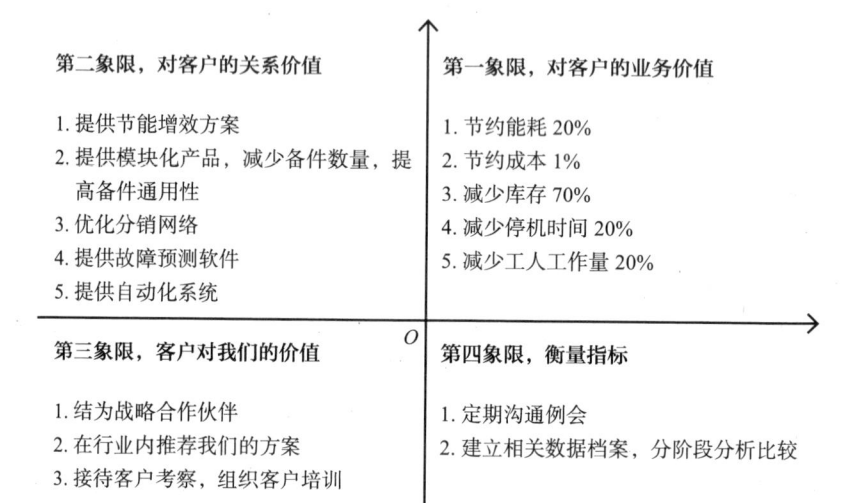

```
第二象限，对客户的关系价值          |  第一象限，对客户的业务价值
1. 提供节能增效方案                 |  1. 节约能耗 20%
2. 提供模块化产品，减少备件数量，    |  2. 节约成本 1%
   提高备件通用性                   |  3. 减少库存 70%
3. 优化分销网络                     |  4. 减少停机时间 20%
4. 提供故障预测软件                 |  5. 减少工人工作量 20%
5. 提供自动化系统                   |
------------------------------------O--------------------------------
第三象限，客户对我们的价值          |  第四象限，衡量指标
1. 结为战略合作伙伴                 |  1. 定期沟通例会
2. 在行业内推荐我们的方案            |  2. 建立相关数据档案，分阶段分析比较
3. 接待客户考察，组织客户培训        |
```

图 5-8　某工厂销售按"四象限法"做出的价值主张

"这是我能给您提供的，同时我也希望您有所承诺。"——这就是第三象限的内容：客户对我们的价值是什么。销售可以问："我们是不是能结为战略合作伙伴？如果我们做得好的话，您是不是可以在行业内推广我们的方案？项目成功了以后，您是不是可以帮我们接待客户的考察？我能不能在您这里做一些客户的培训？"

最后，用什么样的方式来保证项目成功呢？这是第四象限的内容。销售可以补充说："我们可以开定期的沟通会。我们会建立相关的数据档案，阶段性地比较分析数据，让您看看我们是否真能做到节能降耗 20%、节约成本 1%、减少库存 70%、减少停机时间 20%、减少工人工作量 20%。"这样，一个完整的价值主张就向客户阐述清楚了。

像销售领袖一样思考

- 除基本功外，大客户销售要想成功，还需要真诚、主动、敏锐、高效、专注、有大局观……这些都是战斗力的体现，没有战斗力，就没有签单力。

- 在大客户的选择和梳理上，也许你会发现，你 80% 的销售额，实际上来自 20% 的客户。也就是说，如果你集中时间和精力去经营那 20% 的客户，就可能收获超过 80% 的成果。

- 回路型业务关系是我们最应期待的一种关系，在这种关系中我们和客户的联系最为紧密。回路型业务关系需要基于共同的价值核心和长期的协作，即你应与客户建立战略连接关系。

- 销售要时刻注意客户的目标是否已经实现，也就是说，整个的价值周期是否在延伸。签订长期服务的合同、促使客户持续购买、赢得客户的口碑等都是价值周期延伸的体现。

/ 第6章 /

全面布局，
与大客户建立战略连接

在懂得了如何选择和梳理大客户、清楚了大客户销售的角色和三个层次后，该来学习如何制定大客户的营销战略了。《孙子兵法》说："上兵伐谋，其次伐交，其次伐兵，其下攻城。""伐谋"，就是要以谋略挫败对手。《孙子兵法》还说："夫未战而庙算胜者，得算多也；未战而庙算不胜者，得算少也。多算胜，少算不胜，而况于无算乎！""算"指的是计划行为、制定战略，其内容包括两大方面：一是规定组织在未来一段时间内要实现的目标；二是制定实现这些目标的途径，即计划方案。本章主要从三个方面讲述如何制定大客户的营销战略：

- 制定大客户营销战略采取的方法；
- 通过差异化产品和服务来为目标客户创造卓越价值；
- 大客户营销战略的具体落地步骤。

使用 STP 法，制定大客户营销战略

我们来看第一个方面，制定大客户营销战略采取的方法。

首先要明确，什么是战略。战略，是一种从全局考虑的谋划，是实现全局目标的规划；是在特定环境下，为实现一定的长期目标而对资源和能力进行的有效配置和组合。战略的核心在于与众不同。这就意味着，作为大客户销售，我们要有意地选择不同的行动方案来为客户提供独特的价值组合。而战略的重点就在于追求对行动的协调一致、专注和坚持。

大客户营销战略肯定是以客户为导向的，目的是为目标客户创造价值。大客户营销战略和公司的定位有很大关系，所以，在制定战略时，我们通常采取STP法。S指的是Segmenting，即细分市场，也就是要把我们负责的市场，按照自己的了解进行细分。你可以按地域来划分，可以按行业来划分，还可以按产品、服务来划分。T指的是Targeting，即目标市场，指你准备进入的细分市场。P是Positioning，即市场定位，也就是我们在这个市场里的自我定位。STP法能让我们知道自己服务的客户是谁。

只有在做完市场细分、确定细分市场、明确自我定位后，你才能去发力。你不能选择所有的市场，因为什么都做，就是什么都不做。

如何做市场细分？这是对你的知识、经验，以及政策、趋势和市场洞察能力的全面考验。市场细分工作当然离不开PEST模型（政治、经济、社会和技术），现在又有了新的提法——PESTEL模型，增加了"E"和"L"，其中"E"是环境，"L"是法规。你可以按照传统的行业、区域、客户规模等维度来划分市场，也可以基于洞察去发现新的细分市场。就像在美国大选期间，竞选者发现了"足球妈妈"这个群体一样。"足球妈妈"的年龄大多在30岁到40岁之间，有子女、有工作、有配偶，通常住在郊区。这类人常常开着运动型汽车（SUV），带着孩子在家、学校及运动场之间穿梭，因而被称为"足球妈妈"。"足球妈妈"一词产生于第二次世界大战后中产阶级崛起时，随着拥有汽车、独门小楼成了中产阶级的标志，这一富裕阶层纷纷离开拥挤的城市，在郊区定居。郊区有的是绿地，空气新鲜，正好是踢球的地方。而中产阶级教育子女，特别重视体育方面能力的培养，尤其鼓励孩子参与集体项目，将参与集体项目视为孩子面对未来竞争的开始，于是"足球妈妈"一词不胫而走。那时，一方竞选者发现，"足球妈妈"这个人群当中有高达 54% 的人还没有做出投票决定。若按照传统的视角，在年龄、性别、家庭收入等维度排查是发现不到这一群体的，而发现了这一群体的竞选者便有了一个全新的宣传方向。现在有了大数据和人工智能，你要学会应用市场细分和客户画像。例如：过去一家食品企业对客户的市场细分画像是：男性、女性；城市居民、农村居民。现在的市场细分画像是：青少年、儿童、男性、女性；高净值、特需人群、都市白领、外出务工；Z 世代、老年人、中年人、农村居民；等等。由此可知，从不同的视角会生发出不同的市场细分，希望对你有启发。

差异化产品和服务，为目标客户创造价值

在 STP 法的指导下，我们可以结合图 6-1 学习如何通过差异化产品和服务来为目标客户创造价值。

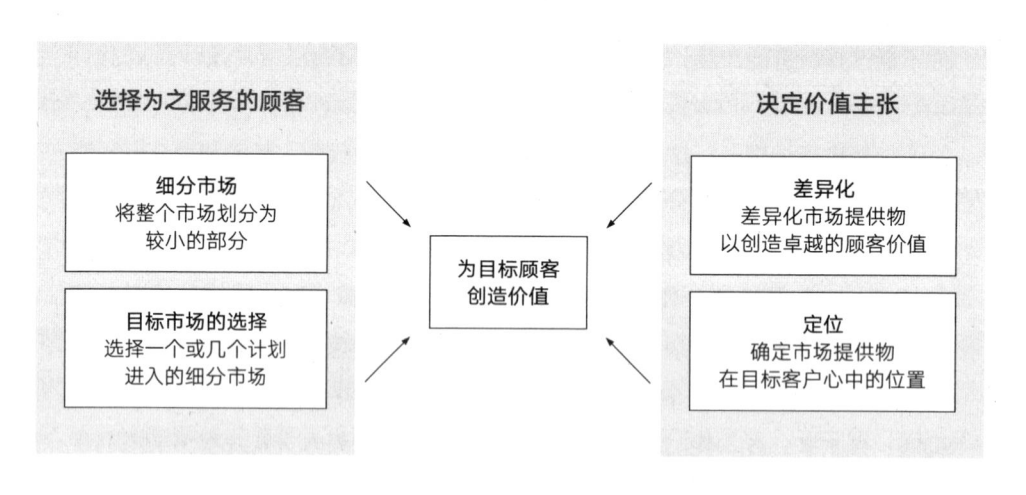

图 6-1 如何为目标顾客创造价值

想要为目标客户创造价值，需要从以下两个方面努力：

- 选择目标客户，也就是确定你或者你的公司想为哪部分客户提供产品和服务；
- 确定自己的价值主张，以便与目标客户匹配。

为目标客户创造价值时，要尤其注意差异化和定位。

"差异化"指的就是你要提供差异化的产品和服务，来创造卓越的客户价值。当然，这跟你的细分市场、目标市场以及目标客户有非常密切的关系。

我在惠普公司工作时，为了能精准地给客户提供差异化的产品和服务，就把市场进行了细分，并划分出了五大目标客户群。这五大目标客户群呈金字塔状分布。金字塔最底端的是个人消费类客户，这类客户群的市场很大。个人消费类客户之上是中小型客户，这个市场相对要小一些，都是一些中小型的企业。比它更高一层的是商用客户，再往上是企业客户。最高层的是全球客户，它代表一些全球顶尖的跨国企业，数量很少。我们既然要通过差异化来为客户创造价值，那就要区别对待这五大目标客户群；毕竟客户的覆盖方式不同，所需的产品和服务也是不一样的。比如，对个人消费类客户，我们可为他们提供的产品就是打印机和笔记本电脑等。再比如，想在企业客户里做差异化服务，那就需要再继续划分金融、电信、制造等领域。

定位指的是你的产品和服务在目标客户心中的位置。

在商品奇缺的年代，我们重视的是产品和生产效率。在商品丰富的年代，重心便转变成市场。我们该怎么把渠道做好？现在已经进入商品过剩的年代，商业竞争模式已经发生了很大的变化，经营的重心变成了客户的认知，经营的主战场变成了客户的心智。客户的心智份额才是决定市场份额的基础，因此客户对你的印象很重要。这个时候，战略定位就显得尤为重要。

那么，如何提升你的产品和服务在客户心目中的份额占比？我们主要考虑三个方面：差异化的产品、服务，全面领先的成本，专注的细分市场。差异化，前文已提及。全面领先的成本，就是指我们在各方面都有成本优势，这有助于我们战略的实施。专注的细分市场，就是指对细分市场专一。

专注的细分市场是我最看重的。不是所有的客户都是你的客户，既然已经找准，那就集中精力去把这件事做好，专注地去做；可以的话，选择去做有影响力的行业或项目。实施专注战略，就要确立专注精神的战略地位，从战略高度明确主要业务领域和方向。这样，我们才能够不断地抵御各种诱惑，顺利成长。

利用 SCORE 评估系统，分析竞争形势

商场如战场，商战如打仗。我们完全可以将《孙子兵法》的技巧运用到商战中。孙子说："知彼知己，百战不殆；不知彼而知己，一胜一负；不知彼，不知己，每战必殆。"在战场上，只有了解自己与对手的处境，才能立于不败之地；同样，在商战中，你也必须了解自己的竞争形势，因为这决定着你的成败。

那么，怎么评估竞争形势呢？我们通常采用的工具是 SCORE 评估系统。SCORE 翻译过来是得分、评估、成绩，但在这里它是五个英文单词首字母的组合，这五个英文单词分别是：Solution，解决方案；Credibility，可信度，有时也是竞争力 Competitive；Organization，组织；Relationships，关系；Executive，高层管理人员。SCORE 评估系统就是让你从这五个关键点出发，与竞争对手进行比较，确定各自在客户心目中的占比。你可以参照图 6-2 理解 SCORE 评估系统。

SCORE 评估系统由三个同心圆组成，并被等比例分成六个扇形，SCORE 的五个关键点各占一个扇形。每个扇形又被分为三层，由靶心向外依次标记着加号（＋）、等号（＝）和减号（－）。你需要把你的优势画在加号区、劣势画在减号区，把和竞争对手旗鼓相当的关键点画在等号区。

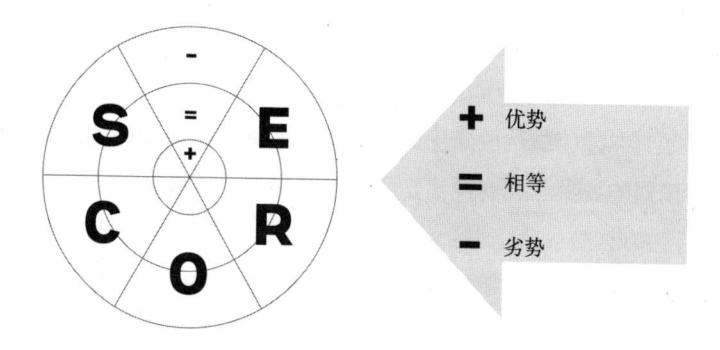

图 6-2　用 SCORE 评估系统评估竞争形势

我们先看第一个关键点 S，也就是解决方案。你可以问自己以下三个方面的问题来比较你和对手的优劣势。

- 其一，你了解客户吗？也就是，你了解客户真正的需求吗？你要比对手更了解客户的需求。

- 其二，你和对手的解决方案，谁的能更好地解决客户的问题？你的解决方案具体是如何运作的？你的解决方案是否能更好地解决客户的问题？

- 其三，如果你的解决方案比竞争对手更有优势，那你提供相应服务的能力如何？即在提供服务能力上，你和竞争对手谁的更好？

第二个关键点是 C[①]，就是可信度，你可以问自己以下四个方面的问题。

- 其一，你的目标客户已经成为你真正的客户了吗？如果他们已经是你的客户了，你以往的服务记录如何？服务评价是不是良

[①] C 也可被视作"Competitive"（竞争力）一词的缩写，在竞争力层面，可以从以下两点与竞争对手比较：其一，你所在的企业能否使产品在业界领先，同时兼具价格优势；其二，你所在的企业能否创造对客户来讲很重要的独特价值。

好？客户是否都满意？

- 其二，你是否能达成超出客户预期的成果？如果你能达成超出客户预期的成果，那客户肯定会对你更满意。

- 其三，你跟竞争对手，谁的市场认知度更高？认知度越高就越能占据客户的心智。在客户的办公桌上摆的是哪家公司的资料和方案，就证明他已被哪家公司占据了心智。

- 其四，你的产品在客户的支出中所占的比例，跟竞争对手比，孰高？比例越高，当然也就越好。

你可以通过这四点比较出自己的可信度，比对手强的就是"+"，比对手弱的就是"-"，跟对手对等的就是"="。

第三个关键点 O，就是组织。你可以接着问自己以下三个方面的问题。

- 其一，你是否可以满足不同地区客户的需求？这一点主要是由你们公司的地域覆盖面决定的。比如，你在客户所在地是否有子公司或服务机构。如果你的公司在北京，但是你的客户在新疆，那你的覆盖面可能就没有那么大了。如果你的客户在山东，而你的竞争对手是浪潮集团，浪潮恰好是山东本地的公司，那你在客户所在地的覆盖程度肯定比不上浪潮。

- 第二，与对手相比，你是否可以更快速地协调公司的资源，并且快速响应客户需求？比如，华为的资源协调能力就非常突出。有一次，客户提出要用样机测试，当别的公司还在申请、审批、协调时，华为第二天就已经派专人从深圳飞到北京，把样机送到了客户手中。

- 第三，你的文化协调能力是否更强？文化的影响有两个方面：一是影响你的思维方式；二是影响你的行为准则，也就是影响你的行为。你的文化跟客户的文化是否匹配，这很重要。比如，你能适应客户的家族企业文化吗？你能适应客户的官僚文化吗？你和对手谁更能适应客户的文化？

第四个关键点是 R，就是关系。你是否可以和客户的内部人员建立信任关系？能不能充分利用客户内部的支持者？这对于大客户销售来说，是极为重要的。如果你是一个大客户销售，可以回想一下，你所赢得的重大项目是否有客户内部的支持？是否有外部关系的支持？比如，政府、合作伙伴、行业协会的支持。你能不能通过这些关系了解情况，并产生超越正式协议的影响力，这很重要。在这方面，如果你强于对手，你就是"+"；如果你弱于对手，你就是"-"；如果你跟对手持平的话，就是"="。关系是五个关键点中最重要的点之一。

第五个关键点是 E，就是高层管理人员。

如前所述，客户关系分三个层面，第一个层面是操作层面，第二个层面是管理层面，第三个层面是决策层面。这里的 E 指的是决策层面的管理人员。你可以问自己以下三方面的问题：

- 第一，你能否接触到重要的高层管理人员？
- 第二，你是否已经在高层管理人员心中有了一定的可信度，或者说建立了一定程度的信任关系？
- 第三，你能否通过改善和高层管理人员的关系来提高你的业务水平和收入？这一点极为重要，等同于第四个关键点——关系。

如果你不止一个竞争对手，那么你就要和所有的竞争对手逐一对比，并且记录下所有的比较结果。运用 SCORE 评估系统来评估竞争形势，你可以更直观地明白当前的竞争状态。你可以通过互为竞争对手的 A、B 两家公司的 SCORE 图（见图 6-3），来加深理解。

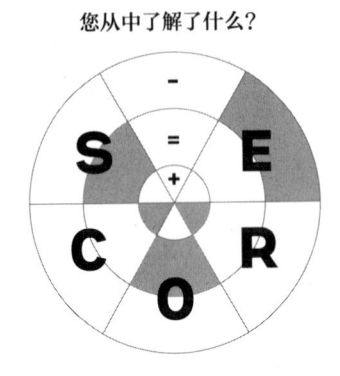

您从中了解了什么？

- 解决方案（Solution, S）不错，但没有自己的独到之处，与对手打平。
- 可信度（Credibility, C）很高，有着出色的记录。
- 组织（Organisation, O）能够满足客户需求，与对手相同。
- 与客户内部人员和外部合作伙伴的关系（Relationship, R）非常紧密，有内部或外部支持。
- 与高层管理人员（Executive, E）的关系一般。

图 6-3　A 公司的 SCORE 评估系统

如图 6-3 所示，A 公司的解决方案虽然不错，但与竞争对手相比却没有独到之处。A 公司的可信度非常高，服务也很出色，客户一直都在用他们的产品。在组织方面，A 公司虽然可以满足客户的需求，但是并没有比竞争对手更出色。在关系这方面，A 公司是占优势的，因为有内部支持。但是在高层管理人员方面，它目前和高层关系一般。

我们再来看另一种情况。

从图 6-4 可以看出，在解决方案方面，B 公司也没有独特之处。B 公司可信度很差，这很有可能是因为最近他们的产品或者服务出现了问题，遭到了客户的投诉，或者客户根本就没有使用过他们的产品或服务。在组织方面，B 公司可以满足客户的需求，但是跟对手持平，也就是说，在地理位置、资源协调、文化协调的能力上是与对手不相上下的。在关系上，B 公司也处于劣势，可能是最近与客户出现了冲突。但是 B 公司也有他们的优势，比如最近与高层管理人员的关系非常紧密。

您从中了解了什么？

- 解决方案（S）不错，但没有自己的独到之处，与对手打平。
- 可信度（C）差。
- 组织（O）能够满足客户需求，与对手相同。
- 与客户内部和外部的关系（R）已出现裂痕。
- 与高层管理人员（E）的关系非常紧密。

图 6-4　B 公司的 SCORE 评估系统

SCORE 评估系统的这五个关键点，能够帮助我们思考问题、做竞争性评估。它非常直观地展现了我们和竞争对手的优劣势，能帮助我们制定更加合理的作战策略。

巧用四步法，让大客户营销战略落地

我们在前文介绍了如何使用 SCORE 评估系统，接下来，就该具体说说制定大客户营销策略的方法。制定销售目标时，我们一般采用四步法。

第一步，做足准备工作。我们不仅要了解市场的趋势、收集客户信息，还要知道市场和客户需要什么；也要理解公司和上级的有关策略，大客户营销策略必须跟公司总体的策略和上级的策略相符；还要了解各个部门的业务，以便更好地和其他部门配合。我们具体需要做的是：跟客户访谈，和其他部门接触，以及做市场报告。

第二步，讨论。大客户营销战略不是靠拍脑袋制定的，而是跟团队和合作部门一起讨论制定的，具体方式是开研讨会。一般要在研讨会上做竞争性分析、判断行业的趋势、做客户分析，也就是向外看。在做计划时，我们会用到 SWOT 和 RAD 来帮助制定销售目标。

第三步，制定营销战略。组织研讨会，确定战略和执行过程，包括执行的标准。想要实现目标，就需要定一些策略，包括执行过程和执行标准，这个策略应该是你和其他团队、各个合作部门共同达成的。战略达成后，要记录成文字，作为行动计划。这个战略定好以后，要以销售任务的形式逐级下发到各部门，具体到销售个人。

第四步，沟通。这个营销战略必须和相关人员沟通好，仅仅开会介绍是不够的，要实现与个人的良好沟通。

这样，完整的大客户营销战略就做出来了。

我已将所有的行动步骤与工具整理成了表6-1，以供参考。

表6-1 四步法的行动步骤与工具

步骤	行动	形式和工具
一	准备 了解市场趋势；收集客户信息； 理解公司及上级业务部门的策略； 了解部门的业务任务	访谈/市场报告
二	讨论 与团队及合作部门交流讨论； 竞争分析，业务趋势，客户分析； 制定销售目标	研讨会 SWOT/RAD
三	制定营销战略 设定各策略的执行过程和执行标准； 与其他团队及合作部门达成共识； 下放销售任务及个人计划	研讨会 MBO记分卡/行动计划 销售任务表
四	沟通	演讲/一对一讨论

在这里，我简单介绍一下 SWOT 和 RAD 这两个工具。

SWOT 分析法是一种识别和分析组织成长机会的方法。向内，看自身能力的优势、劣势，如管理、制造、营销等能力；向外，看所处环境中的机会、威胁，如经济环境、竞争形势、科技等。我们可以根据收集到的资料，分析每一项的优劣势，以便扬长避短，更好地制定战略。

你可以对照表 6-2 理解 SWOT 分析法。

表 6-2 SWOT 分析法

内部因素	优势	劣势	外部因素	机会	威胁
管理			经济		
营销			竞争		
制造			消费者		
研发			科技		
财务			法律/规制		
提供物			产业/市场结构		

RAD 分析法是一种分析客户价值的模型，也是一个能分析市场、细分市场、细分客户的工具，能为我们加强对客户和销售的管理提供帮助。

- R 是 Retention，即维护型客户，指已有客户、需要保留的客户；
- A 是 Acquisition，即争取型客户，指目前还不属于我们的客户、份额小的客户；
- D 是 Development，即发展型客户，指正在开发的客户。

综合分析和统计以上三类客户的采购量，你就能得到两个指标：一个是客户的 TAM（Total Addressable Market），就是可获取的客户总采购量，反映的是客户的采购能力；一个是客户的 SoW（Share of Wallet），就是公司产品的销量在可获取的客户总采购量中所占比例,即"钱包份额",也就是公司的渗透程度。

用一个矩阵图来分析占比,我们就能清楚地知道现状、明确重点客户、了解发力点。RAD 分析法可以量化客户购买力和公司份额,以便我们客观地确定目标、发现最有购买潜力的客户,针对客户特点确定深入开发的策略,根据阶段合理布局销售资源,提高预见性和销售效率,以获取最大客户利润。我们经常会用 RAD 分析法来绘制九宫格,以便制定销售策略。比如,A 类客户的销售重点在激活率和渗透率的提升上,R 类和 D 类客户的销售重点是提升毛利和合作产品的数量。通过分析,你可以将不同的客户分布在九宫格不同的区域。例如在 R3 区域的客户公司,是我们公司产品所占份额高,采购能力强的公司。整体来看,R 类客户是我们维护的最重要的客户,是现有业务的主要来源;A3 区域的客户是我们公司产品所占份额低,但采购能力强的公司,是我们要争取的客户。整体来看,A 类客户是可以给我们带来业务增长的客户,争取到这类客户不仅可以让我们增加销售量,而且可以提高市场份额。这种分析方法让你更全面地了解市场,以便制定策略。

你可以参考图 6-5 学习 RAD 分析法。

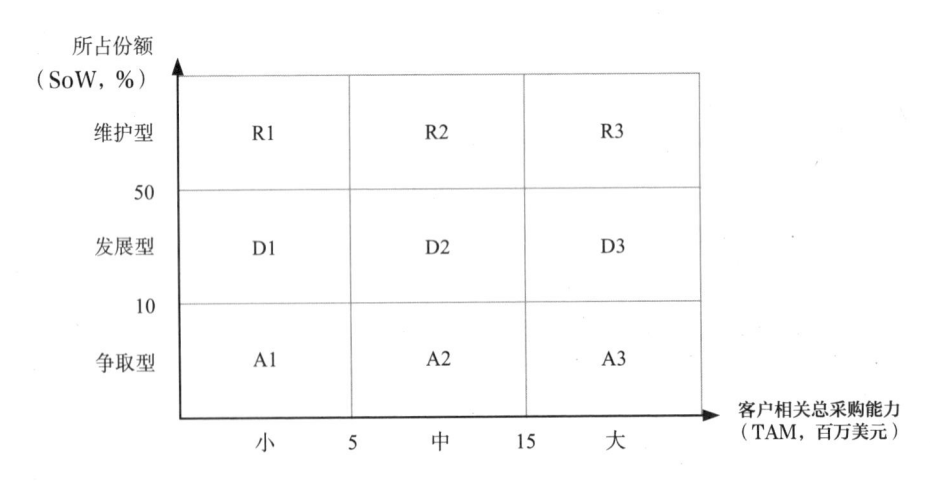

所占份额 (SoW, %)	小	5 中	15 大
维护型	R1	R2	R3
50 发展型	D1	D2	D3
10 争取型	A1	A2	A3

客户相关总采购能力(TAM,百万美元)

图 6-5 用 RAD 分析法按照 TAM 大小划分客户

> **像销售领袖一样思考**
>
> - 战略的核心在于与众不同。作为大客户销售，我们要有意识地选择不同的行动方案来为客户提供独特的价值组合。
>
> - 战略的重点在于追求对行动的协调一致、专注和坚持。专注的细分市场是我最看重的。不是所有的客户都是你的客户。

/ 第7章 /

制定作战策略，
建立稳中求进的合作关系

学习了如何通过差异化产品和服务为客户创造价值、如何运用专业工具制定切实可行的营销战略后，就可以尝试在实战中运用大客户营销策略了。你可以先问自己一个问题：平时的营销策略是怎么制定的？然后带着这个问题学习本章的内容。

商战如打仗，要想打赢商战，就一定要懂兵法，许多销售理论都是由兵法演变来的。我在惠普工作的时候，参加过很多专业的销售培训，其中就包括营销策略和目标客户销售方面的课程。当时惠普请了一些国外的专家给我们上课，而上课所用专业教材的参考书就是《孙子兵法》，当时国外专家给优秀学员发的奖品也是英文版的《孙子兵法》。将《孙子兵法》的理论用于大客户销售的商战中，是十分常见的。

了解来源后，就该学习如何应用了。大客户营销策略可归纳为五种，这五种又可以分为两类：进攻型策略和防守型策略。进攻型策略有三种，分别是正面出击、出其不意、分而治之；防守型策略有两种，分别是立足长远、加强防御。这些策略都来自《孙子兵法》。

你可以根据图 7-1，理解五种大客户营销策略。

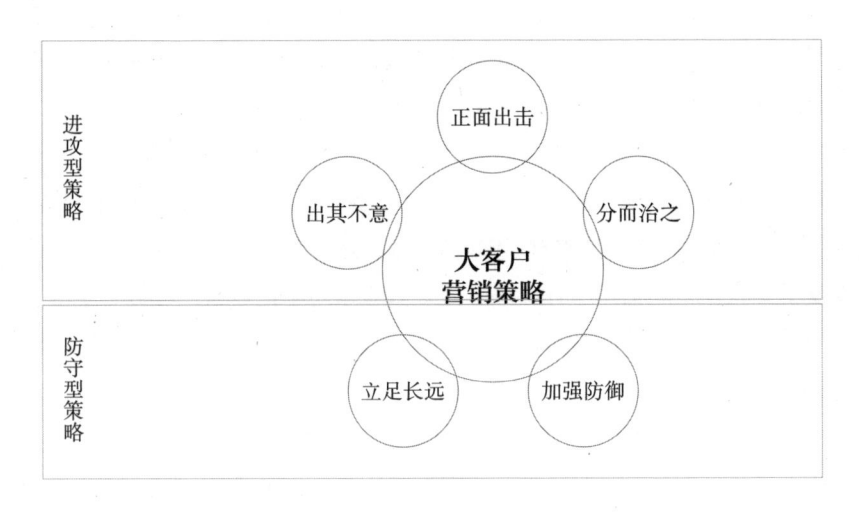

图 7-1　五种大客户营销策略

这五种策略，可以帮助我们整理思路，让我们知道在跟对手实际竞争中该如何做。

三大进攻型策略，有条不紊地战胜对手

第一种进攻型策略是正面出击（frontal）。有必胜把握的时候，你就可以直接出击。那怎么才能算是有必胜把握呢？当你的产品、服务、功能、价格、声誉以及客户关系等各个方面都比竞对手强，即有绝对优势时，你就可以采用正面出击策略。《孙子兵法》讲的是："故用兵之法，十则围之，五则攻之，倍则战之。"我们在这里降低了标准，三倍于对手就可以正面出击。不过，用正面出击的策略是有风险的，因为在正面出击时，你处于完全暴露的状态，别人可以随时观察你，发现你的漏洞。

在商战中，大客户销售要怎么用好正面出击策略呢？首先，要证明自己的产品和服务具有优越性，所提供的方案是最佳解决方案；其次，要强调公司形象，突出产品服务方案的安全性和稳定性。要注意的是，选择用正面出击策略的那个瞬间，你就成了所有对手的攻击目标。所以，你要先问问自己：我有没有强大到不可战胜？有没有力量防范和抵御对手的进攻？一般来说，当你有对手三倍的实力时，正面出击是比较有胜算的。

第二种进攻型策略是出其不意，就是指我们要做出让对手意想不到的举动。比如，我们可以将战场转移到新的领域，或者提出一个新的话题、改变游戏规则等。这个策略适用于什么场景呢？当竞争对手比较强，且拥有更多的优势或更好的定位时，我们就可以采取出其不意的进攻型策略。也有人把这种策略称为侧翼进攻（flanking），就是不直接跟对手硬碰硬，而从侧面突击。

那么出其不意的策略具体该怎么用呢？这里有两种方法。

第一种方法是改变规则。我们可以通过改变目标来改变规则，也就是促使客户放弃原始目标，追求我们设定的新目标，把原来的目标 X，改为新的目标 Y。比如，让客户放弃节约成本这个原始目标，开始重视、追求业务增长这个新目标。目标变了，方案也会随之改变。当追求节约成本时，客户可能会谨慎采购；当追求业务增长时，客户关注点就会变成相关业务数据。

另外，我们还可以通过改变标准来改变规则。标准变了，商战中的玩法也会随之改变，规则自然就不同了。比如，说服客户将采购标准从价格转向服务。再比如，改变指标的权重，说服客户调低价格的权重，调高经验和成功案例的权重。改变规则是大客户销售常用的策略。

第二种方法是扩大规则。扩大规则是指，为了应对现状，把原来标准 X 扩大到 X+1。比如，在原有的销售考核标准上，加上一条客户满意率指标。再比如，在考察项目时增加一条考察项。这些都是扩大规则。

在销售过程中，说服客户扩大需求范围，比如，把产品扩大到产品和服务，把一个简单价格扩大为产品组合的价格，让客户增加供应商必须有成功案例、项目经验和客户背书的要求，这些都是在扩大规则。把我们的优势加入规则，我们就能拥有更多的可能性。

在实际工作中，"出其不意"策略是被采用得最多的。

第三种进攻型策略是分而治之（fragment）。该策略讲的是在形势不利的情况下，把一个大项目拆分成几个小项目，即将一个大规模战争分解成一次又一次更小规模的战役或战斗，以争取那些有胜算的小战役、小项目。分而治之适合两种场景。第一种，你没办法或者不愿意赢得整个项目。比如你根本就赢不下来这个大项目，或者你认为赢下整个项目风险太大、成本太高，赢得整个项目会使你亏得更多。第二种，你的对手已经和客户建立了深厚的关系，你很难打破这层关系。

那具体该怎么运用分而治之的策略呢？可采用以下三种方法。

第一种方法，让产品或服务进入客户的内部，也就是揳一枚钉子进去，然后再扩展。我们可以按照客户的部门、团队或者客户的地理位置来划分项目，即采用利基（Niche）战略[①]。比如，全国项目我们做不了，就先争取一两个分公司的项目；或者，按地理位置划分，先打入一个地区，然后再扩大到全国。

第二种方法，让解决方案进入客户的内部。需要注意的是，我们要按照部门划分，分开来做解决方案，即先做客户 A 部门的解决方案，再关注 B 部门、C 部门的解决方案。

---

① 利基战略，指企业根据自身所特有的资源优势，通过专业化经营来占领细分市场，从而最大限度地获取收益。——编者注

第三种方法，协同共存，即提高我们的能力，跟对手并存。你可以说服客户增加投资，使他现有的解决方案兼容你的产品或服务，也就是用你的某一产品或服务来补足客户现有的业务；在你做的工作得到客户认可时，可以逐渐扩大业务。

曾有个销售想将业务拓展到 A 公司，而 A 公司的负责人只同意和她谈五分钟。见面时，负责人表示："我们一直都在使用 B 公司的产品和服务，并没有改变的打算。我和 B 公司的往来比较密切，B 公司也会定期跟我们做些技术交流。"销售回答说："我知道你们与 B 公司合作得很好，业务做得也很好，真为你们高兴。我只想问您一个问题：您知不知道如何能让 B 公司做得更好、提供的价格更合理？"负责人说："那您有什么高见，给我解释解释。"她说："您可以让我在您这里做一点业务，一小块儿就行了。只要我们一进来，两个公司就会形成比较和竞争关系，B 公司的服务肯定就会做得更好，而且价格也会更优惠。"负责人想了想，觉得这的确是个好主意，后来就让她的公司介入了一个小项目。这个对手的进入，对 B 公司的影响也很大，因为它必须做得更好，否则就会被竞争对手抓住把柄、借此扩大地盘。使用分而治之策略的公司，通过先打入项目，与对手并存，逐步跟客户建立了信任关系，以点带面，逐渐扩大了与 A 公司的业务。

这就是我们在实际商战中可以选择的三种进攻型策略，卓越的大客户销售应该懂得如何根据现状选择合适的进攻型策略，从而有条不紊地战胜对手，赢得客户的认同。

两大防守型策略，巩固已有客户、赢得潜在客户

接下来，我们开始学习两种防守型策略：立足长远和加强防御。

第一种防守型策略：立足长远。"立足长远"的英文是 develop，直译过

来就是"开发"。如果一个客户有很大的可能成为我们未来的客户，我们就需要为未来可能存在的竞争预先确立和构建优势，做好赢得潜在客户的准备。做好准备，需要我们向远处看，要有农夫心态：农夫会播种、浇水、施肥、除草，还会养鸡、鸭、牛以获得肉蛋奶；他们还会套种，根据季节种不同的农作物，以便在不同的时段都有收获。如果我们想要在未来有所收获，现在就要开始"种地"。

做准备前，先问问自己为谁准备、怎么准备、该什么时候准备。如果目前你没有什么竞争优势，也确信现在赢不了竞争对手，但未来有很大的潜在机会赢得这个客户，那么你要用的就是立足长远这个防守型策略。

具体该怎么运用立足长远这个策略呢？下面介绍两种方法。

第一种方法是投资和建设。你要在产品、服务和关系等各个方面进行投资。比如，通过建立关系来加深彼此间的信任、保证你的影响力、证明你的可靠性。一定要通过观察和倾听来了解客户的真实需求。你也可以做一些市场活动，去影响、教育客户。这些举措都是为了与客户建立可靠的关系，从而影响下一个项目的采购标准。

第二种方法是延迟，即说服客户延迟开展要做的项目。比如，我们可以告诉客户一些可能发生的意外情况，强调不确定性，并提出更有吸引力的选择。要注意，这个时候先不要和客户沟通细节，因为会有很多变数，比如技术、政策和法规等方面的变数。说服客户放慢步伐，再等一等，可以给我们留出更多时间让客户改变认知，让客户明白更换应用的重要性和价值，以便对采购进行更深入的研究和思考。

第二种防守型策略：加强防御。就是修筑起高深的壁垒、提高竞争难度，从而起到更好的防御作用。

当对手想要抢占你的市场时，你就可以使用加强防御策略了。比如，你现在已经是某个客户的供应商了，但有一个非常强大的竞争对手想要抢占这一块市场、争夺你的客户。此时，你就需要采取加强防御的策略，以此强化并保护你与客户的关系，避免竞争对手得手。

那具体应该如何使用加强防御的策略呢？这里也有两种方法。

第一种方法，绝缘、阻滞，或者不传导，即维持并强化客户关系，扩展客户的覆盖面，与客户形成联盟关系，从而巩固与客户的现有业务与关系。换句话说，就是让客户像一个绝缘体或者给他涂上一层绝缘漆，阻止竞争对手获取机会。

第二种方法是隔离。隔离和绝缘不一样，隔离是指断绝接触、断绝往来。隔离就是防止客户接触到竞争对手的活动或影响，确保在你的销售领域内不给对手留下竞争的机会。不过，在实际操作中，隔离是很难做到的。我们可以采用修筑护城河的方法，提高一些对你有利的技术标准，在你的主导下与竞争对手一起进行测试或实验、为客户制定标准，让竞争对手无法夺取现有业务。

做大客户销售时，我的竞争对手就用了这个加强防御策略中的"隔离"这一招。他在与客户一直保持着较好关系的同时，为了修筑护城河，在我没有任何准备的情况下，怂恿客户通知我做设备加软件测试。我接到通知后积极响应，马上调集可用的设备和资源匆匆上阵，将未调整优化的设备送往客户的测试中心。几天后，客户的测试结果就出来了，可想而知，这个测试结果对我非常不利。

销售经验不足，客户要啥给啥，是业务型销售的典型特征。正如前文所说，大客户销售总共分为三个层次——业务型销售、解决方案型销售和企业销售，他们关注的焦点也是不同的：业务型销售关注事件，解决方案型销售关注过程，企业销售关注结果。匆忙上阵、没有考虑结果，就属于关注事件的做法。

其实，许多测试都是具有倾向性的，一般有优势的人才会提议进行测试。上文的测试是对手提出的，因为他们早就已经准备充分；"我"没有事先调试设备，带着软件匆忙上阵，一定比不过他们。虽然后来事实证明我们的硬件加软件各项指标都优于对手，但即便提供了新的测试结果给客户，也已于事无补。因为客户更看重自己之前做的测试，不在乎或者不认可重新测试的结果。对手这就是采用修筑护城河的方法来隔离我们，把我们挤在了外面。

至此，我们学完了打大客户销售实战所需的防守型策略。

设定思维框架，选择最适合的作战策略

了解五种作战策略后，你就该学会使用策略决策过程中经常会用到的一种分析工具——策略决策树形图了。大客户销售就是以此来分析自己公司的竞争环境、匹配合适的销售策略，从而把握销售机会的。在不知道日常实际工作中该用什么策略跟对手竞争时，你可以先做一遍策略决策树形图，跟走计算机流程一样，分析每一种方案的可行性及对应的推进步骤。只要按照这个流程走一遍，我们就能明白该用哪种策略与对手竞争。你可以参考下页的图7-2来理解策略决策树形图。策略决策树形图是以问题为导向分析作战决策的，它总共有三条路径。

第一条路径从左上角开始。先问自己第一个问题："客户是否有引人注目的事件？"引人注目的事件或重大事件有很多种，如单位换负责人、政府或上级提出新要求，要执行新政策、有突发事件等。或者问自己是否可以根据客户所处的场景创建一个需求。这是第一条路径和第二条路径的分界点。如果经过分析思考，你给出的答案是"Yes"，那就是继续沿着第一条路径走。

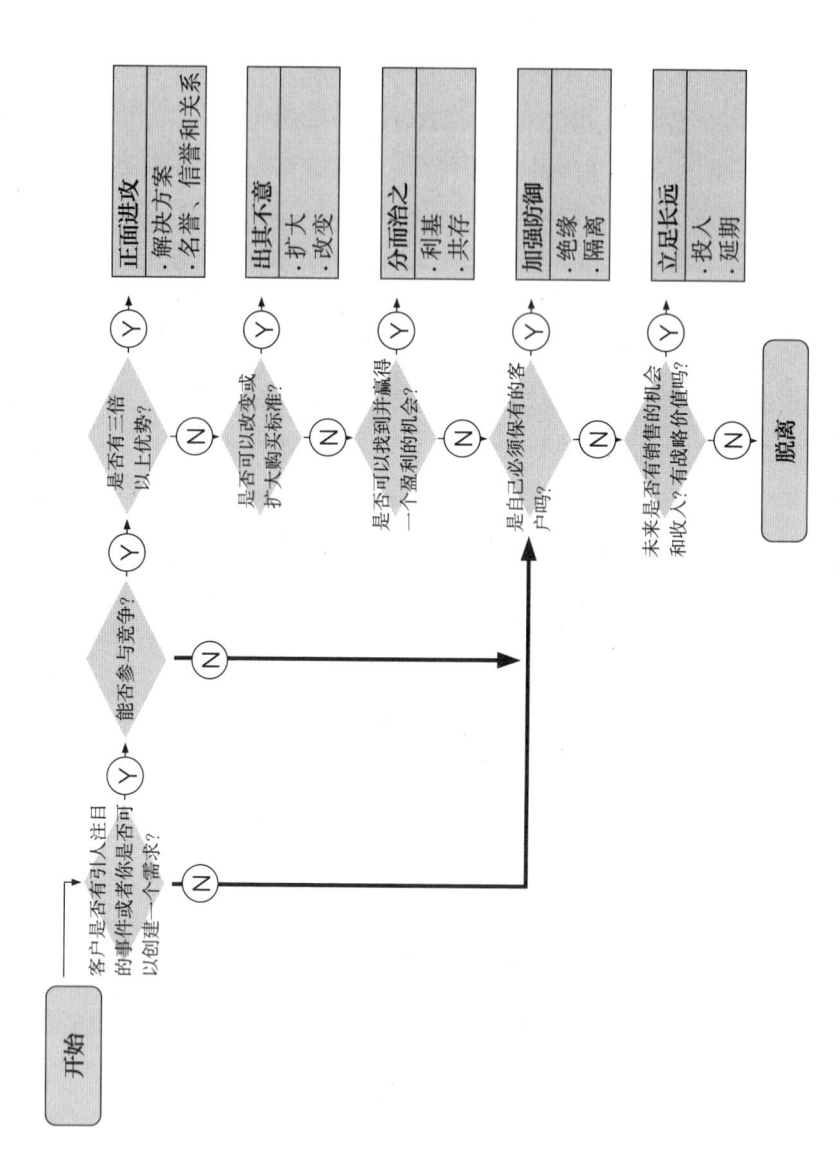

图 7-2 策略决策树形图

开始 → 客户是否有引人注目的事件或者你是否可以创造一个需求？
- N → 脱离
- Y → 能否参与竞争？
  - N → 是自己必须保有的客户吗？
  - Y → 是否有三倍以上优势？
    - Y → **正面进攻**：解决方案；名誉、信誉利关系
    - N → 是否可以改变或扩大购买标准？
      - Y → **出其不意**：扩大；改变
      - N → 是否可以找到并赢得一个盈利的机会？
        - Y → **分而治之**：利基；共存
        - N → 是自己必须保有的客户吗？
          - Y → **加强防御**：绝缘；隔离
          - N → 未来是否有销售的机会和收入？有战略价值吗？
            - Y → **立足长远**：投入；延期
            - N → 脱离

这时候你要问自己第二个问题："我能参与竞争吗？"客户是不是愿意和你合作？你的产品、服务和方案是否可以满足客户的要求？你能跟对手竞争吗？这是第一条路径和第三条路径的分叉口。如果你的答案依然是"Yes"，那就继续沿着第一条路径走。

接着再问第三个问题："参与竞争的话，我有至少三倍于对手的优势吗？"如果你的回答是"Yes"，那就可以得出结果：用正面出击的策略。你可以给客户提供更好的解决方案，并能利用自己的名誉、信誉和关系确保客户的满意度。

但如果你没有三倍于对手的优势，也就是第三个问题的答案是"No"，该怎么办？那我们就向下走，问第四个问题："是不是可以改变（从A改为B）或者扩大购买的标准（从A到A+1）？"扩大购买的标准，就是在原有价格的基础上再加上服务、成功案例、对客户的了解度、长远规划等一些特殊的附加条件，改变单一的要素，使之扩大。改变是指说服客户改变原有指标，比如客户以前追求的是价格，现在则更偏向业务增长。扩大是指说服客户在原有需求的基础上，再加上其他的附加要求。

如果你能改变或扩大采购标准，那你马上就可以用出其不意策略。

如果你扩大不了标准，也改变不了标准，比如客户说，"标准已经定了，变不了了"，那你就要继续向下走，问自己第五个问题了："能找到一个盈利的机会吗？可以赢下这次机会吗？"如果你的答案是"Yes"，你认为可以找到机会并有把握赢，那就可以用进攻的第三种策略——分而治之。分而治之在销售实践中的做法有两种。一种方法是将客户或者项目拆分、细化，然后找一个利基市场，即针对公司的优势细分出一个不大且消费者没有得到满意的服务的市场，然后将你的产品推进这个市场，保证盈利的基础。这里的产品和服务，特指有针对性、专业性很强且在你掌控中的产品和服务。还有一种方法是与竞争对手共存，然后逐渐扩大自己的份额。

但是如果第五个问题你的答案是"No",也就是说你不能拆分项目,也得不到机会,那就得再向下走一步,进入防守型策略。这时候要问第六个问题:"这个客户目前是我们的客户吗?我们有必须保护的位置吗?"如果你思考后得出的答案是"Yes",那我们就采用加强防御的策略,用绝缘或者隔离的方法,保护你现有的部分客户、业务和位置。

但如果你的回答是"No",说明这个客户目前还不是你的客户,那你就要继续向下走一步,问第七个问题:"这个客户未来是否有销售的机会?是否有战略价值?"如果你思考后回答"Yes",那就证明这个客户虽然目前对你而言较难争取,但是未来发展前景很好,非常值得我们去争取。你这时就要采用立足长远的防守型策略,去投入资源,像农夫一样种地,而后等待收获。同时,还要想办法让项目延期,说服客户不要现在马上做决定,为自己争取时间。但如果这个问题你的答案也是"No",也就是说这个客户未来价值不大,那我们就可以脱离这个项目,即不做这个项目。

这是做决策分析的第一条路径,我们再来看第二条路径。回到开始的第一个问题,如果你思考后回答"No",那就要走第二条路径,直接进入防守型策略。接着就要问防守型策略的那两个问题:"这个客户是我的客户吗?我有必须保护的位置吗?"到这儿就属于防守型策略的范畴了,后面的分析思路也就与第一条路径相同,你可以就此判断是用加强防御策略,还是用立足长远策略。

再来看第三条路径。如果你对第二个问题的回答是 Yes,那你就要走第一条路径;但如果回答是 No,即你根本进不了圈,参加不了竞争,那你就要走第三条路径,向下一大步,从进攻型策略转到防守型策略。此时你要马上回答:"这个客户是我的客户吗?我有必须保护的位置吗?"

在做大客户销售时,你是必须要做这个策略决策树形图的。我经常说:"读书要读经典的,销售要学专业的。"因为专业的销售都是被训练出来的,他们连采取什么策略、怎么跟对手打仗，都要由策略决策树形图确定。按这个流程图走，就是在设定一个决策的思维框架，你可以借此整理思路，然后和大家一起思考和讨论如何把握这一销售机会。有了清晰的思路，就能在战场上找到打胜仗的策略。

制订计划，稳扎稳打开展销售过程

大客户销售计划是我们必做的，也是我们必备的战术和技能之一。有句俗话叫"计划赶不上变化。"计划本身什么都不是，但做计划的过程就是一切，因为它关乎你思考问题的方式。做计划可以帮你厘清思路，让你尽可能把方方面面都想清楚，以便更有效地销售。著名管理大师哈罗德·杰宁（Harold Geneen）说过："读书要从头看到尾；管理企业正好相反，你要先规划未来，然后集中一切力量去实现它。"做大客户销售也是一样的，我们要根据现状和发展趋势定好目标和计划，然后集中力量去实现它。

我为大家展示某公司的一个真实计划，你可以结合后面的内容进行理解。这个计划共包含11项议程，我们依次来看：

1. 客户简介和责任；
2. 客户组织结构；
3. 客户业务部门组织结构；
4. 客户业务流程图；
5. 客户IT基础设施构架；
6. 客户关系管理；
7. 竞争对手分析；
8. 合作伙伴覆盖模式；
9. 客户发展历史；
10. 客户投资和机会；
11. 行动计划。

第1项是客户简介和责任，也就是我们要专门针对客户做一段描述。比如问自己："这个客户是什么客户？是做什么的？他有什么样的职责？对社会有什么贡献？"通过这些问题我们就能比较全面地了解这个客户。

第2项是要求我们有客户的整个组织结构图。客户的组织结构图可以方便我们更全面地了解客户，将销售过程的方方面面考虑周全。

第3项是说，除要有客户的组织结构图之外，我们还要画出客户业务部门的组织结构图。把跟我们有业务关系的相关部门单独拎出来，画一个更详细的部门组织结构图，这是大客户销售必须要做的事。

第4项要求我们画一幅客户业务流程图。我们是为客户提供产品、服务、解决方案，并以此为客户创造价值的，因而要了解客户的整个业务流程和商业模式。业务流程图能让我们进一步了解客户的整体业务。如果客户是制造业公司，那么我们能了解他们从生产到销售、服务等全部业务的流程；如果客户是互联网公司，那么我们能了解他们的业务包含哪些模块。了解这些工作流程以后，你就知道该用什么样的方式来配合他们、给他们提供什么服务。

第5项是针对IT公司的，因为IT公司的销售需要把客户目前的IT基础设施构架图画出来。如果你身处其他行业，就没有必要做第5项。但这并不意味着你不需要了解与你相关的业务内容。

第6项要求我们做客户关系管理，也就是计划怎样管理客户关系。

第7项是竞争对手分析。我们要知道谁是我们的对手，对手的情况如何。比如，竞争对手的优势是什么、劣势是什么。

第8项要求我们了解合作伙伴。在做某一个项目的时候，如果还有其他跟我们一起配合的合作伙伴，那我们就要知道这些合作伙伴是怎么做客户覆盖的，即他们负责哪些部门，与哪些关键人物建立了联系，又负责哪些业务。了解这些，能保证我们和合作伙伴配合得更好，合作得更顺畅。

第 9 项要求我们了解客户的发展历史。比如 IT 行业的销售，要知道客户的 IT 发展历史，包括他们什么时候开始做的信息化、建立的信息中心，是怎样一步一步做到当前规模的，是怎么做数字化转型的，等等。

第 10 项要求我们明确客户的投资和机会在哪里。我们要了解客户在哪些方面会有投入，自己是否有机会在这些方面与客户建立联系并赢得项目，知道这些有助于我们设立行动目标。

第 11 项要求我们制订一个行动计划，以此来明确我们该做出的具体行动。为了更好地实现目标，我们必须要有行动计划。

一个比较完整的销售计划，共包含这 11 项。不过你不必项项都做，挑出几个重点项做简化版的计划就可以。为了方便理解，我在此详细介绍以下几个重点项。

第 4 项，客户业务流程图。我们需要画一幅客户业务流程图，图中应该有客户所做的项目是怎么开始的，第一步、第二步做什么，这个项目什么时候结束等信息。不同的企业，其业务流程图是不一样的，我们每负责一个项目就要画一幅业务流程图，画法可参考图 7-4。

第 6 项，客户关系管理。你可以根据表 7-1 管理客户关系。我们应在本项中弄懂以下几个问题：在客户的公司，跟我们有关的主要参与人是谁？我们与他们的关系怎么样？在客户公司，谁管着谁？客户的主要商业需求是什么？在商业上，客户认为怎么做才算是成功的？客户是怎样实现业绩的？客户的个人需求是什么？他个人是否有升职、加薪的需求？根据我们对这个客户的了解，我们应该用什么样的关系策略与他建立关系？

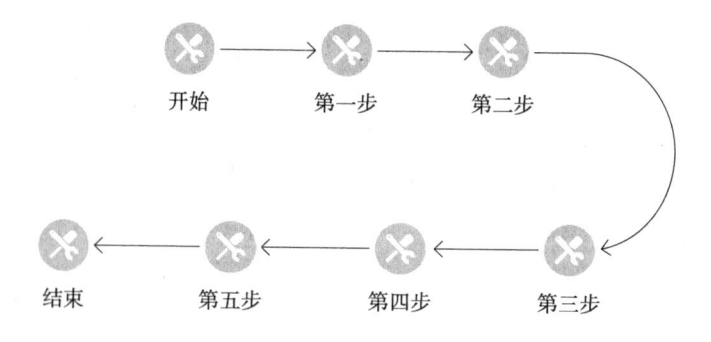

```
开始 → 第一步 → 第二步
                    ↓
结束 ← 第五步 ← 第四步 ← 第三步
```

图 7-4　业务流程图

表 7-1　客户关系管理表

主要参与人	商业需求	个人需求	关系策略

第 7 项，竞争对手分析。第 7 项是必做项。正如《孙子兵法》所说："知彼知己，百战不殆。"打仗的时候，你不知道对手是什么情况，那还怎么打仗？可见，分析竞争对手是非常重要的。你可以参考表 7-2 做竞争分析。

表 7-2　竞争分析表

竞争对手	优势	竞争行动
A	与客户有良好的关系	与××客户保持着合作关系； 与客户的××部门保持合作关系； 在××项目有投入（投资）

续表

竞争对手	优势	竞争行动
B	合作伙伴与客户关系密切	在客户高层有周期性的覆盖； 在××客户和项目上以方案制胜； 有良好的服务计划
C	具有产品优势和价格优势	全力主推有价格优势的产品，打价格战

在表 7-2 中，我列了对三个竞争对手的分析。须注意，我们要客观地分析竞争对手有什么优势，并在后面写上他们之前有过什么行动、以后准备采取什么行动。在分析时，我们要知道对手跟客户的关系如何，比如是否跟客户有良好的关系。还要了解竞争对手跟其他的合作伙伴关系如何。因为竞争对手也会有合作伙伴。最后要知道竞争对手在价格和产品上有什么优势，分析他们打价格战的可能性。这些方面我们都要一一考虑到。

第 8 项，合作伙伴覆盖模式。商场如战场，你是无法孤军作战的，你会跟合作伙伴一起进攻。所以你要知道在整个组织结构中，你都有哪些合作伙伴，他们又负责哪些工作，这就是合作伙伴覆盖模式。比如伙伴 A 负责 X 部门，伙伴 B 负责 Y 部门。我们可以参考图 7-4 画出标有合作伙伴覆盖的组织结构图。

第 9 项，客户的发展历史。我们要了解客户的发展历史，关注客户某个业务的发展过程。比如，我们要了解某个项目是什么时候启动、上线、推广的，什么时候更换的负责人，新负责人又带来了什么变化，等等。这样我们就能对客户有更清晰的了解。你可以参考图 7-5 研究客户发展历史。

第 11 项，行动计划。这是最重要的一项。想做好一个行动计划，就一定要遵守 ART 要诀。A 是 Action，表示行动，意味着要列出接下来的动作；R 是 Resource，表示资源，意味着行动要有资源做保障，要知道怎么调用这些资源、让谁来行动最合适；T 是 Time，表示时间，意味着要制定整个行动计划的时间表。

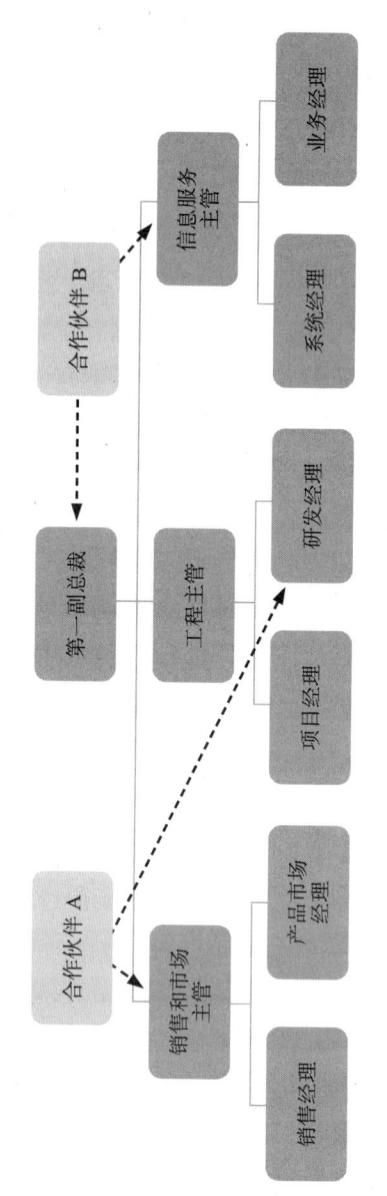

图 7-4 标有合作伙伴覆盖的组织结构图

```
2015年        2016年        2017年        2018年        2019年

项目启动                   全公司推广                   安全和备份

            应用上线                    新负责人上任
                                        组织机构调整
```

图 7-5　某客户的发展历程（重大事件）

你的行动计划一定要满足 ART 这三个条件，即包括做什么、让谁来做、什么时间做。你可以参照表 7-3，做属于自己的行动计划表。

表 7-3　行动计划表

日期	行动	谁（资源）	结果

完成第 11 项后，我们可以写一个目标，定出我们要实现的结果。

> **像销售领袖一样思考**
>
> - 大客户营销战略对企业来说非常重要，因为它是企业实施营销动作的依据；对个人来说，它也很重要，因为它能帮你厘清思路，告诉你应该怎么做大客户销售。
>
> - 虽然大客户一般不会频繁地换供应商，但你也要时刻关注有潜力的大客户。虽然他们现在还不是你的客户，但未来一切皆有可能。作为大客户销售，我们要做好充分的分析和准备。
>
> - 在当今社会，单靠个人很难做大客户销售。大家都要依靠组织、依靠团队。就像打猎，抓捕大猎物需要的是集体协作。做大客户一定要分工协作，相互配合，从而多打大仗，多打胜仗。

第三部分

进阶篇
打造大客户销售团队的专业心法

从员工到管理者，
意味着你要从专家变成通才，
从战士变成外交家，
从问题解决者变成问题发现者。

/ 第8章 /

成为领导者，
全方位塑造高绩效的销售战队

实现从员工到管理者的角色转变

我在惠普公司工作的时候，公司一定会安排刚晋升为经理的员工上两门课程。一门是 TTM（Transition to Management），教员工如何从员工转换成管理者，具体内容包括如何转变角色、设定目标、转变工作、激活团队、绩效监督和激励等。另一门课是管理流程（Process of Management，POM）。POM 这门课在业界非常有名，国内许多知名企业都安排高管学过这门课，比如联想、海尔、万科、中国集装箱集团、造 C919 的商用飞机集团、中国电信、中国移动等。我也曾代表惠普给海尔的管理者培训过 7 次，给中集公司的管理者培训过 17 次。这门课可以让你了解一个管理者到底要做什么、为什么要这么做，以及要怎么做；同时，它也会告诉你怎样设定企业和部门的宗旨和使命、如何建立共同的愿景和共享的价值观，制订共同的计划，以及如何领导行动等。

如果你刚刚晋升为团队经理，开始带团队、管人，那你面临的挑战是非常大的。如果你没有接受过这类培训,可以去读《胜任》①这本书。在《胜任》一书中,对于如何从一名员工转型成管理者,作者迈克尔·沃特金斯提出了三点非常值得探讨和学习的建议。

第一,要从专家变成通才。现在的职业分工越来越细,很多时候,即使是同一个部门的同事,做的工作也有很大的差别。一个新晋的管理者,必须超越自己的专业领域,不仅要熟悉自己部门内各个岗位的工作内容,还要了解其他部门的工作内容、规则、事项和沟通所用的语言;也就是我们常说的要有T型知识,即既要有纵向的知识,又要有横向的知识。倘若管理者没有这些知识,就很难和其他部门展开合作。

第二,要从战士变成外交家。当你还是一个普通员工时,日常工作中的大部分时间都是去解决问题,所以你只需要像战士一样,考虑怎么打赢眼前的仗、解决眼前的问题就行。但是,每个组织都是一个网络,每个人都是其中的一个节点,你的层级越高,就会和越多的人产生联系,影响越多的人,也会被更多的人影响。所以你要从战士变成外交家,学会伐谋和伐交,提升自己的人际影响力。对大客户销售管理者来说,提升人际影响力尤为重要。

第三,要从问题的解决者变成问题的发现者。员工只要解决好交给自己的问题就行了,但是,作为一个管理者,如果仅仅停留在问题的解决者这一定位上,就很容易忽略其他方面的问题和产生问题的原因。所以,做经理,特别是销售经理,是有一定难度的——不但要会救火,还要会预防、发现隐患,防患于未然。

不少销售是不想晋升为管理者的,因为大客户销售每年只要完成任务或者

---

① 《胜任》由著名职业转型指导专家迈克尔·沃特金斯所著。他在书中提出了不少针对性很强的方法与策略,能帮助读者加速适应新角色带来的挑战。本书中文简体字版由湛庐引进、天津科学技术出版社于2020年出版。——编者注

超额完成任务，就可以既拿奖金、又获得荣誉。可一旦成为销售经理，事情就多了。员工只需要管事，但是经理还要管人。随着级别的提升，你花在管人上的时间和精力会越来越多。

我刚带团队的时候也非常不适应。我虽然经过培训，但是遇到问题和困难，还是忍不住想往前冲，想帮助别人、替别人把事情做好。自己非常辛苦，却事倍功半。我当时是在惠普公司工作，惠普公司非常主张平等，在公司内部大家都是直呼其名，不加职位和级别的。公司鼓励员工和管理人员多进行平等的交流。所以在一次例会时，我开诚布公地询问大家对我的看法。会上，有的人认为我不信任他们，有的说我太爱逞能，也有的说我只觉得自己很能干……我听后感到非常委屈，因为我为大家做了很多，尽心尽力、冲锋在前，却得不到理解。反思后，我发现了自己的问题——管理方法不对，我不应该管事不管人。对于管理而言，重要的是管人、帮助他人成功，你不能代替员工承担他自己的责任，也不要代替员工去行动，也就是我们常说的"不要把猴子都扛在自己背上"。想了解"背上的猴子"的故事，你可以读一下《别让猴子跳回背上》①这本书，书中很好地回答了"为什么领导没时间，下属没事做"这个问题。当我调整了管理模式后，情况确实得到了改善，也如愿收获了团队的信任，树立了威信。后来，我所带领的团队还多次荣获大奖。

你的销售队伍是"团队"，还是"团伙"

如果你已是销售团队的领导人，可以给自己的销售团队做个画像，问自己："目前的销售队伍，到底是'团队'还是'团伙'？"

团伙的特点如下。

---

① 《别让猴子跳回背上》的作者威廉·安肯三世多年来一直致力于企业经营与管理的课题研究。本书旨在帮助中层管理者找到时间管理的有效方法，让普通员工重新规划自己的职业生涯。本书中文简体字版由湛庐引进、浙江教育出版社于 2022 年出版。——编者注

- 第一，新人是带"枪"投靠的。招聘销售时，面试官常会问："你有客户吗？你有学历吗？你有经验吗？"客户、学历、经验等就是"枪"，我们往往也希望销售是带"枪"投靠的。

- 第二，每个人都各有所长。就比如《水浒传》里的108位好汉，他们每个人都有武功，都有自己的强项。销售也是各有所长，比如有的善于处理客户关系，有的善于研究专业技术。

- 第三，团伙讲究人治，即你是谁带来的就属于谁，就要听谁的话。这个现象的背后是权力结构的一元化，这是一种单向的、自上而下的、等级森严的"线状"控权模式。在人治环境下，管理者怎么想、谁是谁的人，很重要。

- 第四，每个人都喜欢伺机而动。梁山108位好汉就是"有机会了咱们下趟山捞一把，再有什么机会咱们去打个劫"。对企业和团队来说，见到"风口"马上行动就是伺机而动的一种表现。比如，别人做共享单车挣钱，那我们也做；别人直播带货挣钱，那我们也马上做直播；有人生产口罩发了财，我们也马上生产口罩，等等。

符合三个以上特点的群体，我们叫"团伙"。在这样的组织中，如果遇到问题，那组织就会很容易"散伙"。比如宋江有什么想法，而其他107个人不都这么想时，这个群体的悲剧也就注定了。

相对的，我们可以用诺曼底登陆中各方的配合来理解"团队"的特点。

- 第一，目标非常明确清晰。这场战役中参战盟军有近288万人，他们由来自不同国家的海、陆、空不同兵种构成，但在一个明确的目标下共同取得了胜利。

- 第二，在打仗之前，每个人都做了非常充足和细致的规划，详细到谁在什么时间做什么、怎么做。比如，作战司令部的计划包括让美军的巴顿将军在英国某海岸遛狗，表现得很悠闲，以迷惑德军；还安排了一位长相酷似蒙哥马利将军的中尉，假扮蒙哥马利飞到北非战场，让德军误以为蒙哥马利还在北非。你可以反思一下：你在做销售计划时是怎么计划的？有这么细致吗？

- 第三，相关各方都接受过严格的训练。训练有素的军队和没有受过训练的散兵游勇是完全不一样的；同理，受过专业训练的销售，和没接受过专业训练的销售，区别也一定很大。

- 第四，多国家、多兵种之间能互相配合。我们的销售团队，是不是能跟相关部门，比如服务部、产品部、市场部有非常好的配合呢？

- 第五，懂得分工合作。你的团队是不是也有专业的分工和合作呢？比如有人负责直销客户，有人负责渠道，有人负责线上运营等。

- 第六，管理者有强大的指挥协调能力。这一点的重要性不言而喻，因为只有这样一支有组织协调能力的团队，才能撑得起大战役。

了解团队和团伙的特点后，你可以再回头想想：你的销售队伍到底是团队还是团伙？或者是介于团伙和团队之间？

实现团队高效管理的四项必备条件

如果你希望打造出一支高绩效的销售团队，就应该了解打造高绩效团队需要具备哪些条件，知道一个高绩效团队是什么样的。只是赢一个项目、完成一个季度任务的团队，不叫高绩效团队，当你的团队能把环境、人、过程及目标这四者完美结合，且可长久持续这个状态时，你的团队才是高绩效团队。

想要实现销售团队的高效管理，需要哪些必备条件？

- 首先，心要齐、目标要一致。我们说"先有齐心，才有合力"。如果每个人的目标方向都一致，都想成为团队中高效、团结、有力量的一员，并一起思考如何实现这个目标，那么达成这个目标就不会太难。

- 其次，目标要明确。也就是要明白团队的目标是什么，成功的标准是什么。

- 再次，专业能力要过硬。专业能力包括专业的销售技巧，根据竞争形势选择合适销售策略的判断能力等。

- 最后，有共同的价值观。如果团队成员有相同的价值观，就意味着管理者能用相同的思维方式和行为来管理团队，这样才能形成一支齐心、高效的团队。

我并不主张培养明星销售。团队的发展要比个人发展更重要。想打造出一支销售铁军，就必须对每个人提出以下要求：做事要专注；要为客户和公司创造价值；纪律要严明，知道什么能做，什么不能做。那么，该怎样打造一个高绩效团队？我们可以从人员管理和业务管理这两个方面着手。

在人员管理方面，要提高对招聘的重视程度，争取招到高质量的员工。当然，员工的个人发展也要重视，因为他们不只是为了干活、挣钱来的，他们还有能力提升和职业发展的需要。作为管理者，你要进行现场指导，就是带员工；还要开销售会议，因为这是调动销售积极性的一种方法。

在业务管理方面，要建立销售团队文化，要教销售怎么预测和管理销售漏斗，要做好销售团队的激励工作，还要重视培训，因为这有利于业务的发展和拓展。

有些刚刚创业的公司或者新组建的销售团队，在刚开始的时候可能还是一个团伙。随着人数的增多、专业化水平的提高，团伙就变成了有组织的团队，发展目标也就变成建立一支齐心、高效、可持续、规模化的铁军。独木不成林，团队的价值就在于集众人之力达成个人无法实现的目标。

成功的管理者必须做好的四件事

如果你想要成为一个卓有成效的管理者，在管人方面，就必须要做好四件事情。

- 第一，聘用优秀的人。如果你的团队不启用优秀的人，那你可能一开始就已经输了。

- 第二，告诉下属你的期望。这点很重要，我们招到员工以后不应让他马上着手工作，而应告诉他你对他的期望是什么，包括短期的期望、中期的期望和长期的期望，让他有目标、有方向，而不是像过去一样，给到员工三件套——产品介绍、客户名录、名片，就让员工出去跑业务了。

- 第三，为下属提供他所需要的支持和环境。你一定要给下属营造良好的环境，给他应该有的支持，用一只"无形的手"在后面托着他。

- 第四，要合理对待问题员工，不能当老好人，更不能对问题员工视而不见。问题员工，会影响所有员工的士气。在这件事情上，你可以寻求上级和人力资源部门的帮助，把事情处理好。

> **像销售领袖一样思考**
>
> - 想成为一个卓有成效的管理者，需要长期学习和持续锻炼，没有捷径可走。
>
> - 对于管理而言，重要的是助他人成功，你不能代替员工承担他自己的责任，也不能代替员工去行动。
>
> - 只是赢一个项目、完成一个季度任务的团队，不叫高绩效团队。当你的团队能把环境、人、过程及目标这四者完美结合且可长久持续这个状态时，你的团队才是高绩效团队。
>
> - 团队的发展要比个人发展更重要。想打造出一支销售铁军，就必须对每个人提出以下要求：做事要专注；要为客户和公司创造价值；纪律要严明，知道什么能做，什么不能做。

/ 第9章 /

人员招聘，
选择比努力更重要

在销售人员的招聘上，选择比努力更重要。本章主要围绕大家普遍关心的两个问题展开探讨：

- 第一，为什么我们总是招不到合适的人才？
- 第二，怎样才能招到合适的人才？

关于第一个问题，你可以问问自己：目前的团队里，谁在负责销售的招聘工作，他又是如何招聘销售的？各个公司根据情况会有不同的招聘人员，但既然招聘的是你主管部门的员工，为何你不亲自来呢？

招聘的价值不止于人才

招聘工作在销售管理中是非常重要的一项。招聘销售的正确做法应该是：谁用人，谁招人。你作为一个部门主管或者公司负责人，一定要亲自找人、招人，亲自面试，这是管理者的一项非常重要的工作。人力资源部能给你提供的只是一些人选和资源上的辅助。

很多时候，我们把招人或者面试这类工作看得太窄、太简单了。对于一个销售团队的管理者来说，你不只是要通过招聘来做人才储备，还要通过招人这个过程，去了解市场、了解对手、学习行业知识、增强行业经验。

我在某公司做部门经理的时候，并没有把教育和医疗卫生这两个行业列为工作重点，因为当时这两个行业拿到的国家投资还比较少，正属于资金匮乏的阶段。随着国家经济的发展，越来越多的投资开始汇集在这两个行业上，我就开始准备拓展这两个行业。刚开始我肯定要招行业内的资深人士。记得有一次，面试的对象是一位教育行业的销售经理，那场面试花了我差不多两个小时。面试的过程也是我学习的过程，通过这两个小时的面试，我对中国的整个教育行业，包括行业内部的细分赛道、竞争环境、教育行业头部企业的模式和打法等都有了了解，这对我后期工作的展开帮助很大。这位非常出色的销售经理也加入了我们团队，成了业界知名的行业专家。

这几年我在和国内两家著名的猎头公司交流的时候，常常听他们说："有些企业在招聘销售高管时会要求面试者带着商业计划书。"我想这也是通过招聘来征集方案、筹智的一种方式。

优秀的人才是找来的，而非招来的

正因为招聘如此重要，所以如果招聘环节出现错误，那么代价也是惨重的。你可能会因为招到不合适的人而浪费大量的时间和精力，失去转瞬而逝的机会，甚至引发不可挽回的错误，比如丢失客户、浪费资源。在这些损失面前，培训机会还有报酬等成本反而是次要的。

为什么招一个合适的人这么难？为什么在招聘上我们总是容易犯错？原因总结下来主要有五方面。

- 第一，信息匮乏。我们还是不了解面试者。

- 第二，招聘者的偏见和因循守旧。我们对一些年轻人的成见，对某些公司、某些地域的人的看法，或者对某些行业的刻板印象都会阻碍我们进行正确判断。

- 第三，做了太多事先假设。这样的人就该怎样，这个学校毕业的人都会怎样，某个公司来的人肯定会怎样，这样的打扮就说明他肯定怎样……这些都是事先假设。

- 第四，太注重主观印象而非客观事实。人是视觉动物，所以我们不可避免地容易受到第一印象的影响，但是第一印象有可能与事实并不相符。你看起来能干，并不代表你实际能干。有些人就相信外表，可外表并不能完全代表一个人。

- 第五，匆忙的决定。每当有员工离职、跳槽或者被调整岗位时，我们都会着急找人顶上去，因为销售这个岗位总需要有人把任务、业绩扛上去。忙中易出错，如果我们平常没有储备人才，这时的匆忙决定，不仅可能让我们招到不合适的人，还可能会导致错误。

了解了招人的五个难题后，你肯定有这样一个疑问：如何招到一个合适的人呢？

我经常会问一句话："优秀的销售是你培养出来的吗？"答案应该是否定的。选择比努力更重要，选择对的人，往往比日后的辅导、培训和努力更重要。资深的团队管理者会发现，优秀的销售往往不是培养出来的，因为他们从一开始就是好苗子，培养不过是浇水施肥的过程。因此，在承认培养的重要性的同时，你也要知道：找到合适的人才是最重要的。

你的公司重视人才吗？这里有四个问题可作为自查标准。

- 第一，你们公司会把招聘作为关键环节吗？你们公司对招聘工作的看法和重视程度是什么样的？

- 第二，你们有专业的招聘人员吗？负责招聘的人是否有招聘评估能力？他们是否受过专业的训练？

- 第三，你们公司有没有对招聘投入足够的时间和精力？公司的管理层有没有在招聘上投入时间和精力？惠普公司非常重视对销售人员的招聘工作，高层经理和总经理都会参加面试。曾任中国惠普总裁的孙振耀说过一句话："如果你真的认为人才重要、人才珍贵，那一定要亲自去选。我相信你从来不会委托别人帮你挑选珠宝、房子和车子。"

- 第四，你是在招人，还是在找人？优秀的人才或者优秀的销售往往不是你招来的，而是你找来的，因为优秀的人无论在哪儿都很优秀，他们处于无业状态的可能性不是很大。所以，你往往无法通过猎头在市场上打广告招来优秀的人才，你需要有目标地去找。

小米成立10周年时，雷军在公开演讲中提到：在小米创办初期，他在找人上花费了80%的时间，几乎每天都在找人。雷军透露，他找的第一个人就是当时在谷歌中国工程研究院任职的林斌。当时雷军在餐巾纸上画的"互联网＋硬件＋软件"铁人三项的图打动了林斌，使得他成了小米的二号员工。雷军回忆说，他曾在两个月内找某个人聊了至少10次，一次能聊近10个小时。他说，创业公司找人肯定是不容易的，归纳下来找不到人通常是一个原因：没用心。雷军认为："找人不只要三顾茅庐，而是要'三十次顾茅庐'。"

大家也许听说过任正非去清华大学招募当时正在清华读博的郑宝

用的故事。郑宝用开始不同意，但任正非没有马上离开。在接下来的几天内，两人同吃同住。几天下来，郑宝用招架不住任正非的软磨硬泡，决定放弃在清华大学的学习，加盟华为，成为最早加入华为的员工之一，也是华为最早的总工程师。

所以，优秀的人才是找来的，不一定是招来的。回答完以上四个问题后，你还认为你真的重视人才吗？

如何招聘到合适的人才

那到底如何才能招到一个合适的人呢？你可以从两个方面入手：

第一，从事的方面入手。过去的行为可以预示未来的行为。我们要看应聘者在过去做了什么、怎么做的，也就是他在什么情况下、如何完成任务的。有一句话叫"在风口上猪都能飞起来"。有时候，一个销售能完成任务完全是时势所致，而不是能力所致。所以，我们要了解应聘者完成任务时的具体场景。这个问题的关注核心是：应聘者做了什么，他是如何做的，他是不是在用正确的方法做正确的事。

第二，从人的方面入手。我们要了解应聘者的行为，看他的行为和风格是否与我们相符，价值观是否与我们一致。你可以问一些问题进行试探，比如问应聘者父母的情况或生日，询问和他们联系的频率，为什么问这些问题呢？因为孝顺的人一般人品都不会太差。还可以问他兄弟姐妹的情况，看他是否关心兄弟姐妹，是否能和兄弟姐妹友好相处，因为这可能关乎他的人际交往能力；还可以问一问他在大学时是否参与过社团的活动、是否管理过社团，在学校是不是学生干部，这些问题的答案能帮助你了解他的管理、沟通能力和价值观。但是，千万不能随便问隐私问题。

另外，你不能在急用人的时候才开始找人和招人，招人或找人的方法也不能仅仅局限于面试。我借用通用电气前总裁杰克·韦尔奇的一句话："每见一个人，就是一次新的面试。"在工作和生活中，我们会见到很多人，这其中就有我们要去发掘的优秀人才。杰克·韦尔奇从踏入通用大门开始，就因为他的面试和录用方法而为世人所称道。

有一次杰克·韦尔奇的汽车在高速公路上抛锚了。他的车被拖到了当地的一家汽车修理厂，在那里他见到了德国机械师霍斯特·奥尔博斯特。奥尔博斯特到处搜寻各种零件为韦尔奇修车，工作态度极其认真。在这段时间里，两人建立了深厚友谊。韦尔奇被这位德国人干练、果断的性格打动，后来为他在通用电气安排了一份工作。一周后，奥尔博斯特成了通用电气的员工，一干就是35年，其间不断得到晋升。

这个故事体现了杰克·韦尔奇通过不同途径寻找人才的观点，用他自己的话就是："每见一个人，就是一次新的面试。"我在工作中常常会关注那些受客户赞赏的其他公司的销售，还有曾战胜过我团队销售的销售，以及其他部门有潜力的技术、服务人员，因为他们很可能就是我要找的人。为了招到一个合适的人、对的人，我们自己要增强内功，随时做好准备工作。

善用成功规划表，找到真正的人才

那么，如何通过制定成功规划表招聘到合适的人才呢？这需要我们明确两个问题：

- 第一，我们需要清楚，我们要招聘什么样的人才；
- 第二，知道怎么利用成功规划表，招聘到一个符合要求的人才。

我在惠普做管理工作时，公司给我们定的招聘目标是：积极寻找世界一流人才。为了实现这一目标，我们制定了招聘的五项原则。

- 第一，要最优的人。招最好的人才，比如智商高、学历高、能力强、工作效率高、学习效率高的人。

- 第二，要最适的人。要在最适合的岗位上招聘最适合的人。也就是说，我们在招聘时，不仅要考虑团队合作效率，还要考虑招聘的相对成本。

- 第三，宁缺毋滥。如果招聘不到高质量的人才，就宁可不招。

- 第四，少而精。如果没有把握招聘到高质量的人才，就宁可少招。

- 第五，招其所长。一定要让应聘者在面试时最大限度地发挥其特长；同时，也要发现其短处，以便不断提升他所欠缺的能力，使他全面发展。

这也是我们经常说的有效招聘：少花钱，找对人，出业绩。那怎么利用成功规划表招到合适的人才呢？

为了找对人，也就是招到一个好的、合适的人，我们自己要做一些准备工作。我们要去做工作分析，也就是描述需要招聘的岗位是什么，工作做什么、怎么做；还要强调工作的职责、要求，以及出色完成此项工作所需要的条件，如态度、知识、技能等。我们常说："如果你不是非常清楚你要找什么样的人，你是不会找到你想要的人的。"因此，我们在招聘销售时的准备工作就是对成功的销售进行画像，也就是学会做成功规划表。你可以参考表9-1制作成功规划表。

表 9-1　成功规划表

职位：		
预期结果		
短期预期		
中期预期		
长期预期		
特征		
要求	必备条件？	定义 / 识别

如表 9-1 所示，合格的成功规划表要有预期结果一栏，也就是你的明确目标。我们先要明确招聘的销售职位是什么，还要明确预期的结果是什么，也就是要知道这个岗位的成功标准。这个结果不是拍拍脑袋就能想出来的，需要一些量化指标，也就是设定表中的短期预期、中期预期和长期预期。制定这些指标，我们需要参考和审查这份工作的工作描述和前任员工的工作业绩评估记录，还要跟客户交谈，以了解客户对这个岗位的期望，同时还要与公司内部和外部的关键利益方、合作方交流，以了解他们对这个位置的期望。了解这些情

况后，我们才能设定短期、中期、长期三个预期，也就是三个目标。比如，短期目标可以是试用期的目标，中期目标可以是试用期后一年的目标，长期目标可以是 2～3 年的目标。设预期结果能让销售知道自己的发展方向。

成功规划表的特征一栏，意味着我们一定要有要求，这些要求还要提得具体，比如一些定量的技术特征或者一些定性的行为特征。你可以根据前文提及的优秀销售三大基石 ASK——态度、技能、知识，也可以参考大客户销售的三个层次，来提出要求。要认真填写对这个职位的要求。

在我们的成功规划表上要有预期结果。预期结果分短期、中期和长期，最好附有量化的指标，以明确结果。下面要有特征，也就是有要求。我们的要求是什么？这些要求是不是必备的？如果是必备的要求，要在必备条件栏打钩。我们定义和识别这些要求的标准，也就是界定销售是否符合这些要求的标准。需要注意，这张表中最难写的就是"定义/识别"，即怎么判断销售是否符合要求。我们平时招聘时说得最多的就是要求，但是在定义和识别上往往又没有一个标准。当这些定义和识别没有标准的时候，别人是不会明白你的具体要求是什么的。

你可以要求销售积极向上，但是如何判定应聘者是否积极向上呢？即在"定义/识别"那一栏怎么写呢？你可能会说："积极向上就是他有自己的小目标，然后去逐步实现。"但是这并不明确具体。那怎样才算是明确呢？再比如你想要能稳定工作的人，你怎么定义和识别应聘的人是否能稳定工作？你可以把稳定定义为：已结婚成家或已买房。

招聘销售时你可以提不少要求：要有利他之心，要以客户为中心，勤奋好学，沟通能力强，抗压能力强……但是这些要求提出来以后，怎么去定义、识别？你怎么去判断谁符合，谁不符合？我们在做成功规划的时候，一定要写明如何定义、识别这些要求。想要更好地去识别，你要多问应聘者几个问题，比如："最近在学什么课程？在看什么书？有什么学习计划？"通过这些问题你能看出他是否勤奋好学。你可以通过"寻问",观察他的回答思路是否清晰、表达是否清楚,他本人是否善于总结,以此来判断他的沟通能力。如果不好设定定义和识别的标准,可以提前设计问题,或者让对方举例说明,通过提问和案例来判断。

我们喜欢在招聘时提要求,却无法给这个要求定标准。有了定义和识别的成功规划表,才算是完整的成功规划表。这张表做好了以后,可以方便我们招人,还可以让招聘者很直观地明白我们具体有什么要求、自己是否符合要求。

表9-2是某位同学做的招聘区域销售经理的成功规划表。

这位同学想招的是区域销售经理。你可以看到他的时间规划是非常明确的,短期是1~3个月,这是试用期;中期是3~12个月;长期是1~3年。在这三段时间里,他都对应聘者提有明确的任务、目标和要求。

值得借鉴的是,在特征方面,他提出了不同的要求,并给必备要求做了标注,也有明确的定义和识别标准。比如,在业务能力方面,他要求的技能和执行力体现在成功和困难的案例上;在学习能力方面,他在要求有学习习惯、能快速接受新事物的基础上,设定了有关读书和培训的问题;在抗压能力方面,他设定要通过提问和举例来了解应聘者的抗压能力及精力情况。你可以参照这个成功规划表,规划自己的成功规划表。要注意,如果不会写"定义/识别",可以采用提问和举例的方式进行判断。你在看这张成功规划表时,是否发现了问题?这张表的问题是,必备条件太多了,所以这家公司很难招到人。什么是必备条件?必备条件是必须满足的条件,就是应聘者若不满足就会被放弃。所以选必备条件应该慎重,这张表要调整和减少必备条件。

成功规划表对招聘来说是非常有用的。市场是在不断变化的,人员素质的各个方面也是在不断发展的,我们应该不断优化员工画像、更新成功规划表,以便招到更合适的人。

表 9-2　某同学做的成功规划表

职位：区域销售经理（新进入的某区域市场）

	预期结果
短期预期 （1~3个月）	1. 薪酬结构：底薪+提成 2. 任务目标：完成100家客户信息收集+20家客户关系建立+10万元销售任务（举例） 3. 熟悉公司及企业文化、学习公司管理制度、熟悉公司业务流程及管理流程 4. 熟悉公司产品及公司产品优、劣势；熟悉同区域内竞争对手及对手产品的优、劣势 5. 收集区域内客户信息及拜访客户，熟悉现有或潜在客户情况及客户使用竞争对手产品的情况 6. 处理日常销售相关事务并产生一定结果，学习业务应对方法以及全业务处理流程，锻炼业务应对能力
中期预期 （3~12个月）	1. 薪酬结构：底薪+提成+奖金 2. 任务目标：完成200家客户信息收集+50家客户关系建立+10家深度客户关系确立+100万元销售任务 3. 适应企业文化、认同公司管理、了解公司未来发展方向、明确个人发展定位及目标 4. 了解全国范围内的竞争对手，明晰对手发展计划或趋势，预判是否可能在本区域出现新的竞争对手 5. 进行客户评审分级，维护公司当前核心客户，提前与潜在的重要客户建立关系，深入了解客户业务 6. 拓展本区域业务规模，半年内建立销售小组，开始进行小组管理及制订短期发展计划，开展小组人员培训
长期预期 （1~3年）	1. 薪酬结构：底薪+提成+奖金+激励 2. 任务目标：带领团队完成任务目标、维护关键客户关系、定制解决方案并拓展新的市场机会 3. 制订本区域发展计划及人员规划，优化销售团队管理制度、招揽优秀人才、进行人员激励 4. 维护企业形象及品牌形象，强化售前、售中、售后服务，在客户、潜在客户及竞争对手前树立良好形象 5. 参与公司大市场长期战略讨论及发展计划的制订；有机会参与公司区域合伙人计划，享受合伙人分红机制

续表

要求	特征	
	必备条件	定义/识别
行业经验	√	行业经验5年以上
岗位经验	√	销售岗位3年以上
学历及专业		默认本科以上，可以特例特议
业务能力	√	具备优秀的基本技能及执行力 提问最成功案例、最困难案例等
学习能力	√	有学习习惯、能快速接受新事物 怎么安排时间？读了哪些书？是否参加过培训？
洞察能力	√	注重细节、善于发现及分析总结 举例
抗压能力	√	有面对高强度、高压力工作的经历 提问，举例
管理经验	√	有经验优先，受过培训 提问
主动性	√	爱岗敬业、积极主动、力争上游 提问、举例
灵活性	√	需长期驻外或在区域内流动出差 提问
品性	√	具有良好个人品性、言而有信 举例
背景调查	√	经历背景调查，真实可信
工作稳定性		是否结婚？是否本市购房？
沟通能力		逻辑清晰、善于总结、吐字清晰、会倾听

准备 FAIR 问题，科学面试

我们知道，面试对于招聘而言非常重要，所以你需要对面试官进行培训。

惠普除要对面试官进行人员招聘与录用的内部培训之外，还会请国外专家做行为面试法（Behavioral Based Interviewing）的培训。给我留下最深印象的是：问问题。

惠普公司很重视面试，为此制定了一项基本原则和三项指南。基本原则是：应聘者过去在类似工作中的表现或行为是预测其未来表现的唯一可靠证据。三项指南包括：

1. 面试官在提问构思上要的是有行为基础的回答；
2. 面试官的提问应针对的是应聘者履行其主要工作职责的能力的实证；
3. 面试官必须把判断建立在观察到的事实上，而不仅仅是建立在感觉或印象上。

没有接受过面试培训的人，很难问出有效的问题，他们的问题也很难达到预期效果。这里不妨回忆一下，你在面试的时候都会问候选人哪些问题？当时是怎么问的？后来评估效果怎么样？在面试的时候，我们要学会问有效的问题。那什么是有效的问题？怎么按照上述三项指南来做？我接受的培训告诉我，要学会问 FAIR 的问题。

FAIR 一词本身的意思是公平的、合理的、公正的，但在这里其实指 4 个英文单词的字头组合，F 是英语单词 Factual 的首字母，表示真实的、实际的、事实的；A 是英语单词 Action 的首字母，表示动作、行动；I 是英语单词 Insight 的首字母，表示洞察力、洞悉；R 是英语单词 Result 的首字母，表示结果、答案。

- 第一是 F，指在面试中一定要问实际的、真实的问题，不要问虚的问题，你要通过事实了解应聘者曾经在工作中遇到的情况。比如，你可以问："在工作中，有没有哪一件事是你不得不做的？""哪个项目是你认为做得最成功的？"这些是真实的问题。不要问他："销售应该具备什么素质？什么叫成功？"这种问题太虚。

- 第二是A，指你要问关于行动的问题，通过行动了解他们是如何工作的。比如问他："你是怎么做这件事情的？"

- 第三是I，指你在面试中一定要问细节，也就是"由表及里"。因为细节是用来跟踪和澄清的，是证明他说话真实度的有力证据。你可以问他："你曾经遇到的最棘手的问题是什么？你是如何解决的？具体怎么做的？"这里需要注意，一定要问具体是怎么做的，从细节中了解真实情况。

- 第四是R，指你要问结果。你可以这样问："你这样做后，结果怎么样？你从中学到了什么？悟到了什么？"

另外，还有一种类似的提问方式，叫SBO，是三个英文单词Situation、Behavior、Outcome的缩写，也就是场景、具体的行为和行为的结果。S是场景，让应聘者介绍事件发生的场景，让他描述是什么事情引起了他的注意，让他想要做好这件事。B是具体行为，让应聘者介绍具体的行为，比如问他："当时做得最有效的一件事是什么？"O是行为的结果，让应聘者介绍这个行为带来的结果。你可以让他描述：是否拿到了这个项目，他的客户如何评价他。

我在招聘大客户销售的时候，面试过一位国内著名企业的销售。她毕业于北京大学，有一定的大客户销售经验。看完她的简历，我没有去问那些太宽泛的问题，而是直接问她："在你的销售工作中，哪一个项目是你认为做得最成功的？"因为我看到她在简历中写有一个自认为做得非常成功的新疆项目。她说："新疆的项目。"我继续问："那你具体做了什么？"她就开始给我介绍自己做了哪些工作，还特别强调客户是个国企、领导很有权威等。

接下来我就问得更具体了:"领导姓什么?叫什么?"当得到正确答案后,我点了点头——因为我认识这位领导。我接着问:"那你是怎么认识这位领导的?"她给我描述了认识领导的过程,讲得很具体。她讲到:当时打电话给领导,领导不接;当她从秘书那里得知领导要去北京开会时,就马上创造机会在首都机场和领导见面。她说得越具体、越兴奋,你就越能判断真实性。

我又问:"那接下来你又做了什么?"她说,因为要跟领导建立信任关系,就去新疆拜访了领导。在跟领导建立信任关系以后,又跟其他人员建立了信任关系。我通过这些问题,对她有了更多的了解。最后,我问:"结果怎么样?你从中学到了什么?"她说:"最后我们中标了,赢得了这个大项目,我从中学到了……"

我在面试中是按照 FAIR 方法问问题的:首先,问具体的、真实的问题;其次,问她的行动;再次,问细节;最后,问结果和学到了什么。这样问,你就可以了解更真实的情况,也符合我们刚刚说的 SBO 原则。

在问 FAIR 问题时,特别是关乎具体行动时,你可以问:"你在哪方面最成功,在哪方面最失败?""你最难忘的事是什么?""你最近一次做的给自己留下深刻印象的事是什么?"如果他回答的场景、行为和结果都类似的话,就基本可以证明他在说实话,他行事风格就应是如此。记住,过去在同样或类似工作中的表现或者行为,是预测候选人未来表现的可靠证据。

我们在面试中除了要问可以帮助我们达成预期结果的有效问题,还要尽量避免问一些无效的问题。哪些问题算是无效的问题呢?主要有以下四类。

- 第一,过于开放的问题。如果你问的问题过于开放,就很可能无法从对方的回答中判断真实性。这种问题无法帮助你预测候选人的工作表现,也很容易让局面失控。比如问:"你喜欢销售人员的哪些方面？""你过去做过什么？你喜欢做什么？"这些问题都过于开放，无法帮你判断应聘者是否真心如此。如果你问了这些问题，那补救措施就是补充上这些话语："请你举一个最成功的案例。""举一段你最自豪/最失败的工作经历。"

- 第二，理论式的问题。过于理论式的问题，都是有类似的标准答案的。比如："大客户销售应该做什么？优秀销售的素质是什么？"这时候，补救的措施也是接着问具体的事情，问他当时是怎么做的、是什么时间做的、之后又做了什么。

- 第三，引导式的问题。引导式的问题会引导应聘者回答出你想要的答案，但这样的答案往往与事实不符。比如问："这件事你一定是通过找高层管理者才解决的吧？"他可能真的会顺着你的引导回答说："是通过找高层管理者做成的。"想补救的话就要接着问他："具体是怎么做的？"

- 第四，限制式的问题。限制式的问题只能得到"是"或"否"的回答，应聘者只能在你给的范围中进行选择，他能提供的信息很有限。比如问他："你是否有行业的销售经验？"他回答"是"或者"否"，你都没有得到任何帮助性信息。你可以在他回答"是"后继续问他："有什么经验？在哪一方面有经验？"

如果你问了无效问题，可以用跟踪和澄清的方式补救，要继续追问下去，即"往下问三层"——深挖才能得到真实的答案。无效问题分类表见表9-3。

在培训时，大家经常还会问我："面试销售时怎么问应聘者，才能知道他是不是以客户为中心？才能确定他的道德和价值观如何？"由此可见，大家把销售的价值观看得非常重。在判断他是否以客户为中心的问题上，你可以问:"告诉我一次客户让你不高兴的经历,你又是如何处理的?"或者说:"给我一个具体的例子,在这个例子里你前所未有地满足了某个特定的客户。"在道德与价值观方面,你可以问:"举一个你曾经被迫销售你自己都不相信的产品的例子。"或者问:"说一件你曾经为了自己的信念而挺身而出的事。"通过这样的提问,你可以对他的态度有进一步的了解,而且这种问题也是符合 FAIR 或 SBO 原则的。你若想提高识人和面试水平,我向你推荐湛庐的一本新书——《如何对付像马一样大的鸭子》,是畅销书《无价》的作者威廉·庞德斯通(William Poundstone)的全新力作。此书"否定"了我学过的行为面试法,提出了许多新见解,我还给此书写了推荐序。

表 9-3 无效问题分类表

类型	示例	补救措施
开放式问题 · 你会失去对局面的控制 · 回答无助于预测成功	你喜欢销售人员的哪些方面? 你过去做过什么? 你喜欢做什么?	确保只有一个答案 · 什么值得你自豪? · 最成功的案例?
理论式问题 · 要求理论式的回答 · 导致回答千篇一律	你会怎么做? 销售人员最重要的素质是什么?	用过去式 你都做了什么? 什么时间做的?
引导式问题 · 你只能获得自己想要的答案 · 导致回答与事实不符	当然,你们肯定已经向董事会成员进行演示了吧?	不要做假设 · 你怎么做的?
限制式问题 · 只能回答"是"或"否" · 提供的信息有限	你是否拥有在银行业市场销售的经验?	要澄清与跟踪

> **像销售领袖一样思考**
>
> - 对于一个销售团队的管理者来说,你不只是要通过招聘来做人才储备,还要通过招人这个过程,去了解市场、了解对手、学习行业知识、增强行业经验。
>
> - 优秀的销售往往不是培养出来的,他们往往从一开始就是好苗子,培养不过是浇水、施肥、除草的过程。
>
> - 不能在急用人的时候才开始找人和招人,而且,招人或找人的方法不能仅仅局限于面试。
>
> - 成功规划表对我们招聘来说是非常有用的。市场是在不断变化的,人员素质的各个方面也是在不断发展的,我们应该不断优化员工画像、更新成功规划表,以便招到更好的人。

/ 第10章 /

员工辅导,
员工需要教练,而非指令

你日常是如何管理销售团队的？你习惯用指令式的管理，还是用教练式的管理呢？

福特汽车公司的创始人亨利·福特说过这么一句话："我只希望我的员工带着他们的手来，可他们偏偏还有脑子。"这句话在20世纪可能有一定的时代背景。但随着时代和管理理念的发展和进化，这种指令式的管理，已经完全不适用于年轻人了。要成为一个好的销售团队经理，你一定得是一个好的教练。

本章主要围绕两方面的问题展开探讨：

- 第一，什么是教练？为什么教练式领导这么重要？
- 第二，作为一个团队领导，如何有效地辅导员工？

带兵要带心，教练式辅导的五项价值

这里所说的"教练"是上级在工作中向下属提供他们自我发展和提高绩效

所需的技能、知识和工具的过程，是释放员工的潜能以最大化他们的业绩。"教练精神"是协助员工学习而不是教导；教练侧重于未来的发展机会而不是批评过去的错误；教练不是取消员工的行动责任而是提供支援。人的潜能很大，你需要把员工的潜能释放出来，这也是最难做到的事。你不能指望员工完全按照你的指令做事，那是机械化的管理方式。

为什么"教练式领导"这么重要？我们常说，带兵要带心。京东在管理上就有"721原则"，指的是在日常工作中，管理者要把70%的时间放在内部沟通上，也就是用来和下属沟通；20%的时间用来和平级沟通；10%的时间用来和上级沟通。管理者不应该只重视与上级的沟通，要多和团队以及协同部门沟通，来保证业务的执行、促进和协同发展。

当你去给员工做辅导、当教练的时候，公司层面会从以下两方面受益。

- 第一，迅速提高员工的效能。

    图10-1表示教练式辅导为员工效能带来的改变。在没有接受辅导之前，他的效能体现为图中的斜虚线，也就是比较平缓的那条线；但在接受辅导之后，他的效能便能体现为图中的实线，是一条比较陡的斜线，代表他会快速达到你的要求。辅导带来的效能改变在图10-1中一目了然。

- 第二，帮助公司发现人才、留住人才、提高员工满意度。

    在辅导、教练不同员工的过程中，你就能知道谁更能干、谁更有潜能，在了解员工差异的同时，找到重点培养和提拔的对象。这可以增进你和员工之间的交流，帮助你和员工建立信任关系，还能使你及时发现问题、解决问题，更好地保留人才。如果员工有了受尊重的感觉，他的满意度也会得到提高。

效能提高，加速过度

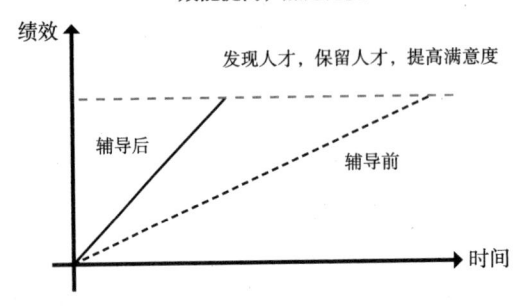

绩效

发现人才，保留人才，提高满意度

辅导后

辅导前

时间

图 10-1　员工辅导（教练）带来的改变

另外，对于你个人而言，你也会从辅导、教练员工的过程中获得很大收益。

- 第一，你在接触销售的时候，可以从他们身上学到很多东西，获得客户、市场、竞争对手等一线的信息。你还能从年轻的员工身上，学到当前的时尚潮流，了解新一代员工的真实状态和想法。

- 第二，做得好、有效果的辅导教练会扩大你在组织内部的影响力，能让你获得更多的尊重，你的声誉也会得到相应提升。

- 第三，你在做教练的准备工作时，对自己也实现了个人知识管理。做教练，需准备、学习、做信息转化，并整理反思和总结，在这个过程中，你的认知也会得到不断提升。

常见但不简单，教练式辅导的七项原则

既然教练、辅导工作如此重要，那我们来看看第二个问题：作为一个团队管理者，如何有效地辅导员工？

教练或者说辅导，是帮助行为，它是一种常见的但并不简单的行为，要遵

循有效帮助的七项原则。

- 原则一：有效的帮助源于双方的自愿。就是说你想帮助的人，也愿意让你帮助和辅导，双方是自愿的，不是强迫的、命令的。建议你在提供、给予帮助之前，问一问对方的意愿。相关人员也要进一步了解自己提供帮助或者接受帮助时的动机是什么。如果你的帮助没有被对方接受，也不要觉得被冒犯。

- 原则二：有效帮助源于双方的平等感。你要学会营造好的、开放的气氛，让大家有平等的感觉，切忌居高临下地提供帮助。不要过度地关注自己，要把受助者的需求放在第一位。

- 原则三：有效的帮助源于施助者正确的角色定位。一定要注意你自己的角色定位，不能出于同情、可怜而去提供帮助；也不能因为他业绩不好或犯了错，所以去救他一把。这种好像富人赏给穷人一块面包那样的帮助，是不可行的。帮助前也要做一些调查，不要自认为某种帮助的形式就是对方需要的。

- 原则四：注意言行。你的所言所行都是影响未来人际关系的要素，你要注意说话的方式，包括语气语调。说话时要尽量客观地去描述，把判断的成分降到最低，把不合时宜的鼓励降到最低。

- 原则五：有效帮助源于纯粹性询问。面对你的员工，你是抱着学习的心态，还是评判的心态？不管对方的求助有多么明确，你在做出反应之前，务必都要停下来思考几秒，然后决定以何种方式做出回应。不管对方的求助多么常见，你都要表现出像从未听过那样充满兴趣，而不能说"这不是太简单了吗""这不是常出现的事吗"。

- 原则六：谁有问题，谁就是求助者。求助者和施助者的角色是可以互换的，即存在翻转师徒制，我们要相互学习。

- 原则七：你永远都找不到全部答案，不要作假设，也不要下结论。你要学会与别人分担你的问题，比如在发现自己也不知道这事怎么做的时候，你可以示弱说："这个问题真的把我难住了，我不知道接下来该怎么帮助你。你看这样，我们共同探讨、一起寻找答案如何？"

过去招聘，大多数情况下管理者都想要招一个听话的员工。当然，现在依然有些管理者要招"听话"的员工。但是，这个年代，去哪找一个又听话、又能干的员工？能干的人很多，但是他们很难做到百依百顺听你的话，他们有思想、有知识，他们会想："你说的就对吗？为什么要这样做？"有不同观点时，他们一定会提出来。新一代的年轻人，大部分都具有批判性思维。所以，如果你作为一个管理者，依旧用指令式的管理方式来领导团队的话，可能就已经落伍了，离失败也不远了。我在给企业做培训和辅导的时候，见过气氛融洽、积极向上的企业，也见过气氛压抑、等级森严、层层下指令的企业。有的企业，下班了老板不走，员工也不敢走，员工即使没事干，宁可打游戏也不会走，他们怕老板炒了自己，因为老板喜欢加班的文化。如果你正在学习怎么成为一个卓有成效的管理者，希望你能通过对教练式领导的定义和有效辅导原则的讲解，得到管理实践上的启发。说到教练，不知你是否听说过"比尔·坎贝尔"（Bill Campbell）的名字，他硅谷传奇的CEO教练，谷歌的前CEO埃里克·施密特写了一本书《成就》（Trillion Dollar Coach），其中讲到的亿万美元教练就是指他。坎贝尔是乔布斯、库克、贝佐斯、施密特等人的教练。坎贝尔生前一直保持低调，几乎不接受媒体采访，也很少发表公开演说。《财富》杂志这样评价他：硅谷之所以成为硅谷，其最大的秘密既不是某个硬件，也不是某个软件，当然更不会是某个产品，而是拥有坎贝尔这个人。他是硅谷奇迹的幕后英雄，帮助苹果、谷歌、亚马逊等公司创造了超过万亿美元的市值。"优秀管理者成就自己，卓越管理者成就他人。"从他的故事你可以看到教练的力量和作用，希望你成为这样的卓越管理者。

在这个互联网公司遍布、创意型企业不断涌现、管理不断升级的时代，我们更需要知道教练式领导的重要性以及有效辅导员工要遵守的原则。想做教练的话，你还需要参照 GROW 模型，它是我们做教练、做辅导一定要学的一个模型，有了它你才能知道怎样去辅导和教练你的员工。我们可以通过两个问题来学习这个模型：

- 第一，GROW 模型是什么？
- 第二，我们应该选择辅导哪些员工？

GROW 一词的原意是成长、发展，在这里，GROW 模型是指 4 个英文词组的首字母组合，它意在帮助员工成长。你的每一次教练辅导都应采用这个模型，以便与员工共同面对问题、解决问题，帮助他们提升责任感和自信心。

- G 代表英语词组 Goal Setting，指的是要构建明确的目标。设定目标很重要。

- R 代表英语词组 Reality Check，指的是要分析真实的现状，获得针对当前情况的明确反馈信息。比如，针对目前遇到的业务难题，你可以和下属一起探讨，他谈完自己观察到的事物后，你再接着描述自己观察到的事物，之后两人可以共同分析问题、探讨原因。

- O 代表英语单词 Options，指的是寻找解决方案。你要关注现在已有的答案，并评估潜在的、已有的选择。辅导者和被辅导者要共同去找解决方案，将所有的选项、解决方案都列举出后，再去做充分的交流。

- W 代表英语词组 Way Forward，指的是制订行动计划和评审时间。W 也可以视作单词 Will 的缩写，翻译过来是"意愿"，指的是你和员工要共同确定最值得做的选择，并且一起制订行动计划。这一过程一定是建立在双方都同意的基础上的，而且这个行动最好能落实到书面上。

原则上，教练是只能提问、不能给答案的，因为这样才能启发和释放对方的潜能，让对方说出答案。同时，不要忘记在对方给出答案后加以赞赏。这个GROW模型是教练的必备工具。另外，在做辅导时，也需要刻意练习以提升自己的教练能力。

在使用GROW模型时，有几个注意事项：

- 第一，一定要建立起与员工的信任感，你要创造一个安全的、相互支持的环境，这样才可以带给双方持久的相互信任和尊重；
- 第二，要学会感知当下，清醒地观察；
- 第三，要学会积极地聆听；
- 第四，要学会强有力地发问，提出的问题要揭示必要信息和最大利益，而且要会提出挑战式的问题；
- 第五，要会直接交流，不兜圈子，语言要简明、精准；
- 第六，要创造觉察，即要能有效地整合和评估多种的信息来源，并且帮助对方获得觉察，从而实现约定的目标和成果。

如果我们要辅导员工，或者说辅导销售，那么应该如何选择被辅导者呢？你可以对照图10-2的辅导对象分类来理解应辅导的人群。在图10-2中，横坐标代表的是意愿，纵坐标代表的是能力。要衡量一个人在不在你的辅导范围之内，首先要看他的态度，也就是他的意愿，再看他的能力。如果他根本就不想干，也干不了，那我们只能考虑换掉他，他也就不在你的辅导范围内了。还有一些人，虽然他的能力很强，但是态度不行，这些人也不在你的辅导范围内，你辅导不了他们，因为价值观不一样的人谈不到一块儿去——这些人即便可以任用，也只是暂时的。面对这类员工，你的管理方式可以是"胡萝卜加大棒"。

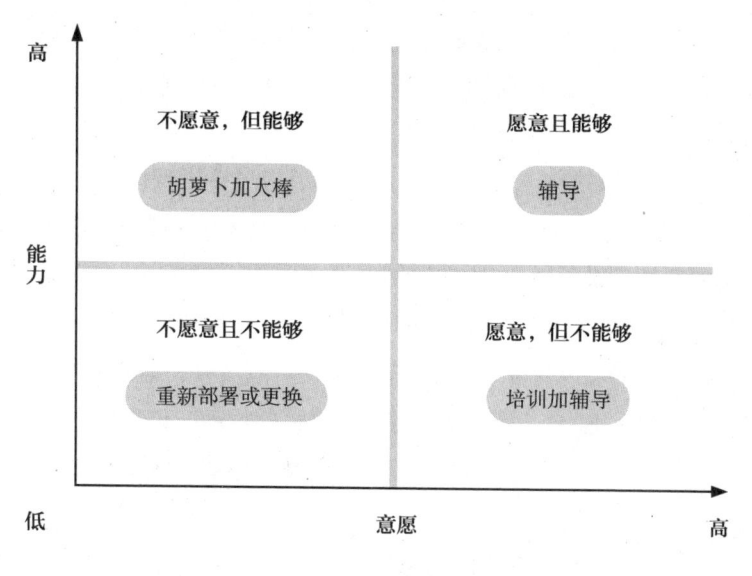

图 10-2 辅导对象分类

有两类人需要你去辅导和教练：一类是态度和意愿都很好，但是能力目前还不够的人；另一类是能力和意愿都很强的人。也就是说，我们真正要辅导的是图 10-3 中所展示的中间 60% 的员工。处在最右端的 20%，他们有正确的知识、技能和态度，他们本身就会做得很好。我们应该逐渐淘汰和更换最左端的 20%。

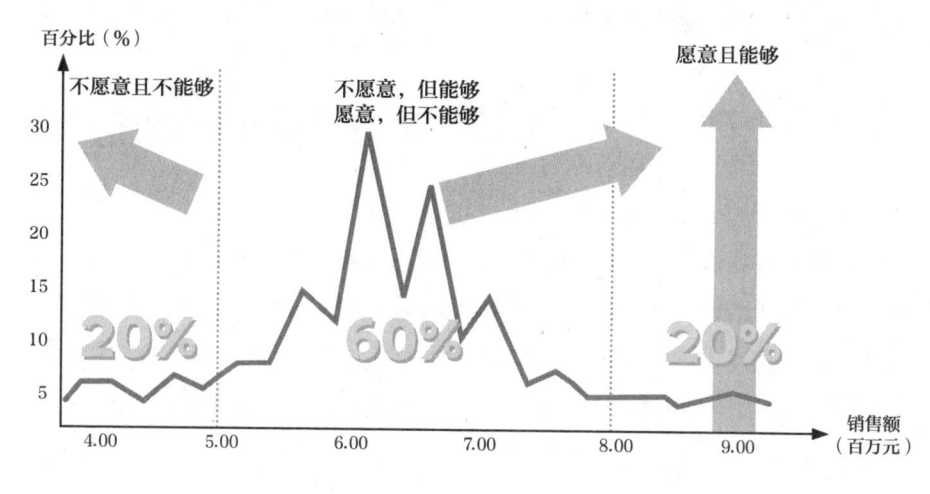

图 10-3 销售结果分布

第 10 章 员工辅导，员工需要教练，而非指令　　199

我们要去发现，中间的这 60% 和右侧的 20%，他们之间的差别在什么地方，努力把这 60% 带到优秀的方向上去。我们要做的，就是在这个移动和过渡的过程中，对员工加以教练和辅导。

你也可以从态度、知识和技能三个方面为销售做一张现场评测工具表。在态度方面，我们可以通过员工的积极性、个人仪表、对培训发展的态度、对经理的态度、对公司的态度、乐观程度、持续努力工作的能力等，来进行评测。在知识方面，我们可以向员工提出关于公司制度及流程、销售及营销目标、产品、产品的应用、地域、潜在客户、竞争对手的行动、销售原则及技巧等问题，以此进行评测。在技能方面，我们可以考察销售是否有行业的计划、客户的计划和区域的销售计划；他是否为每一次的走访、拜访设定目标；他如何与客户开启销售讨论、确认客户的需求；他如何将事实和特征转变为购买者的利益，即是否会用 FABE 法则；他如何提出有条理的方案，即他会不会用视觉等辅助手段来进行必要的展示；他是否会走访新的潜在客户、去拓展新的业务；他是否会在访问中做记录，是否能给出正确的报价，是否能以积极姿态结束销售讨论，是否能应对反对意见和顾虑，等等。

你可以把对这三方面的要求制成表格，用于给销售进行日常和现场的评测。你也可以按照你的习惯来打分，找出销售的短板，并加以现场辅导。

七个行为，客户拜访现场辅导的有效结构

在学习了员工辅导的相关概念、方法和原则后，就不得不提实际销售过程中最常用的现场辅导了。你在做客户拜访的现场辅导时，会不会用一个相对固定的方法或者结构呢？有效的客户拜访现场辅导确实需要一个结构，它属于专业性工作。我习惯按照"三个阶段"和"七个行为"来进行员工现场辅导工作。"三个阶段"具体是指客户拜访前、拜访中和拜访后这三个阶段。"七个行为"则应具体结合三个阶段进行理解。

在客户拜访前——也就是第一阶段——你如果要带着销售去见客户并做现场指导的话，必须要做这三个行为：选择、计划和回顾。

第一个行为：选择，指你应该和销售共同去选择一个合适的客户。"共同选择"指这个客户应由你们双方来商定，不能由你或者销售单方指定。那什么叫合适的客户呢？适合做现场辅导的客户应该具有代表性，是典型案例中会经常出现的那种类型的客户。销售可以在拜访这个客户的过程中有所学习、有所感悟，并能在日后做到举一反三。你不能随便找一个你熟悉的客户做样子。找熟人客户用来做辅导没有代表性，还会让销售有疑问："这个人跟你很熟，所以你俩聊得不错。跟我又不熟，他能跟我聊？"当然，你也不能让销售找一个难对付的客户来挑战和考验你。我曾被销售带去见某个客户，客户说："欢迎您，总算把您等来了。您的销售说了这个价格需要您来定，您可以拍板。"但我事前并不知情。这就是我说的销售给你出难题了，出现了考验你的情况。你一定要记住，这次拜访的目的是一次现场辅导，要达到辅导的效果。

第二个行为：计划，指在拜访前，你应该先检查一下销售是否做了拜访计划。这个计划应该包括时间、地点、具体议程、客户的背景资料、我们的方案以及相关的案例等。你还要跟销售明确这次拜访的目的，目的可以是做个交流、赢得一个项目、消除客户的顾虑等，不要让销售稀里糊涂地就去了。你还要跟他明确，这次客户拜访具体要辅导哪些主要的技能，比如辅导他怎么开场、怎么"寻问"，或者怎么说服、怎么结束等。你还要跟他确定一下拜访中的角色安排，比如：谁是主角，谁是配角，每部分由谁来负责介绍，如何做角色转换，拜访后的辅导时间和地点的安排，在哪里做回顾和小结。这些都应提前计划。最后再检查一下清单。做清单是一项非常重要技能。有清单后我们就可以明确很多事，它能够保证我们做计划时考虑周全、没有遗漏，也方便我们今后做检查和复盘。前文提到过的《清单革命》有更详细的介绍。

第三个行为：回顾，指在客户拜访前要进行回顾。具体回顾什么呢？回顾一下拜访计划。如果你准备好了文字版的计划，就检查一下是否已随身携带；

再检查一下清单。你问销售："你准备了吗？"他说："准备了。"你说"OK"后就不再确认——这样，是很容易出错的。就算他说他准备了，你还是要去检查一下，因为这样做更加负责、更加靠谱。你还要对需要辅导的技能，进行一些指导或者示范。示范时要注意两点：一是角色示范，就是我做你看，然后你做我看，要给销售提供模仿的机会，让他通过观察你来学习，让他知道怎么做；二是要注意在示范中的指导行为，示范后要授权，给销售自己练习的机会，而且要多给赞赏型的反馈。总结下来，示范有16字诀，就是："我说你听，你说我听，我做你看，你做我看。"

接下来，我们进入客户拜访的现场，也就是第二阶段。

第四个行为：授权，就是要给销售表现和锻炼的机会。你一定记住现在是现场指导环节。你不能因为自己是管理者，就霸占着客户，让销售坐在旁边没事干。你应该找机会把话题转给销售，让他有机会接触客户，让他直接面对客户、回答客户的问题。你可以说："这个问题小李回答一下吧……你来介绍一下这个服务……你来谈谈我们的案例……"你要记住，在你辅导之后，这个客户是归销售来管理的，不是你需要管理和维护的对象。

第五个行为：不直接说"不"。这个行为很重要，一定要做到。如果你的销售表现不够好、阐述观点不太明确，或者有其他什么问题的时候，你不要马上当面纠正错误，因为这样会打击和挫伤销售的积极性。你可以说"我补充一下"或者"我换一种方式来解释"，一定不要当面批评、纠正销售的错误。特别要注意：一定要给销售留面子，不能当着客户的面打击他。如果你纠正了下属一个错误，就失去了一次指导他的机会。

第六个行为：展现技能。既然是现场辅导，就要展现出你的技能，至少要在本次拜访中展现一次需要销售提升的技能。展示可以由销售来完成，也可以由你进行示范。同时，你要注意对销售现场的表现进行记录，记录包括销售的表现、谈话内容、言行和过程。适当地做一些记录，有利于后续的辅导。

第七个行为：拜访后的总结。现场辅导的第七个行为，是在拜访后的阶段——第三阶段进行的。这个总结不要过于快速和简单，你们应该找一个安静的地方坐下来，做一次深入交流。你应该先让销售做回顾总结，整体来评估一下自己今天拜访做得怎么样，哪些方面做得好，今后要注意哪些。销售总结后，你再根据现场的记录给予反馈，要避免主观评论，要作为一个客观的观察者给予反馈。我建议用"三明治"的方法进行反馈，就是在总结反馈时采用表扬—分析—再表扬的方法。先表扬他做得好的地方，再帮着分析他有什么问题，最后再进行表扬和鼓励。你要注意，这种方法不适合辅导老销售，因为他可能会觉得这个过于套路，对老销售做直接反馈就行。反馈后，对后续的行动要形成文字版的行动计划，以便进行跟踪。

这样，一个完美的现场辅导就完成了。

我再多谈些具体的做法。在回顾总结的时候要注意一定先从拜访现场的实际经历谈起，比如："你今天这个方面做得很好，你当时的介绍是……这个效果非常好。"要注意，一定要说具体行为。表扬后再看看有什么问题，总结一下有效的行为和最佳的实践。在总结的时候，要注意引发反思，包括销售的反思和双方的反思。讲话时一定要谈具体行为，不要谈想法；因为想法是主观的，行为是具体的、看得见的、感受得到的。比如刚才见客户时，我们做了什么，引发了客户什么表情或什么动作，这些都是看得见的。如果客户让我们演示一下产品，但是我们因为没有准备好，没能在现场连接上电脑；或者原定只有一位客户，结果到现场发现有好几位客户。这时候，我们要紧急应变。

有一年，我带着一位销售去见某位重要的领导，计划以此做一次现场辅导。我在跟领导谈话的时候，销售只是坐着听，没有做任何的记录；而我则在和领导的交流中，一直在做笔记。销售这样怎么能记住领导所讲的内容呢？但我并没有当场纠正和提醒他。等到拜访结束以后，我们找了个地方开始回顾总结。他回顾后，我就开始问他："刚才领导谈的内容你都记住了吗？那你能不能说说，领导谈的几个重点是什么？

未来发展是什么?"他因为没有记录,所以没说全,也没说完整。但是我没有批评他,只是做了补充后再问他:"看来做一下记录是很有必要的吧?因为你没有那么好的记忆力。记笔记也是聆听的一种技巧,可以让客户感受到你在倾听。要做一个靠谱的销售,就应该做到事事有着落,你说对吗?"

总结应如上例那样。销售经理如果带着销售见完客户,就接着去忙别的事情,就无法达到现场辅导的目的和效果。

客户拜访中,要记住,一定要给销售表现、锻炼的机会,不要当面批评,也要有技能的展现。客户拜访结束后,要和销售共同总结反馈,并跟进后续的行动。

职业自立,帮助员工制订发展计划

员工的个人发展计划可以围绕三个方面展开探讨:

- 第一,怎么制订员工的发展目标;
- 第二,作为销售管理者,你要承担员工发展的哪些责任;
- 第三,如何制订员工的个人发展计划。

先来看第一个方面。我们常说,每位管理者都有一项非常重要的任务,就是发展员工。员工到你这儿来不只是为了干活和挣工资的,他还想有发展、有进步。员工有发展,你的业务才能做得更好。

惠普曾给员工制订的发展目标是:职业自立。

惠普自成立以来,就一直以"以人为本"和"重视人才发展"而著称。在20世纪60年代,惠普做过这样一个现在来看依然让人叹为观止的广告。那个广告完成于1962年，广告主图是一张黑白照片，照片上是一位身穿白衬衫、打着深色领带的工程师，他周围放着各种电子仪器；他本人身体稍稍向前倾，聚精会神地盯着右侧的一个显示器屏幕。旁边写有一句广告语："您希望在独立创业之前获得更多的经验吗？"广告的正文是："惠普公司将带您走上创业之路。"还配有特别说明："从来没有人希望从本公司离职！作为惠普公司的研发工程师，您不但可以开发适销的产品，还可以在研发、试运行、制造和产品上市过程中尽情发挥自己的聪明才智。您有机会全面了解公司运营，成为经验丰富的工程师和企业家。"

这则广告在当时算是非常超前的。硅谷当时有许多忙于控诉员工不断跳槽和辞职创业行为的公司，而惠普却打出这份帮助个人成功的广告，以吸引日后创业的员工来加盟。它许诺员工不但可以在惠普提升自己的技术水平，还可以学习生产、管理、营销方面的许多创业必备技能。在这冒险的举动背后，是有着充满魅力的企业文化做支撑，这种文化可以保证有心创业的员工长期留在公司施展自己的才能。公司能承担流失部分人才的风险，也乐意容纳离职员工的再回归，更愿意与离职员工创建的公司联手合作——这就是惠普的不同。不少人离开惠普后，还对它抱有深厚感情。我有一个同事写了一本书来讲述自己三进三出惠普的故事；我在离开惠普以后，公司、项目所用的设备清一色都是惠普的产品。

那么，什么是惠普提出的职业自立？职业自立是指在面临竞争激烈、变化迅速的环境时，员工可以积极管理自己的职业，懂得发展与学习。惠普倡导的"职业自立"要求员工应该具有以下三个特征。

- 第一，着眼未来并形成网络。这里的网络指人际网络，即要从长远出发，考虑客户、业务与技术的趋势对自身工作和发展计划的影响，并在学习和思想交流方面维持一个联系的网络，按现在的说法就是形成一个特定的朋友圈。

- 第二，有自知之明和价值取向，了解自己的实力以及工作上的期望目标和价值体现。
- 第三，适应性强，懂得终身学习的重要性。每一个工作人员都要做好准备，以适应变化，要根据业务发展趋势把握现有技能、制订职业发展规划，以提高自身技能。

现在再来看有关员工个人发展计划的第二个方面。在支持员工发展方面，销售团队的管理者责任很大。我在惠普工作的时候，公司每年都要做调查问卷，对员工进行有关自身发展方面的调查。在这份调查表里，惠普会问员工以下几个问题：

- 第一，在目前工作岗位遇到的自我发展问题上，你是否能够获得管理层的支持？
- 第二，你的直接上级领导，是否和你开诚布公地讨论过你的职业志向？
- 第三，你接受培训的机会是否充足？（给员工提供充足的培训机会，目的有两个：一是为了提升员工在当前工作岗位上的技能；二是为了增加员工获得其他工作的机会。）
- 第四，你是否有一个现行的书面发展计划？

惠普通过员工回答的这些问题，来对经理进行评估。这四个问题你做得怎么样呢？作为销售管理者，你的责任包括以下几个方面：

- 第一，着眼于未来进行技术配置。管理者要分析劳务的趋势，定义未来业务所需要的技能。管理者要通过不断地沟通，让自己的团队为迎接新的事业挑战而做好技能上的准备，以确保公司的竞争力。
- 第二，支持员工的发展。管理者要支持下属的自我发展。管理者的责任在于明确定义工作的绩效目标，并提供与此相适应的资源，其中包括及时的工作绩效反馈和指导，以及发展计划的支持。管理者要以行动显示他们对员工学习与发展的支持，而不能只停留在嘴上支持。
- 第三，运用灵活多样的发展手段。为了达到最佳的学习发展效果，管理者应该指导员工完成一个可以扩展的工作目标；让他与才能出众的员工并肩工作，发挥优秀员工的带头作用；为员工提供发展的培训和机会。经验表明，70% 的学习与发展源于可拓展的工作目标，20% 源于与才能出众的员工并肩工作，而 10% 源于培训。
- 第四，让员工明白发展努力的价值。管理者能通过衡量员工的努力发展并给予回报，使公司取得最佳的成果。
- 第五，成为楷模。管理者应注重自身的发展，发挥模范作用，促进员工的发展。

你可以结合表 10-1 来理解如何制订员工的个人发展计划。

表 10-1　员工个人发展计划

日期：

个人发展规划	销售人员	
	销售经理	
销售人员负责的区域		
观察结果	列举此人具备的与工作相关的优势及需要改进的主要方面	
发展需要	明确其长期发展需求	
行为和技能	明确短期发展所需的行为和技能变化	

在这张表上，你要着重考虑这三项信息。

- 第一，观察结果项。这一项需要记录员工具备的与工作相关的优势以及需要改进的方面。在记录这项内容时，你要注意客观地记录你看到的和观察到的，切记不要用"我认为"和"我觉得"等主观用语，"我看到"和"我观察到"才是客观用语。客观的语句还包括："我看到你在什么项目上工作很努力，但是我们还是失去了这个项目。""我观察到，最近销售费用超标。"

- 第二，发展需求项。记录这项内容时，你要着重明确员工的长期发展需求。比如，接触管理高层的机会、向管理高层阐述业务价值的机会、与团队配合等。

- 第三，行为和技能项。记录这项内容时，你需要明确员工短期发展所需要的行为和技能，如独立、有效地拜访客户，分析销售费用，把握重大销售机会等技能。

只有员工发展计划是不够的，你还要和员工商讨并定下接下来要做的事，并列出具体的行动计划。制订的行动计划表，要符合前文提及的 ART 原则，明确谁来做这件事、需要什么资源、具体何时做，你还可以加上预期结果。在这项行动计划里，你要具体说明需要改进的地方，写出哪些活动可以帮员工进行改变、哪些活动可以证明员工已经改变。记得确定每一项活动的具体日期，这样才可以让员工明确自己发展的方向和具体的行动。比如：1 月完成线上课程的全部学习；2 月参加一次经理或同事进行的高级管理层的拜访或演示活动；等等。个人发展行动计划表的制订可参照表 10-2。

表 10-2　个人发展行动计划表

日期	行动	执行人	结果

你可以选择一个你要培养的员工，计划何时、用何种方式与此人交流该计划，并获得他执行本计划的承诺。

做好人才投资，制订全面培训计划

你的销售团队有培训吗？都是些什么培训？这些培训有效吗？

惠普是一家业界公认的注重培训的公司，素有"IT界的黄埔军校"之称。它在过去的30多年里为中国培养了大批职业经理人、专业技术人员和销售人员。部分人离开惠普后，在不同的行业承担重任，发挥着举足轻重的作用；其中有不少成功的创业者，也有很多企业大学的校长。由此可见，惠普的培训质量很高。那么，惠普为什么如此重视员工培训呢？这样做的目的是什么？怎样才能把销售团队的培训做好呢？

要回答这个问题，要从惠普对员工培训的认知开始。在惠普看来，员工培训是投资而不是成本。这个概念看起来很简单，但是真正落到实处就不容易了。如果把培训当作是成本，成本自然是越低越好；而如果把培训当作是投资，就要追求高投资回报率。所以，把员工培训当作成本还是当作投资，取决于管理层对这个问题的认知。如果管理层相信它是投资，就会期待得到回报；如果管理层认为无法衡量回报，自然就把培训当作成本，甚至当成没有回报的成本。

在惠普看来，培训员工是公司的义务，是对员工负责的表现，也是赢得员工忠诚的重要手段。公司培训体系越健全，员工就越愿意留下来，因为他们可以通过培训开阔视野、学习知识、掌握技能，也就是提高自己赚钱的本领。这样，员工即使将来离开了惠普，也会心怀感恩。员工也愿意静下心来在这样的企业长期服务下去，一步一个台阶地往前走。

销售团队也是如此。如果一个销售团队的管理者只知道使唤销售，让销售付出却不考虑让他进步，那销售只要能找到更好的机会就会离开，没有半点忠诚度可言。

曾有一个公司老总谈到销售培训时这么说:"现在的销售干一两年就算是老销售了,两年不跳槽就算奇迹了。花钱给他们培训,谁知道什么时候就跑到竞争对手那里去了,我们不愿意为竞争对手们培训销售。"这种说法对吗?你不给现有的销售培训,人才培训滞后于市场需求,其实倒霉的还是自己。另外,从销售队伍的稳定性来看,也应提升各方面的待遇。那么,销售培训是否也在这个待遇的范围之内呢?

惠普希望自己的员工可以不断提升知识和技能,因为这样干出来的活儿才漂亮、专业,才能给客户带来惊喜,才能让客户感到惠普人的专业素质。培训从市场营销的角度来看更有价值,因为员工素质是产品和服务的一个重要组成部分,如果核心产品的价值与竞争对手不相上下,那么提高员工素质就是提高企业产品和服务的价值,赢得竞争的可能性就会加大。所以员工培训可一举多得。同时记住:培训员工是公司的义务,是对员工负责的表现,也是赢得员工忠诚的重要手段。公司的培训体系越健全,员工的忠诚度越高。

那么怎样才能把销售团队的培训做好呢?我们要先知道团队中哪些人是需要培训的。一般来说,在销售团队中,销售的业绩是呈正态分布的。也就是,在整个团队中,有20%的人业绩非常出色,他们符合ASK的要求,即有正确的态度、正确的技能和正确的知识;他们既有意愿,也能够做出出色的业绩。中间那60%的人也有意愿,但是在能力方面还有待提升,是需要帮助和培训的人。最后20%的人,销售能力比较差的,不是你要帮助的对象,他们需要的是转岗以发挥其他方面的特长。所以,你要清楚,中间这60%才是你的培训对象。

那应该培训什么呢?绝大部分组织都会对新招聘的销售进行一系列有关公司政策和规程的培训。但是,这种做法有两个问题:对于不同类型的销售人员而言,这种培训能有什么作用?考虑到市场或竞争形势的变化对销售任务本质的影响,在同一销售的不同阶段,这种培训又能起什么作用?

销售培训应主要包括以下这几部分的内容：产品知识培训、公司知识培训、行业知识培训、客户知识培训和销售技能培训。以上每一块培训的重要性要依据销售的场景和情况、可行范围、培训成本和公司销售的战略性质而有所差别。

为什么大多数培训都没有起到作用？因为大多数培训只有即时效果。培训后，随着时间的推移，它的效果也就逐渐下降了，并没有起到"改进结果"的目的。出现这个现象的主要原因，是培训没有做好详细的规划，培训后也没有安排行动学习、多样化强化培训和一些后续活动。所以，一个好的培训应该有一个详细规划。我们需要制定目标、执行培训，而后强化培训的效果和衡量的指标，也就是我们说的要重视ROI（投资回报率）、注重结果。所以，你需要通过这四点来正确看待培训。

- 第一，改变不是一蹴而就的，在销售培训前，我们就要针对销售需要改进的结果达成共识，要确定成功的标准、明确员工的职责，并且有良好的沟通计划。培训要成体系，要一步一步地提升。

- 第二，成年人的学习效率和环境息息相关，我们要根据销售的实际情况，制定所有的实践和练习安排，要了解销售目前的业务和面临的挑战，要解决实际的问题。成年人学习的重点不是知识，而是解决问题的方法。

- 第三，课堂的时间是有限的，想要达到培训目的，就要在课堂上和课堂下进行大量的演练及实践，并对这些实践提供及时的反馈和指导。

- 第四，管理层要非常重视培训。惠普的管理层就非常重视培训，他们将培训视为公司资源的投入，不认真参加、缺席或早退的行为都被视为对公司资源的浪费，相关人员会被列入公司黑名单，年终的考核也会受影响。管理层也要全程参与培训，因为如果管理层都不知道销售们学了什么，掌握了什么新思维、新知识、新技能，那又如何去辅导销售？

在制订培训计划时，你可以参考以下几条建议。

- 第一，了解优秀销售与一般销售有什么不同。把最佳实践添加到你所进行的所有培训中，要培养出优秀的销售团队，而不是仅仅培训几个明星。

- 第二，要选那些经过验证的专业课程。读书要读经典的，销售要学专业的。千万不要跟风学习，要学会辨别什么是好课、谁是好老师。有些课程可能只是某位老师或某个公司自己归纳出的经验，并不具代表性。某些大公司的经验和做法，可能有其特有的场景因素，无法适配所有企业。比如，你去学华为的"狼性"，可能学完后你也成不了"狼"；就算你真成为"狼"了，你的客户、合作伙伴也不一定喜欢"狼"。

- 第三，不要一味地去崇尚一些创新的工具。很多新工具只是旧工具的复制品，或者是各种工具的集合体。没有最好的，只有最适合自己的。

- 第四，要确保有人指导你和你所在的团队实现最出色的业绩。辅导和教练都很重要，你可以通过辅导强化销售学到的知识和技能、调动销售的潜能来达成业绩。一个好的管理者，必须是一个好的老师和好的教练。管理者必须学会当好师傅，带好徒弟。

像销售领袖一样思考

- 销售是一门复杂的艺术，而不是一门事事有标准的科学。

- "教练精神"是协助员工学习而不是教导；教练侧重于未来的发展机会而不是批评过去的错误；教练不是取消员工的行动责任而是提供支援。

- 管理者不应只重视与上级的沟通，要多和团队以及协同部门沟通，来保证业务的执行、促进和协同发展。

- 教练行为常见但不简单。有效的教练行为源于双方的自愿和平等，要把受助者的需求放在第一位。

/ 第11章 /

员工激励，
精神激励比物质激励更有效

你们公司的"激励"是真正的激励吗？你可能会这么想："老师，你怎么问这种问题呀，我们公司的激励当然是真正的激励了！"那我换个问题："你现在的激励方案是如何制订的？有效吗？"

许多管理者把激励想得太简单了，他们认为发奖金就是激励，并没有意识到激励方案的重要性。一个设计得当的销售激励方案，对员工、客户、公司这三者都会产生积极的影响。对员工来说，激励方案可以激励员工、引导员工，让员工的工作有重点。我们还可以通过激励方案改进跨部门、跨渠道的协调合作，留住人才。那对客户呢？一个好的激励方案可以帮我们扩大客户群，开发更大的客户群，提高客户的渗透率。它当然也可以帮助我们提高客户的满意度和忠诚度。对公司来说，一个好的激励方案可以帮助公司进一步提升业绩，在产品或业务上更好地盈利，并进一步提高销售资源的投资回报率。

一个好的激励方案对员工、客户和公司各方面都会起到积极的影响。我们要认识到：销售的激励方案可以帮助企业或部门实现战略目标，可以改变销售行为。如果一个激励方案没有和企业发展战略目标保持一致，并且不能改变销售目前的一些行为，那么这个激励方案就不是一个好的激励方案。

有形待遇，把握物质激励的八项原则

那么，如何制定一个好的激励方案？我们在设定激励方案的时候要遵循以下八项原则。

第一，与目标结合的原则。在制定激励方案时一定要结合公司或者团队的发展目标。与目标结合的激励才是有效的激励，比如，我们今年业绩要翻一番，在某些市场要实现突破增长，实现利润翻两番。激励方案不是简单地发奖金、提成。

第二，物质激励和精神激励相结合的原则。我们不能只有物质激励，更要考虑精神激励。能对员工产生更大影响的，可能不是物质激励，而是精神激励。电影《阿甘正传》里有一句经典台词："一个人真正需要的财富就那么一点点，其余的都是用来炫耀的。"很多人在有钱以后，开始炫耀奢侈品，后来又炫耀度假时的头等舱，再后来会炫耀更高的消费。从这点来说，物质激励是必要的，但是精神激励更重要。对我来说也是一样，我更在意惠普曾给我的精神上的激励，比如去什么地方领奖，给了我什么有纪念意义的荣誉等。

我在惠普工作的第二年就获得了亚太区的"高成就大奖"（High Achiever）。那时候公司通知我要带家人一同去马来西亚的槟城领奖。我至今记得当时公司为我精心安排的颁奖场面。步入宴会大厅的时候，映入眼帘的是空中悬挂的各种颜色的灯笼，灯笼上面都是组委会收集到获奖者的工作照和生活照。大家都在找有自己和同事照片的灯笼，并拍照合影留念。后来我又获得"全球总裁俱乐部奖"，得以带着家人去夏威夷领奖，由时任惠普全球总裁卡莉·费奥利娜（Carly Fiorina）亲自颁奖。那时我列席参加惠普全球董事会会议，和全球副总裁一行一起去原始森林徒步，一起乘游艇去海上看鲸鱼……每次获奖时的精神激励都让我难以忘怀。

当年惠普还承诺，如果有销售团队超额完成公司定的上限目标，就可以和家属去泰国旅游团建，我就曾和团队一起去过泰国，这也是精神激励。惠普的奖励都是需要员工家属陪同领奖的，结了婚的带太太、带先生，没结婚的带父母或男女朋友。这种延伸到家人的激励，让大家难以忘怀。

第三，引导性原则。你要通过激励去引导员工做什么、怎么做。

惠普在较早时期就看到了软件和服务的重要性。当时我经常会说这样一句话："想做大卖服务，想做长卖软件。"意思就是：你做了服务就能把一个项目做大，不能只卖硬件；你要是想将客户维护得更长久，就要考虑做软件。因为软件和服务更能够锁住客户，更能为客户和公司创造价值。所以，我当时就引导大家多卖软件、多做服务。

那怎么样引导大家呢？就是通过激励。公司规定：如果你下的单是软件，就把你的销售额加倍计算；如果你下的单是服务，就马上算入业绩；其他硬件产品要等到发货、回款后才能算入业绩。这些措施都是在改变、引导你去做什么。有的时候我们也会采用降低奖励幅度的手段，来减少你的投入和习惯。

思科刚刚进入中国的时候，是通过惠普完成部分销售的，也就是说，惠普的销售是可以卖思科的产品的，正常计入业绩。随着时间的推移，这个业绩计算的比例和奖励的比例都逐渐缩小了，我们也就渐渐地不再做思科的产品销售了。在引导性方面，思科的做法也是一样的。

看到了未来的趋势是"云"后，我们就意识到云的重要性。只有云能够锁住客户、成为客户的业务资源，只有云能够跟客户产生这种共生的状态。所以，我们就开始鼓励销售卖云服务。当时的奖励力度非常大：做云项目，业绩按照翻两番计算（也就是在原来的基础上乘以4）。

第四，奖励的合理性原则。奖励绝不能凭拍脑袋，应该考虑合理性。奖励时要考虑很多的因素，比如：这个奖励是否可以持续？业界是不是已有类似的方案？

某个企业家因销售的出色工作而决定奖励他几十万元。企业家询问我意见时，我这么回答："你突然拿出这么大笔钱去奖励，那如果他们做得更好，你还奖励吗？你给的这个奖励有没有可持续性？你想达到什么效果？你有没有考虑在这个行业里，类似的奖励是什么情况？以后一旦没有这个奖励，大家的干劲会不会就低了呢？是否会演变成'奖励是应该的，不给奖励反倒是老板的问题'这种局面？"奖多少干多少，多奖多干，少奖少干，这样的激励方案没有激励作用。

第五，明确性原则。你制定方案后一定要说清楚规则，不能模棱两可，而且说话要算话。

比如，管理者在年初开工时说："大家好好干，年底我绝对亏待不了大家。"还有的管理者说："好好干，等我们上市，你们就在家数钱吧！"这些都有些偏虚：什么是亏待不了大家？数钱能数多少钱呀？另外，切忌到了该奖励时，你又变卦了，说："还不行，因为你这个条件没有满足。"公司临时变卦的现象时有发生，这会严重打击员工的积极性。所以，做什么、奖励什么、不奖励什么，一定要明确，而且一定要兑现。比如，在做大项目之前就要明确：如果你做这个项目投的资源超过预算，那这个项目算你的业绩，但你没有额外奖励；如果你申请的折扣太大，超过了规定范围，就算赢了这个项目，也不可能得到奖励。奖励什么、不奖励什么，这些规则都需要非常明确，且提前规定好。

第六，时效性原则。时效性在当下越来越重要了。奖励一定要及时、到位，要马上兑现，不能拖欠，更不能跨年。90后、00后的员工都是互联网的原住民，是打游戏成长的一代。他们在打游戏时获得的就是即时性奖励，他们已经习惯了这种即时性的奖励。你如果拖欠奖励，就会马上失去他们的信任，以后的激励方案就起不到作用了。

第七，正激励与负激励结合原则。不光有正向的激励，还应该有负向的激励方案，但是你要掌握好尺度。有不少企业都定了很多有处罚性质的 KPI 要求。在某次辅导中，我问一个销售经理某项业务做得如何，他说："不太清楚，因为考核指标太多且都是处罚，罚得大家都没情绪干活了，也不关注 KPI 了。"这个制定考核的人，就是学了一套体系，照猫画虎、不接地气。只有扣分，只会罚，这样的激励方案是一定要调整的。

第八，按需激励原则。什么是按需激励呢？也就是我们要达成什么目标，就根据这个目标，马上实施一个新的激励措施。比如，在新冠疫情防控期间，我们鼓励大家线上学习、鼓励与客户线上联系、提高线上联系的质量和频次，并提出一个时段的奖励政策。再比如，这个季度某项产品要达成什么样的目标，产品部会按着这个目标马上制定出一项激励政策，激励大家在这个季度实现这个目标、完成这个产品的突破。激励的原则，可以按你的需要和场景来设定。

无形激励，善用精神激励的葡萄模型

作为一个销售团队的管理者，在日常工作中，你能用到的有效激励，经常是一些非现金的激励。不知你是否听过这一句话："有形的待遇，无形的激励。"你可能难以投入太多在有形的待遇上。提高待遇能起到吸引人和留住人的作用，但无形的激励则可以帮你以最少投资实现最大的效果。

这一部分的重点是日常工作中实用的、有效的非现金激励方法，也就是精神激励的方法。这些方法，对于创新企业和中小企业尤为重要。

为什么传统的激励方式失效了？

现在公司的员工越来越年轻化，也就是有越来越多 90 后、00 后了。他们在工作中更看重的东西已经跟过去的 70 后、80 后看重的东西不太一样了。

一方面，社交媒体的发达使人们渐渐失去"延迟满足"的能力，年轻人没有耐心长期等待公司未来可能变化的奖励；另一方面，他们对于"委屈""不满""压抑"等挫折情绪的心理阈值也和上一代人不同，"忍气吞声"的时间大大缩短。他们越来越觉得，以失去一个人"情绪自由"为代价，换来一点点"金钱自由"是不划算的。但这并不代表他们不喜欢金钱。金钱仍然有吸引力，能够给员工带来金钱自由的公司和管理者仍然非常值得尊重。不过，优秀的管理者必须意识到，新一代员工的要求和标准正在缓慢且不可逆转地提高，"金钱自由+情绪自由"已经成了一种新的"时代精神"。因此，作为管理者，我们一定要掌握一种新的管理方式，有效提高员工的驱动力。

在这里，推荐你读一下《驱动力》[①]，它的作者非常有名，是当今全球五十位最具影响力的思想家之一。他在书中谈到：科学家们认为，人类的行为主要来自两种驱动力。第一种驱动力是生物性驱动力，非常好理解，也就是饿了要吃东西、渴了要喝水、困了想睡觉、累了就要休息，这些来自生理层面的需求，是驱动力 1.0；第二种驱动力，则来自外部动机，是我们做出特定行为时，来自外部的奖励或者惩罚，是驱动力 2.0。第二种驱动力目前还贯穿在我们每个人的成长、学习、工作、生活中，也贯穿在销售管理过程中，就是"胡萝卜加大棒"的方式，它也是目前在组织中常见的激励方式。我们会采用奖励的方式来激励组织希望的行为，比如努力工作、出色完成任务，就会得到公司承诺的加薪、升职；会用惩罚的方式来抑制组织不希望的行为，比如对没完成业绩的员工提出警告，扣经常迟到、早退的员工奖金等。显然，这种"胡萝卜加大棒"的管理方式，在当前的管理场景下已经逐渐失效。年轻人往往会说："那你扣呗，我不开心，就走了。"

所以，在《驱动力》一书中，作者丹尼尔·平克提出了驱动力 3.0 的概念。

---

①《驱动力》是趋势专家、畅销书作者丹尼尔·平克集 40 年研究成果所写的经典著作。在书中，他提出了具有颠覆性的有关积极性的理论：真正驱动我们的是第三种驱动力。本书中文简体字版由湛庐引进、浙江人民出版社于 2018 年出版。——编者注

他在书中说到，事实上，早在20世纪中叶，科学家就曾在动物研究中偶然发现：驱动力1.0和2.0，根本无法完美解释人类的行为动机和结果。可能还存在第三种驱动力，也就是"内在动机"，这是一种发现新事物、探索未知世界、挑战自己并体会自身成长的本能，也就是自驱力。

如何用非现金激励方式提升销售的内在驱动力？

有一个关于非现金激励的模型叫作GRAPE模型，GRAPE翻译成中文是"葡萄"的意思，"给人葡萄"是一个很好的比喻，也就是激励的意思。在这里，GRAPE是五个单词的首字母缩写。

- G是Grow的缩写，成长。公司能给的真正激励其实是助员工成长，或者给予员工成长的机会，这也是员工来公司发展的目的。这样的激励方式有很多种，比如说让员工参与重要的会议、参加同行的峰会、鼓励他在会议上发言、给他外出培训的机会、给他有挑战性的工作等，这些方式其实都是一种让他成长的手段和方式。年轻人非常看重成长，而这样的激励，其实不用花太多钱，却很有效果。这与"酬功报德""禄授有功者""位授有德者"是一致的。

- R是Reputation的缩写，名誉。什么叫名誉？给他胸前戴个奖章、小红花，把他的事迹发表在你们内刊上并给予表扬，给他的名片更换响亮的头衔，发荣誉证书，评他为年度或季度最佳员工，给他的父母写感谢信等都是在给予名誉，这种方式成本低、收效大。

- A是Appreciation的缩写，欣赏。欣赏员工的方式可表现为：在微信朋友圈里给他点赞，微博上互粉，请上级来感谢他，去他家里家访，给他创造施展才能的机会，祝福他生日的同时对他的某项特别才能进行公开表扬等。背后表扬的力量其实比你想得强大。举个例子，我有一次去别的部门开会，在那次会上，我对某位员工提出了表扬，因为我觉得他在某些方面做得非常好。这个消息传到了那位员工耳朵里，他后来还专门找到我，向我表示感谢。年轻人需要表扬，表扬可以带来很好的激励效果。据统计，现在年轻人被表扬的次数，比过去差不多高一倍。

- P 是 Power 的缩写，权力。给员工权力体现在：给他升职但不加薪、给他安排几天休假、给他额外的带薪休假、给他更多的授权、允许他弹性上班、给他上台演讲的机会、给他选择自己福利的权力等。我的地盘我做主，我的时间我做主，这种小的权力其实会带来很好的激励效果。

- E 是 Emotion 的缩写，情感。你可以和员工一起运动、共建一些兴趣小组、搞团建，还可以邀请他一起喝咖啡或者共进午餐、与他有更多的沟通等。沟通时要注意这三点：第一，在沟通时，要充分认可他们的出色工作；第二，建立频繁的反馈环路，不能只会单一地找员工沟通；第三，用心沟通，员工是看得出来你用心与否的，就像年轻人常说的"你若端着，我就无感。"

凡是能达成你们情感上接近的激励都是值得提倡的。以上所有的激励手段其实都成本低、收效大，所以这些激励方法也被称为"非现金激励"。从管理学来讲，不花钱的激励是为满足人的精神需要，而给钱的激励是为满足人的物质需要，也还是那句："有形待遇，无形激励。"

随着一个人层次、级别、认知的提升，他最终的、来自内心深处的需求，一定是精神层次的需求。因此真正的激励需要的不是钱，而是你真正的情感。你如果没有倾注情感，没有发自内心地去欣赏、去关心、去信任他，不帮他成长、给他权力、给他名誉，那你显然是很难达到预期的激励效果的。

不花钱的激励方式其实是比物质激励更本质的方法，是有"套路"可循的：给他成长、名誉、欣赏、权力、情感这五个东西中的一个或者多个。

带好年轻销售，建立游戏化管理体系

你对游戏化管理有多少了解？你在销售管理中，有没有尝试游戏化的管理？目前我们的销售团队在逐渐年轻化，90后、00后逐渐成为销售的主力军。我们发现，传统的管理手段很难真正激励新生代员工、充分发挥他们的潜能。所以，近些年有一种新的管理方式开始流行，就是游戏化的管理——Gamification。我主要围绕以下四个问题展开探讨：

- 第一，什么是游戏化的管理？
- 第二，游戏化管理的好处是什么？
- 第三，游戏化管理的实践过程中，有哪些误区？
- 第四，如何把游戏化管理落到实处？

什么是游戏化的管理？这是一种让90后和00后上瘾的管理方式。它主要是在非游戏的场景下，把游戏中的设计元素，比如目标设计、激励机制、升级模式、反馈体系等，融入管理工作的流程和体系中，以此来带动和激发员工工作的创造性和积极性。Games，虽通常被我们翻译为"游戏"，但它指的不仅仅是电脑游戏、网络游戏、手机游戏，还有博弈、竞技、比赛的意思。奥运会叫"Olympic Games"，还有人说商业也是一种游戏，篮球、足球、跑步等也叫"游戏"。不管何种游戏，都有个特征，就是让游戏者欲罢不能，让旁观者如痴如醉。

游戏为什么会有这种特征？因为大多数游戏都有一种被称为"PBL"的机制：

- P就是Points的缩写，点数、得分；

- B 就是 Badge 的缩写，徽章、证章；
- L 就是 Leaderboard 的缩写，排行榜。

为什么许多人爱看篮球比赛？因为篮球比赛就遵循 PBL 的游戏机制和规则。首先有 P，也就是点数、得分。进一球得 2 分，罚球命中得 1 分，三分线外投中得 3 分。有了得分规则，场上的 10 个人就开始拼命抢球投篮、乐此不疲。你如果跟几个哥们儿一起打球不记分，那就一定没有那么投入，也没有让旁观者热情高涨的效果。然后是 B，也就是徽章。最有价值球员、最佳第六人、年度最佳新秀、最佳防守球员……这些五花八门的徽章荣誉，给球员提供了多维度的激励和奖励，让人疯狂。最后是 L，也就是排行榜。每支队伍都会被从各个维度进行排名。PBL 机制中的点数、徽章、排行榜，就是篮球真正魅力的来源。王者荣耀、魔兽世界、"吃鸡"等网络游戏也都是如此。

PBL 机制其实经常出现在我们的实际工作中，比如销售的业绩、销售的荣誉证书、销售的排名等。但这些可能太表层了，我们需要进一步地理解和深化。

年轻人为什么喜欢游戏化的管理呢？这是第二个问题——游戏化管理的好处。90 后、00 后这一代人都是玩游戏长大的。游戏化管理有效的核心因素有三个。

- 第一，公平。
  公平的重点是大家凭本事竞赛，不是凭人际关系、先来后到、论资排辈、溜须拍马等。比如，游戏中我的队友可能是中学生、大学生，还可能是小学生，但是没人在乎年纪，大家在一起玩，互相吐槽和分享经验，排名只看能力和贡献。

- 第二，团队作战。
  游戏倡导与队友一起组队打团。除了单机游戏，很多游戏都是要组队的，这能够激发团队作战的积极性和荣誉感。

- 第三，有挑战性的关卡。

    有挑战性的关卡能带动玩家的积极性。游戏中的关卡设计得非常巧妙，它不会一开始就很难，只会给你定一个个小目标，让你一步一步提升，先打小怪再打大 Boss（头目），不断地去升级、获取更好的武器、提升。

所以，游戏化管理的本质不是娱乐，而是一种思维方式或是一种工作方法，它是在设计过程中巧妙融入对人性的理解的产物。

那么，游戏化管理会带来哪些好处呢？

- 首先，游戏化管理机制能够增加员工对工作的积极性，为销售人员日常大量重复的工作带来新的意义。

- 其次，游戏化管理机制的设计，在融入历史数据、分析结果、销售的优秀实践后，可以让员工拥有一份快速通关升级的游戏攻略，迅速提升工作的质量和成效。

- 最后，游戏化管理机制会让员工感到，公司不仅仅关注销量，也会关注他们在工作中多方面的成就和自身的成长。

我们可以利用游戏化的销售管理，把销售变成一场打怪升级的冒险游戏。

平时销售面临的工作是棘手的、有挑战的和重复的，但是你可以用游戏化的方式来管理，像玩游戏一样，在不同的场景给他相应的"能量块"。可以参照这个公式设置每日目标：能量块＋恶魔＋任务＝每日的胜利。能量块可以分三个：生理复原力能量块，能保持身体的健康；社交复原力能量块，能促进合作交流；情绪复原力能量块，能带动员工积极应对挑战。再设一个"恶魔"，即要实现的目标，员工要去辨识"恶魔"，然后努力作战。"任务"指员工要积累自我的效能，以价值观为动力，从容易的小任务开始做，最后达到"每日的胜利"——销售的任务。三个能量块加上一个"恶魔"，再加上一个任务，等于每日的胜利，这就是把销售工作变为游戏的一个公式。

尽管我个人建议你引入游戏化管理，但在实践中，游戏化管理的实践会有很多误区。

误区一：游戏化就是把 PBL 机制加到管理中。

在谈到游戏化时，总会有人说："游戏化我们搞过，就是把点数、徽章、排行榜拿到工作场景中。"这样只能做到表面的游戏化，没过多久就会让参与者觉得没意思，无法得到持久激励员工的效果。游戏化是指把 PBL 机制中能够激励玩家的底层逻辑提炼出来，再设计到管理中去。比如，针对新手玩家和大神玩家设计不同难度的任务，否则，老玩家会感觉太简单，新手会感觉太难，他们就都会放弃进一步的参与。请你注意，游戏化管理不是套用 PBL，而是找到 PBL 产生激励的底层逻辑，即符合人类行为学的底层原理，再把这些底层原理运用到管理中。

误区二：游戏化管理就是积分化管理。

还有人会认为游戏化管理，就是积分化管理。现行的积分化管理是指为一项工作任务进行估值，完成任务奖励多少积分，即工作货币化。工作货币化面临的挑战是，如何科学量化一项工作任务。积分化管理会导致分高的工作有人做，分低的工作无人管，挫伤大部分人的积极性。

游戏化管理所给出的 PBL 激励，是随机的、带有不确定性的。游戏化管理指的是不让员工在事前知道干完工作能够得到多少激励，并在事后给予员工一个随机的激励，就像发微信拼手气红包一样。不确定的激励，不仅可以避免工作货币化，还能带来翻倍的激励效果。

误区三：游戏化管理可以代替现有的绩效考核。

绩效考核，无论是KPI或者OKR（目标与关键成果法），都是面向结果的，但结果是过去式，是滞后的。游戏化管理是把目标分解为任务，设置完成任务所需的流程节点，并对这些节点进行量化，给予PBL的激励。换句话说，游戏化管理是对完成目标过程中行为的激励，是基于行为数据进行的即时性激励。游戏化管理并不能替代目前的绩效考核，它是绩效考核的有效补充。奖励结果的奖金不能少，过程中的行为也需要用游戏化管理来进行激励。

那游戏化管理的核心是什么？如何实施到位？篇幅所限，我无法在此系统地介绍游戏化管理，你可以去阅读以下两本关于游戏的书进一步学习。

一本是《游戏化思维》[1]。这本书是沃顿商学院教授、全球游戏化课程创建第一人凯文·韦巴赫的著作。在书里，韦巴赫谈到了游戏化解决的四大核心问题：

- 关于动机：如何从激励的行为中获得价值？
- 关于有意义的选择：你设置的目标活动是有趣的吗？
- 关于结构：预期行为可以被固定的程序模块化吗？
- 关于潜在的冲突：游戏可以避免和现有的激励机制之间的矛盾吗？

---

[1]《游戏化思维》全面系统地介绍了游戏化的理论，阐述了如何将游戏的理念应用到商业实践中。本书中文简体字版由湛庐引进、浙江人民出版社于2014年出版。——编者注

另一本是《游戏改变世界》[1]，作者简·麦戈尼格尔是著名未来学家，是未来趋势智库"未来研究所"游戏研发总监，同时还是 TED 大会新锐演讲者。出书时，她受关注的程度高于比尔·盖茨，位居全球第 16 位。作者在书中提到，一个好的游戏化产品，需要四个重要的元素：目标、规则、即时反馈、自愿参与。

这两本书能为我们学习和实践游戏化管理，提供一些系统的认知和帮助。

带过销售团队的人都知道，销售团队存在"二八法则"，就是 20% 的优秀销售达成 80% 的业绩。在通常情况下，永远都是那几个优秀销售在公司得奖；其他大部分销售，因为几乎没有获胜的可能性，所以也就对评奖、比赛失去了兴趣。也就是说，公司重金准备的战利品，对大部分人起不到激励作用。

要解决这个问题，首先要看清楚激励的本质。

你设计出一个只有冠军才能获得"战利品"的规则时，就把大部分员工排除在外了。真正的激励，应让每个人都有收获，让他们每走一步都能获得激励。所以，当你植入游戏化管理后，应总结优秀销售的"攻略"，设定新的比赛规则。比如规定拜访一个客户、找到一个潜在客户、完成一份拜访报告、按时更新 CRM、成交一个客户等所得的经验值，再设定徽章、排行榜，每天自动更新排名。

游戏化管理的设计，能使每个员工都受到鼓舞。每个人都能组队冲击任务、获得点数，也就不会有人掉以轻心；因为完成任务取得成绩，依靠的是自身努力、团队合作，而不是别的因素。

---

[1]《游戏改变世界》一书首次探索了游戏化的力量，权威地揭示了互联时代的未来趋势，颠覆了普通人对游戏的常规认知。本书中文简体字版已由湛庐引进、浙江人民出版社于 2012 年出版。——编者注

我们常说："目标管理（MBO），管理的不是目标，而是实现目标的过程。"过程改善了、行为改变了，一个月后，团队业绩、利润自然会有提升。游戏化管理能让大家拼命地学习业绩冠军的"攻略"——经验，把自己复制成业绩冠军，从而带来业绩的爆炸式增长。

像销售领袖一样思考

- 好的销售激励方案可以帮助企业或部门实现战略目标，改变销售行为，否则便不是好的激励方案。

- 能对员工产生更大影响的，可能不是物质激励，而是精神激励。

- 在制定激励方案后一定要和团队说清楚规则，不能模棱两可，而且要说话算话。

- 奖励一定要及时、到位，要马上兑现，不能拖欠。

- 不光要有正向的激励，还应该有负向的激励方案，但是你要掌握好尺度。

- 激励的原则，可以按你的需要和场景来设定。我们要达成什么目标，就根据这个目标，马上实施一个新的激励措施。

- 游戏化管理的本质不是娱乐，而是一种思维方式或是一种工作方法，它是在设计过程中巧妙融入对人性的理解的产物。

/ 第12章 /

销售文化，
以责任感驱动组织绩效

在学习了人员管理，即如何招人、如何制订员工发展计划、如何做好员工辅导之后，可以开始学习业务管理的内容了。学习业务管理之前，你要先了解销售文化的重要性。

本章主要围绕三个方面的问题，展开探讨销售文化：

- 第一，什么是企业文化？它有什么特性？
- 第二，企业文化的作用体现在哪些方面？
- 第三，不刻意建设，企业文化还存在吗？销售团队需要什么样的文化？

有这样一种共识——建设企业文化是老板和人力资源部门的工作。既然如此，销售经理为什么要学习企业文化管理？对于销售部门来说，完成销售任务是天职，实现业绩持续增长是使命。但作为销售团队的负责人，你会发现，很多时候你似乎做了所有应该做的工作，包括制定战略、缩减销售成本、优化销售流程以及完善培训体系等，但仍然难以实现持续增长的目标。因此，你就希望通过管理的手段持续提升业绩，但提升业绩本身就不是一个单点突破的问题。想要打造高绩效销售团队，就要打造一个齐心高效的组织。这个组织靠什么凝聚？靠的就是文化。

在硅谷，我们经常能听到这样一句话："再好的战略，都可能被文化当早餐吃了。"企业有企业文化，每个组织和团队也有它自己的文化，销售团队也是如此。

成效导向，将责任感文化注入企业的骨髓

企业文化就是一种不需要思考就能表现出来的思维模式和行为模式。它是一个公司做事的方式，是一个公司的仪式和礼节，是一个公司或团队的气氛，是"奖惩机制"，是"基本价值观"。同时，它也是员工默认的假设，是员工的思考方式、做事方式以及处理人际关系的方式。通俗的说法就是：在老板不在的时候，大家是怎么想问题的，又是怎么做事的。

目前很多企业文化的现状是："愿景在天上飘，员工在地上爬。愿景在墙上贴，员工却看不到。"这里说的"看不到"并不是看不到文字，而是看不到具体的场景，即员工不是不相信企业文化，是没办法信。为什么？原因就是公司的使命、愿景太"高冷"，公司内部"山头林立"，短期导向遍布，价值观混乱。实际上，企业文化应该是企业的灵魂，是推动企业发展的不竭动力。在实际的团队管理过程中，文化就是把一个一个的"点"串成"线"，再形成"面"，最终形成"体"的工具。在这个过程中，文化是一把双刃剑，你只有理解了文化和它的结构，以及它对销售团队绩效产生的作用，才能更好地借助它事半功倍地达成目标。

文化有以下四大特性。

- 第一是共有性。文化是一种群体现象，它不可能只存在于某个人身上，也不是团队内个人特征的平均值。它存在于共同的行为、

价值观和假设中，你可以通过群体的规范和期望，也就是不成文的规则来体验它。

- 第二是广泛性。文化会渗透到组织的各个层面，并在组织中被广泛应用；它有时甚至会和组织自身合为一体。它表现在集体行为、物理环境、团体礼仪、可见的符号、故事和传说中。

- 第三是持久性。文化可以长期指导群体成员的思想和行为。它是通过集体生活和学习中的关键事件发展起来的。人们会被和他们自身特征相似的组织吸引，组织也更有可能选择那些似乎"相融合"的个人——随着时间的推移，那些不能适应组织的人往往会离开。因此，部分文化成了一种自我强化的社会模式，越来越抗拒变化和外部影响。我在清华大学的苏世民书院听过一个讲座，题目是"企业的价值与使命"。主讲人是时任日本电气股份有限公司（NEC）全球董事长远藤信博，这个讲座令我印象深刻。他讲道："事业依靠人，企业依靠文化。"企业和团队的业绩有好有坏，是会变化的；人员有入职、退休，而且是流动的，企业可以长存的只有企业文化。百年的企业不会留下"人"，唯一留下的是文化。

- 第四是隐含性。文化中有一个重要而且经常被忽视的方面：尽管它具有潜意识的本能，但人们实际上能天生地认识文化并本能地对它做出反应，它是一种无声的语言。

那企业文化的作用是怎么体现的呢？它可以体现在以下八个方面。

- 第一，导向作用。文化会把集体职工的思想行为统一到组织发展的目标上。它不仅能对个体的心理、性格、行为起引导作用，还能对组织整体的价值观取向和行为起导向作用。

- 第二，凝聚作用。通过共同的理念、价值观以及文化，企业文化能把个人融合到集体中，减少内耗，增强员工的归属感和凝聚力。

- 第三，激励作用。员工看到组织的优点、特点，认识到自己工作的意义，产生了荣誉感、自豪感时，就会激发出自身巨大的工作热情。

- 第四，决策依据作用。当你在做一项决策时，如果你没有相关规定可依据，你可以根据企业文化价值观来判断决策。

- 第六，规范行为作用。员工做出符合价值观的行为时会得到鼓励，做出违反价值观的行为时会受到惩罚。

- 第七，长期作用。企业文化会长期影响全体员工的行为，从而影响企业的绩效。

- 第八，提高员工安全感的作用。好的企业文化，会让员工没有后顾之忧。

华为的创始人任正非说过，华为初创时，他们的文化是：胜则举杯相庆，败则拼死相救。当时，华为的产品并不强，销售团队的文化凝聚力却很强。这句话完全可以对应到八大文化作用里。

导向作用：为了胜利，我们不惧失败。

凝聚作用：华为的弟兄们一起团结奋斗。

激励作用：我们为了胜利的那一刻奋斗。

决策依据作用：没有相关规定时，看是否对取胜有帮助而决策。

规范行为作用：胜利者得到重奖，努力而失败者得到安抚，不努力者得到惩罚。

长期作用：长期影响华为全体员工的行为，从而使业绩保持增长。

提高员工安全感的作用：给华为员工一种融入的感觉，让他们知道自己是华为团队的一分子。

那么，下一个问题来了，不刻意建设文化，企业文化还会存在吗？销售团队需要什么样的文化？在一个公司或部门诞生的那一刻，企业文化和团队文化就随之而生——不管我们是否建设它、管理它——区别仅在于它是原生的还是被刻意营造的。如果一个公司和团队没有强调文化，那么老板或管理者的文化就是组织文化。随着时间的推移，一个组织的领导者也可以通过有意识和无意识的行为，来塑造企业文化，这当然会带来意想不到的结果。比如老板是狼性的，团队也就是狼性的；老板是佛系的，团队也就是佛系的。所以你要思考：你的团队文化是悉心打造的成果，还是随意发展而来的？它能帮助你实现目标吗？你的团队需要什么样的文化驱动？

在如今激烈的竞争中，组织如果想实现既定的目标、取得优异战绩，就应该首先让成效导向型的责任感文化深入企业或团队的骨髓。责任感文化就是把实现目标成效转为工作的目的。这种以实现目标成效为主要目的、人人对彼此负责、人人对企业负责的责任感文化，它的重点不是对失误和失败进行惩罚，而是积极有力地确保企业朝着正确的方向发展。

那么，目前你的团队文化是不是责任感文化？其实通过开会就能知道答案。比如开会解决客户投诉时，马上有人解释说："这不是我的问题，这方面我做得挺好。"当陆续有人说不是自己的问题时，你就该知道：你们团队是问责文化在起作用，而不是责任感文化。在成效驱动的责任感文化的感染下，员工会以不同的眼光来看待自己的目标和角色，用需要实现的企业目标和成效，而不是岗位职能，来描述自己的工作。企业文化不是一种选择，也不是一种时尚，它是当今的商业环境对企业提出的一项基本的要求。在责任感文化的感染下，开会解决问题时会有人说："这个应该和我有关，我要看看怎么才能做得更好。"还会有人说："我也要检查一下在流程上是否出现问题。"大家不会推卸责任，敢于正视现实、承担责任、解决问题、着手完成。不同文化，就会带来不同的结果。

那么，如何建立责任感的文化？建立文化的方法和工具又是什么呢？

五个步骤，打造成效驱动的责任感销售文化

文化的建设不是一朝一夕就能完成的，它是一个过程，不是一个项目。即使你已经把目标成效整合到部门当中，文化管理也还是永无止境的。所以，把文化管理纳入例行管理中，是销售负责人不可回避的管理问题。

这部分我主要围绕以下两个问题，就建立销售文化的步骤和文化管理的落地展开探讨：

- 第一，为什么要打造成效驱动的责任感销售文化？
- 第二，怎样打造成效驱动的责任感销售文化？

为什么要打造成效驱动的责任感销售文化？成效和目标、结果是不一样的，成效一定是好的，对公司、对部门、对个人的绩效是正面的，销售部门要的就是成效。

为什么很多员工不敢或者怕承担责任？因为他们缺乏对彼此的信任和尊重，说白了就是缺少安全感和归属感。他们会想："我们彼此相关吗？我们共享同一个未来吗？我们安全吗？"

丹尼尔·科伊尔在《极度成功》[①]里揭示了打造高绩效、高凝聚力团队的

---

① 《极度成功》是现象级畅销书《一万小时天才理论》作者丹尼尔·科伊尔的全新力作。本书可以帮助读者更好地了解当下企业文化与团队建设的重要作用。本书中文简体字版已由湛庐引进、浙江教育出版社于 2020 年出版。——编者注

文化密码就是安全感、合作性和自组织。他还进一步说明了能够创造安全感、合作性和自组织的三个强信号，分别是归属信号、脆弱信号和目标信号。

我们常听专家们说："组织内部也要竞争，否则就没有了活力。"但是，总是强调竞争往往会令人产生不安全感。在那些缺少容错机制的组织里，组织成员会因缺少安全感，而不愿或不敢尝试新事物，更不愿面对创新可能带来的失败。他们开会时不敢发言，怕说错、怕被人嘲笑；看管理者的脸色随大流，怕担责、怕被问责；组织也因此没有活力，成为"死水一潭"。因此，让团队成员拥有安全感，才能让他们放下担忧、全情投入、奋力拼搏。经典的马斯洛需求层次理论也指出，归属感是人的重要心理需求，是自我实现的必要条件，是由个体组成的团体成为高效团队的基础。缺少"我是这个团队的重要一员"的认知，就不可能全身心地投入工作、实现成效。

因此，高效团队的有效性基础在于彼此之间表现出的信任和尊重。信任和尊重使人们能够直言不讳、寻求帮助、公开脆弱，并分享关注、感受和需求。信任和尊重才能使大家能够共享想法、彼此支持、改变和挑战现状。没有信任和尊重，团队就无法开展加强其他任何方面的工作，也无法承受危机带来的压力。

那么，如何建立、打造成效驱动的责任感销售文化，使大家有安全感和归属感呢？你可以参照这五个步骤。

步骤一，构建一座成效金字塔。

成效金字塔从下至上，依次是经历、理念、行为、成效，即经历强化理念，理念影响行为，行为产生成效。管理者所期望的目标理念会影响员工行为，进而产生成效。我在建设销售文化金字塔上的体会很深：文化的建立和形成，不是靠贴标语、喊口号、讲道理就行的；它靠的是管理者身体力行，它是自上而下、由表及里、由外而内的。

我是一个"三栖动物"——在国企工作过八年，后来去了外企工作二十多年，又在民企做了几年CEO。所以，我亲身体验到了不同类型的企业对企业文化建设的不同做法。

我大学毕业后进了某家国企，当时这家国企的文化建设主要是学习政治，每周四下午都有一个固定的政治学习活动。我会给同事念报纸，或者读文件。

后来我进了一家等级森严的外企。那家公司的老板总是紧关办公室的门，只在进出办公室遇到我们时会和我们打个招呼。我们都非常畏惧老板，被老板叫进办公室时都会很忐忑，怕又出什么事了，要受什么批评了。

我认为企业文化做得最好的，还是惠普；因为它的企业文化和价值观对我的影响是根深蒂固的，我可以说是被"洗脑"了。惠普有五条核心的文化理念，即价值观，分别是：以人为本，尊重和信任每一个员工；追求卓越的成就和贡献；坚守毫不妥协的诚实和正直；靠团队精神达到共同目标；鼓励灵活性和创新。这五条没有被贴在墙上，也没有被领导天天挂在嘴边，而是体现在工作的方方面面。

惠普的五大核心价值观之一就是尊重员工、信任员工。它认为每个人都是主观为自己、客观为他人的，所以每个人都有选择自己发展方向的权利。当不得不辞退员工时，惠普也认为辞退不是否定一个人的表现，它肯定不会为难员工，也不会和离职的员工为敌。惠普还相信离职员工离开公司是为了个人更好的发展，这一举动绝不是背叛，所以惠普的大门永远向那些离开的人敞开，它欢迎离职员工的再回归。惠普认为，一个尊敬企业家的公司，即使会有部分人才流失，也比那些威胁和处罚离职员工的公司更容易吸引人才。吸引离职的员工日后再回到公司或者与离职员工创建的公司联手合作岂不是更好？制度无情人有情。对惠普来说，裁员的决策是无情的、非做不可的，但是处理的方式可以是委婉的，这让员工觉得公司很有人情味儿，觉得自己受到了尊重。以人为本最重要的就是体谅别人，它需要你能够换位思考，学会站在对方的立场上看问题。我从未听过已经离开惠普的老员工说惠普坏话，这可不是一件简单的事。惠普的创始人威廉·休利特曾经说过：作为管理者，我们不能保证每一个员工都不离开公司，但是我们要尽量做到离开惠普的人，都不说我们不好。

惠普的文化管理是落到很多细节上的。1995年，我去惠普上班的第一天，就被秘书带着去参观公司。她跟我说："这里是总裁办公室，这个门是从来不关的，因为公司有一个原则叫 open door policy，就是开门政策，门都是开着的。"（当然，会议室和洗手间还是会关门的）惠普是不实行打卡上班制的，因为它相信员工的自觉性。

你能从方方面面看到惠普对人的重视。惠普认为：只要你给员工提供适合的环境，他就会全力以赴。它的管理者们也在时刻践行着这一理念。

有一点要注意：在文化建设和管理过程中，最重要的是经历。一次糟糕的经历，很可能就会把你长期塑造的一些东西毁掉了。比如，你自认为重视人才、以人为本，但只要在处理员工离职这件事上犯一次错，就可能会丧失员工对你的信任。曾有个学生跟我炫耀他在处理不合格员工时的坚决态度：在销售团队开会时，他会当着大家的面让一位员工离职。他觉得这能杀一儆百，杀鸡给猴看；我觉得这一举动虽可杀一儆百，却破坏了员工安全感。我经常会跟学生说一句话："高层不谈文化，基层不谈战略。"一个管理者，不要老把文化挂到嘴边，大家是看你怎么做的，而不是听你怎么说的。

步骤二，构建一个理念工作坊。

理念是企业文化的核心，组织的理念是可以通过开会来总结、提炼、反思的。统一理念工作坊，能让某种理念成为整个销售部门的共享理念。建成这个工作坊需要自上而下的设计、管理团队的讨论、输出成形的文件和后续跟进的承诺。

《极度成功》一书讲到强生公司信条的故事。强生的信条是罗伯特·伍德·约翰逊于1943年写的，它被作为强生公司的价值观宣言。但是若干年后，这个被张贴在强生公司所有显著位置、被雕刻在公司新泽西总部的花岗石墙上的信条，并没有吸引来强生公司上班的年轻人的注意。当时很多人觉得它只是一种公共关系的噱头，而不是一份统一的文件。

那怎样来唤起大家对信条的认同，加强这种理念呢？强生公司召集大家开会讨论，并发起了挑战信条活动。强生公司的努力没有白费，大家对信条有了新的认识，他们统一了思想和信念，形成了共同的理念。这就是理念工作坊的意义所在。

步骤三，管理者带领团队打一场具有挑战性的销售战役，来体验和强化理念。

在实战中强化理念是建立责任感销售文化的最有效方法。在打销售战役时，面对挑战，管理者如能以身作则、强化理念，就能给销售留下更为深刻的印象。京东和淘宝每过一次"618"和"双11"，就强化一次理念。阿里巴巴的绩效之道就是：一张图、一颗心、一场仗。

步骤四，讲故事。

会讲故事对带团队的管理者来说非常重要。管理者要会通过讲故事的方式来对团队进行思想建设。没人喜欢听人说教，有趣的故事才会有深远的影响，比如TCL总裁李东生讲的"鹰的重生"的故事，乔布斯在斯坦福大学给毕业生演讲时讲的三个故事。

步骤五，复盘。

针对目标行为提三个问题：我们要停止做什么？我们要开始做什么？我们

要继续做什么？我们的行为是由理念引导的，我们的价值观也是通过这些行为表现出来的。我们对行为提出的这三个问题，就是在挑战我们对理念或者价值观的理解和贯彻执行。你之所以这么想，是因为你认为这样想是对的；你之所以这么做，是因为你认为这样做是有意义、有价值的。价值观并非虚无缥缈的理念，它需要考核。如何考核？根据我们的行为考核，取其精华，去其糟粕。在确定停止做、继续做的行为后，你还要开始做符合理念和价值观、但你还没做过的事情。

曾任惠普董事长、总裁及首席执行官的路·普莱特说："……经理必须认真考虑如何把惠普之道融入其日常工作行为中。因为人们不仅听你如何说，更要看你如何做。而由我们的行为表达出来的则更为重要。"比如，你可以把热忱待客、以客户为中心表现为对客户兑现承诺、有效协调公司内部资源支持客户、了解客户以及客户的客户等。

这部分的主要内容就是建立销售文化的五个步骤以及如何开展文化管理的落地。你可以思考：你所在的销售团队应该建设一个什么样的文化？写下答案的同时，你还可以写上具体的行为，因为文化一定是由具体的行为来体现的。

八个关键，避免公司资源个人化

你最担心你的销售团队发生什么事？你可能担心销售在做事时不规范，可能担心销售串通对手把项目和单子给卖了，还可能担心能干的销售把项目和客户都带走了，等等。

当下有不少管理者对"大销售"真是又爱又恨：爱的是他确实能拿到大单子，而且有客户的鼎力支持；恨的是确实不好管，还怕得罪他，怕他一不高兴就带着客户走了；公司的许多事情还要和他商量、要他同意，他可以明目张胆地不遵守公司的要求，影响团队士气。如果你也有这种感慨，那你可能已经被

"大销售"挟持了。

2021年，腾讯内部近70人因涉嫌违反"腾讯高压线"被公司辞退，10余人因涉嫌犯罪被移送至公安机关处理。除此之外，还有多家外部公司被腾讯纳入永久黑名单。中国惠普公司也有销售员工和管理者触犯法律。

管理者被"大销售"左右的情况比较常见，而且带来的影响很大，甚至会影响整个团队的氛围。员工会说："你看，为什么他可以不执行公司的制度，我们就不行？为什么他可以不服从要求，我们不行？"这会出现很多问题。那么，问题到底出在哪儿？如何规避这类事情的发生？为了减少和杜绝这些问题的产生，你需要将这八个关键点做到位。

第一个关键点：源头把关。

什么是源头把关呢？在销售团队管理中，人是最重要的，你要首先把好招聘关，从源头做起。在招人的时候，尽量招价值观和企业文化相一致的人。态度决定一切，你一定要制订销售的招聘标准，尤其注意把销售的人品要求放在第一位。你可以利用一些有效的提问和测试，来了解销售的价值取向。你要把那些以利己为导向的，价值观不同的，通过不断地跳槽积累自己客户资源、然后依靠这些资源再跳槽以求获得更高回报的销售（雇佣军）拒之门外，从源头上做好预防工作。

第二个关键点：立规在先。

为了公司管理的正规化，你一定要在入职的时候和销售签订保密协议和行为守则，这样你们之间就有了一种法律上的约束。具体的做法就是，在入职培训后和销售签订保密协议，约定对方在职期间以及离职以后，对公司商业秘密负有保密的义务，并约定如未经公司允许泄露公司的商业秘密，员工需承担赔偿的责任。这样的话，对于公司或多或少都是一种保障，因为这类协议可以在心理上给离职的销售施加影响，让他们不敢轻易违背协议约定、损害公司利益。

惠普有一个商业道德准则，也叫业务经营准则。这个准则是从你入职的时候就要开始学习并签字承诺的，此后每年也都会重新学习并再次签字。几年下来，怕是没人会忘记这个准则。

在对公司的义务方面，准则包括利益冲突、公司资料的管理、公司资产的管理这几项。

在对供应商的义务方面，准则包括选择供应商、以招标方式进行采购、机密资料的交换、供应商价格的机密性、供应商价格、担任供应商的参考用户等细则。

在对客户的义务方面，准则包括与经销商之间的关系处理、同时适用于最终使用者及经销商的规定、买方为政府机构时应注意的事项。

在对竞争对手的义务方面，准则包括与竞争对手的接触、参与和对手的接触、取得有关竞争对手的资料、对竞争对手的评论等细则。

我在惠普工作时，惠普原则上是不裁员的，但是商业道德准则是它的一道红线，谁碰谁"死"。无论管理者还是员工，在被发现行为违反商业道德准则后，必须马上办理离职手续，为给员工留面子，惠普允许他们主动提出离职。

第三个关键点：树立品牌。

在销售过程中，要强化公司的品牌，避免销售的个人化。要强化集体和团队，避免销售把公司资源个人化，因为销售做业务是离不开公司的资源和平台的，再能干的销售，销售的也是公司的产品、服务，用的是公司的资源，日常费用、产品、服务的特价等也是由公司报销和批准的。一定要防止公司资源个人化，切忌把公司对客户的承诺都变成了个人对客户的承诺。我当年因管理没有做到位就遇到过类似的事情，一个销售离职后，某客户来找我要求兑现承诺：这个销售曾承诺客户出国考察的事。我当时感到一头雾水，客户说：谈判时做了全程录像。那肯定是真的。后来我只能协调公司资源去兑现了"这个销售为了业绩而做出的个人承诺"。教训非常深刻。

你可以要求销售以公司的名义和客户接触，而不是以个人的名义，最好能统一着装或服务用语的风格，形成公司的整体形象。一些关键销售的通信工具和设备可以由公司提供；如果手机号码始终是公司专有的，那即使销售离职，客户也还是会用这个号码和公司联系。这样，在抓销售队伍的同时，还可以加强品牌的宣传、提升品牌形象。如果客户已经熟悉、认可了公司品牌、产品质量、产品体系等，就不会因为销售的变更而轻易更换产品和服务。

第四个关键点：团队作战。

大客户销售是无法孤军作战的，它需要的是团队作战。我们要建立协作小组，避免单枪匹马的作战。为了更好地服务客户、让客户有更好的体验，我们可以组建小团队，汇集销售、售前、售后、销售经理，还可以拉上产品部和市场部的同事，大家一起共同服务客户。

跨部门的合作可以通过成立虚拟团队来进行。比如我们为做某个大项目，成立了专门的虚拟团队，在这个虚拟团队中，我们可以找本公司的高层领导来挂帅，这样便于协同资源；销售作为牵头人，再拉上售前、售后、产品、渠道、技术咨询等部门的同事共同参加。各方参与者共同制订计划、定期召开会议，一起交流、分享、检查进度、解决问题、协调资源，直到项目完成。在不改变员工隶属关系的前提下进行跨部门合作，除需要配合的激励机制外，更需要团队的力量。在采用人员协作小组和虚拟团队时，需要注意几点：重要的客户，可以由销售经理和销售共同拜访，也可以由公司的其他对业务有协作支持的部门和销售共同拜访。我们还可以把销售功能和客服功能分离开，由专门的客服人员来定期回访销售人员开发的客户，使他们以支持销售的方式获得客户的联系方式，维护客户关系。

销售能轻而易举带走客户的主要原因，是公司根本不能掌握和控制所有客户的资料，所以避免客户关系管理的失控，就能避免客户的流失。

第五个关键点：建立系统。

销售管理不能光靠人，也要靠系统。无论你目前的 IT 系统水平有多高，你都要建一个 CRM 客户关系管理系统。小公司建小系统，大公司建大系统。若公司相对较大，你可以买一套 CRM 系统；若公司规模较小，可以考虑用 Excel 做客户关系管理。把客户的情况记录下来、定期更新，在留档的同时，还能随时与有关人员分享信息，这有利于维护客户并加强部门之间的交流。

客户是公司的客户，不是个人的客户。很多管理者无法管理大销售，是因为公司管理系统不规范，没有留存这些客户的资料，这些客户资料全在大销售的脑子里，由销售个人掌握。所以，你应该在公司内部建立客户档案，给所有客户关系建档，并且不断更新这些客户的信息和计划。大销售是无法拿走已建档的客户信息的。

具体做法是，建立 CRM 客户信息管理系统，要求销售把所有客户的情况，以规范化的文字记下存档，并记录每次与客户的联络内容、见面的时间地点、会谈的事宜、结果、下一步跟进的建议等。你还应要求销售及时汇报并更新客户的一些基本状态和最新情况。这样做的目的是让销售信息透明化、规范化。如此，任何销售，仅凭档案资料的记载，都能够在很短的时间内了解客户的状态，并和客户取得联系。这样可以有效地防止离职销售带走客户。

第六个关键点：分享经验。

成功的销售经验和好的方式方法，包括解决方案，需要大家分享出来，以便共同提高。你可以让那些业绩好的销售人员定期总结他们的销售方法和经验，和大家一起分享，并形成企业的标准和流程。应在每一次的销售例会中加入培训和分享环节，使每个人都能得到提高。

公司要想留住客户，就需要留住销售的知识和经验，并以此制定标准和流程，这样公司就不会只依赖于某个销售明星了。惠普就曾为了做好知识管理，设立了首席知识官（CKO）的职位。

第七个关键点：合理激励。

激励一定要有，而且要合理。公司的承诺要及时兑现，在不征得销售意见的前提下，不得随便修改激励，比如工资发放和销售奖励的即时性、销售提成或奖金制度执行的完整性等。切忌为了降低成本，在看到销售的超额业绩后就马上降低奖励力度。

惠普的做法是：不同阶段奖励的曲线不同，也就是系数不同。年初时就明确奖励有封顶，即超过某一数值不再奖励，比如200%。关于薪酬激励的合理性、有效性，我们在前面员工激励的部分已详细介绍。底薪过高，销售就会不再努力；底薪过低，销售就没有安全感。所以，企业可以建立起阶梯化的激励体系，设定不同销售等级，并以此给予不同的薪酬激励。要利用晋升机制、销售管理岗位以及相应的晋升标准，让销售看到长期的发展方向，提高他们在企业的地位。

销售是依靠效益来赚取收入的，因此对公司的激励制度非常敏感。公司在日常管理中，要做到合理管理，才能更好地留住销售人才。

第八个关键点：好聚好散。

人员是一定会流动的。被动的流动指销售跳槽、离职；主动的流动指换岗、换客户、去拓展新市场、升职或裁员。

在处理员工离职时要注意两点。

第一，应规定销售跳槽的提前告知期、必要的交接程序和手续。在销售提出离职请求后，公司应立即指定工作交接人员。对重要客户要尽量采用当面交接的方法，告诉客户从今以后将由新人接手之后的工作；其余的客户电话交接即可。注意，电话交接时一定更让新的销售和客户说上话，并商定好下一步的会面时间。这样，老销售离职后，公司能在第一时间和客户进行沟通，让客户有被重视和尊重的感觉，以更有效地留住客户资源。

第二，妥善地做好离职面谈。不要视员工离职的行为为背叛，不要树敌，好聚好散。要让销售能和公司产生情感上的共鸣，这样他在离职之后才不会做出损害公司利益的事。当然你也要对他晓之以利害关系，提醒他不要轻易做有损公司利益的事情。你对待离职员工的态度会影响全体员工和客户对你的看法。就算有销售带走了部分客户，你也不要过于生气，因为那些客户也不一定就是你的长期客户。你一定要做好客户交接工作，并充分考虑和尊重前任销售的贡献，在要求离职人员要有交接过程和过渡时间的同时，也要有合理计算后的业绩奖励。例如，公司内部在做客户调换时会采用3个月的业绩过渡期，调整后第一个月，对于这个客户产生的业绩，原销售拿75%，新销售拿25%；第二个月该客户产生的业绩原销售拿50%，新销售拿50%；第三个月该客户产生的业绩原销售拿25%，新销售拿75%，第四个月完成交接。

像销售领袖一样思考

- 企业文化就是一种不需要思考就能表现出来的思维模式和行为模式。通俗的说法就是：在老板不在的时候，大家是怎么想问题的，又是怎么做事的。

- 在如今激烈的竞争中，组织如果想实现既定的目标、取得优异战绩，就应该先让成效导向型的责任感文化深入企业的骨髓。

- 高效团队的有效性基础在于彼此之间表现出的信任和尊重。

- 在实战中强化理念是建立责任感销售文化的最有效方法。管理者应带领团队打一场具有挑战性的销售战役，来体验和强化理念。

- 在销售过程中，要强化公司的品牌，避免销售的个人化。

/ 第13章 /

销售会议,
不要误入评判者的泥潭

本章内容的重点是介绍销售会议。我们需要在梳理有效销售会议的关键流程后，学习如何开好销售会议。

可以先问自己三个有关销售会议的问题：

- 多久开一次销售会议？
- 开销售会议时有没有一个会议结构？
- 当前的销售会议开得有效吗？

不同公司的管理方式不同、要求不同，销售会议的召开频率也不同。有的公司可能每月开一次，有的是每周开一次或每天开一次，更有甚者是每天早晚都开，当然，我也见过几乎不开的。不同公司，开会的状态和情况也不相同，比如强势的管理者会把销售会议开成"提审过堂会"，和蔼的管理者会把销售会议开成"集体诉苦会"，也有的管理者会把"项目推进会"开成"问题追责会"，"面对面沟通会"开成"高管训导会"。有些销售经理会在会议上直接骂人，而且一骂就停不下来，不断挑战着销售的底线。

把一个销售会议开成一个过堂会、提审会或者诉苦会，你觉得这对销售的工作会有实际性的帮助吗？这样的会议会有效吗？实际上，这样的会议沟通不仅达不到预期目的，还会制造出许多新的麻烦和问题——这种会议沟通就是无效沟通。

八项关键原则，决定销售会议的效能

什么是会议？一般来说，会议包括三个要素，议论、决定和行动。我们可以用12个字来概括会议的特点：会而有议，议而有决，决而有行。没有这些特点的会议就叫闲谈或议论，不能称之为会议。会议的主要功能就是决策、控制、协调和教育，它要帮助销售团队共享信息、统一思想，大家要在相互学习中集思广益、群策群力，共同探讨好的行动计划。那有效会议是什么样的呢？以惠普为例，有效会议有以下八项关键原则。

- 第一，有明确的会议主题。我们要知道打算开一个什么样的会，比如要开每周例会、项目推进会、问题解决会等。

- 第二，有明确的主持人。要确定谁去主持会议，主持人要对会议议程负责。我就参加过一个拖延许久都没有开始的会，结果发现会议迟迟没有开始是因为双方没有明确会议主持人。

- 第三，有明确的分工。比如谁做记录、谁来计时等，要为每个人做好分工，不要等他们自发工作。

- 第四，有明确的目标。要确定好这个会议的目标是什么、要解决什么问题。有些会议会跑题，就是因为目标没有确定下来。

- 第五，有管理时间的方法。要确定每个议题所需时间，确定每个人的发言时长，确定谁来管理时间，保证你的会议不会拖延。

很多人开会时可能不太注意第四点和第五点。我在这里讲一个真实的例子。我有一个在国内某个著名房地产公司做高管的朋友。这家房地产公司每次开会都会拖堂，就是因为没有时间管理，而且还经常跑题。他跟我说，他作为企业的新人也不好说什么，只能在会中不断地提问：“今天我们的主题是什么？”"我们这个主题什么时候结束？""我们今天的会议什么时候结束？"通过提问来引起大家对会议要点和时间的注意。

- 第六，有明确的决策程序。决策是由老板决定还是由大家讨论决定？是少数服从多数，还是老板拍板？这些决策程序应该事先明确下来。

- 第七，维持每个人的高度参与感。平时的销售会议是不是也开成了"二八法则大会"，即只有20%的人积极参与，剩下80%的人只是听着、看着？

- 第八，有阶段性的评估结果和过程。会议是连贯的，也就是说上次、这次和下次要开的会，都应是有关联的。下次会议会检查这次会议留下的任务。除检查完成度外，还可检查结果和过程是否符合预期。

以上就是有效会议的八项关键原则，如果你开的销售会议满足这八项关键原则，那么这个会就应该是一个有效的会议。

环环相扣，科学安排销售会议的结构

我建议把销售会议的结构分成四个部分。

- 第一，会议简介。在这一部分介绍一下会议的议程以及注意事项。

- 第二，技能培训。在这一步加入一些培训内容、案例的分享。也可以请员工讲述刚学的新内容。需要注意，在销售会议中加入培训环节非常重要，因为你开会的目的就是希望帮助大家把工作做得更好、有更好的交流机会、在学习中提升，为大家赋能，而不仅仅是给销售"过堂"施加压力。

- 第三，销售检查。这一部分需要销售汇报一些任务的完成情况和项目的进展情况，随后大家一起研究销售漏斗（下文会提及），包括分析竞争情况、讨论新战术，还有准备怎样推进项目等。在销售检查的时候，不要用评判的心态去开会，要用学习的心态开会，大家一起去探索怎么做得更好。有效的会议绝对不是一个"批斗会"。我在思科工作时，每周一都要开"承诺会"（Commitment Call Meeting），就是每一位与销售工作有关的人，无论级别高低，都要承诺本周的数字。Call 意指电话会议，因为思科允许员工居家办公，所以一般的会议都通过思科自己开发的 WebEx 系统在线上举行。这个会非常具有挑战性，而且雷打不动。

- 第四，收尾。在这部分，你要问大家还有什么问题，如果没有问题，就可以安排布置下周、下阶段的任务，确定接下来要做什么，同时配备相应的行动计划。在大家都同意的前提下，可以把会议纪要以电子邮件或者微信的形式发给每一个成员。

因人而异，有效管理不同个性的销售

德国哲学家马丁·海德格尔说过："每个人都是一个谜。"的确，每个人都有不同的个性。你有没有对你团队中的不同成员做过个性分析？有没有尝试过管理团队中不同个性的成员呢？

我们可以把团队成员的个性分为五种，用马、狐狸、长颈鹿、牛头犬和大猩猩来指代。

- 第一种是马。马有能力、有作为，考虑问题周全，也善于合作，是忠诚可靠的伙伴；但是他会比较容易羞怯，喜欢安静。所以在开会的时候，我们要多向马提开放式问题，引导他发表自己的意见；要为他分配一些任务，影响、带动他，让他有所作为。

- 第二种是狐狸。狐狸比较有主意、有心计、狡猾、聪明，从某种意义上来说，他还自私、虚伪，喜欢自作主张，不可靠。在工作中我们要向他说明任务的原委。在需要他做承诺的场合，一定要让他在公共场合做出承诺。你可以私下向他们表示信任，但是不要在公开场合宣扬对他们的信任。

- 第三种是长颈鹿。长颈鹿有远见，足智多谋，做什么事都需要证据；但是他总想要证明自己，热衷于自我表达，爱品头论足，且行动迟缓。在开会的时候，我们要给他证明自己的机会，要让他明确任务，让他为工作提前做好准备，还要为他的每一项任务规定最终的期限。

- 第四种是牛头犬。牛头犬比较喜欢高谈阔论，会因固执己见而经常与人争执，就是喜欢"抬杠"。我们在开会的时候可以向他征求意见，但是要为他的作答限制时间，在征求其他团队成员意见的时候，更要随时注意制止无休止的争论。

- 第五种是大猩猩。大猩猩喜欢引人注目，擅长社交，喜欢八卦，但是说起话来喋喋不休、注意力不集中，他开会时很有可能聊着聊着就跑题了。向他提出的问题最好是限制式问题，限制他的回答，同时要充分利用他活跃的思维，激发创造力。

你可以将每一种个性与团队的成员进行对照，记下每个人最突出的个性，并尝试在会议中管理这些不同个性的销售，要注意做到因人而异、扬长避短，充分调动起大家的积极性和参与感。

要注意一个小细节：维持每个人的高度参与感需要限制手机和电脑的使用。我在开销售会议的时候是不接听电话的，因为在开会时，如有人频繁地接电话、进出会场，会议就会无法正常进行下去。你只要把会开得足够高效、足够短，就算会后再回复客户，也耽误不了事。如果你开的是个长会，那可以在中间休息时回复客户的信息。除记录、讲解、分享之外，也要尽量避免使用电脑。

学习这一部分时要尤其注意这三点：有效会议的八项关键原则；有效销售会议的结构安排；如何在会议中管理不同个性的销售，以提高大家的会议参与感，让会议更高效。

实战演练，善用学习者心态

在这一部分，我会讲几个具体的例子，让你更好理解一个有效的销售会议是怎么开的。

你可以参照表 13-1，了解我在惠普开周会的议程。

表 13-1　惠普每周会议议程表

项目	负责人	定时	持续时间（分钟）
上周工作检查	麦吉	11:00	5
信息分享	杰瑞	11:05	10～20
销售预测数字检查	每个销售	11:25	15

续表

项目	负责人	定时	持续时间（分钟）
预测与期望值的对比和分析	杰瑞	11:40	10
下一周的行动	杰瑞	11:50	5
意见反馈	每个人	11:55	5

每周一上午11点开周会，要求一个小时准时结束。

1. 周会开始后先给5分钟检查一下上周的计划完成情况，这项工作由秘书麦吉负责。

2. 由我（杰瑞）做信息或者成功案例的分享，即培训。每次我都会结合现状选一个合适的主题，用时10～20分钟。

3. 每个销售做一个销售数字的检查，即说说各自的销售情况，用时15分钟。

4. 进行实际完成情况与期望值的对比分析，即具体分析销售情况，如果没有达到预期，就要找出原因、寻求应对的办法。用时10分钟。

5. 进行小结，安排下周的行动，由我负责，用时5分钟。

6. 留下5分钟给其他参会人反馈意见。

我的销售会议议程和其他的销售会议议程有何不同？

首先，开会时间不同，我定在11点开会有以下三个原因。

- 一是因为我在北京工作，周一堵车是家常便饭。由于惠普是弹性工作制，不用打卡、不用签到，所以11点开会也是为了错开交通高峰。销售可以利用上午空出来的这些时间先去拜访客户，或者准备一下会议的内容。

- 二是因为 12 点就该吃饭了，如果能尽量把会议时间控制在一个小时内，会后我就能和大家一起吃饭，继续谈论会上没有提到的或者不方便谈的问题，这样也可以增进感情。

- 三是因为我有时会请其他部门的同事来负责培训环节，比如产品部、服务部、法律部、财务部等的同事。如果我要请别人来我们部门做一些讲座、培训，会议时间就可能会后延至午餐时间，这样我就能叫外卖，大家边吃饭边开会。

其次，会议有一个明确的议程。加一项技能培训或分享一个成功案例，这就等于是在告诉销售，在销售会议上应该有所收获。你可以分享，也可以让销售提前准备，自己分享。

再次，销售检查。销售检查的目的是督促项目的进程、评估业务情况、促进大家讨论战术的热情。

最后，会议氛围。许多管理者把销售会议变成走过场、提审会，使得许多销售一听到"销售会议"这四个字就胆战心惊。在销售会议上你不仅仅要检查和督促进度，还要赋予他们能量。大家开会总结一些战法、分享一些经验，讨论有些项目怎么做才能更好，每周都有收获都有进步，这才叫有效会议。

  谷歌开会前，管理者会和每个人沟通会议主题。开场前，主持人（管理者）会提前到场留个几分钟与大家闲聊，用闲聊拉近距离、营造气氛。大家都会聊一聊上周发生的事情，如上周出差去哪儿了、上周跑客户有什么见闻等，以此来营造气氛。讨论时，他们会鼓励员工表达个人意见，让大家集体讨论，形成一个集体的决策。

  结束前，由管理者最后发言、总结拍板。要注意，管理者是最后发言，不是抢先发言；管理者先发言的话就算定调了，别人就都不敢说话了。

掌握非正式沟通技巧，营造良好气氛，多提问题、少下结论，善于给出反馈意见，这就是谷歌的开会技巧。

雅虎开会也很有意思，他们在开会前会让每个人就上周发生的事情对别人表示感谢。但是有两个要求：一是不能感谢自己，二是不能重复别人的话。这也是为了营造一个良好的气氛。你要自己想："我应该感谢谁？我要感谢其他团队的谁？"这些都有助于开会，不会让会议变成那种压抑的过堂会，或者多数人都不参与互动的"二八法则会议"。每次会议的主旨就是对大家有所助益、为大家赋能，帮大家共同探讨怎么把工作做得更好。

谷歌和雅虎这两家公司开会有一个共同点——营造气氛，即创造安全感，这也是高绩效团队必做的一件事，同时也是成功的终极密码。要想进一步了解这一点的作用，建议读一下《极度成功》一书。这本书以丹尼尔·科伊尔实地调查访谈的那些极度成功的团队或组织，以及他本人辅导一个中学生写作比赛团队的实践为实例，用讲故事的方式，细致解读了极度成功团队的文化密码——安全感、合作性和自组织；同时，他还进一步说明了能够创造安全感、合作性和自组织的三个强信号——归属信号、脆弱信号和目标信号。拥有安全感非常重要，即使有些专家常说，"组织内部也要竞争，否则就没有了活力"，但是，总是强调竞争往往会令个人产生不安全感。

有效的会议应有讨论、分析以及反馈，所以会议上少不了要提问题，问问题也会直接影响开会的有效性。开会的时候，你都问些什么问题？会不会出现越问会议越开不下去、大家越不愿意说话的情况？其实这些都是心态在作祟。你问问题的时候，是以一个评判者的心态，还是一个学习者的心态提问的？

如果你在开会的时候，问的问题是："做得怎么样？""完成情况如何？""没完成怎么办？""到底出什么问题了？"那你的心态往往就是评判者的心态。你以这样的心态开会，绝对会越开越糟。

如果你以学习者的心态问问题，就说明你是奔着了解情况去的，目的是和大家讨论怎么样才能做得更好。你以学习者的心态去开会，才能够帮助销售、调动他们潜能。

你可以参照下页图13-1"心态的选择"来学习相关心态知识。

开会的时候，如果你是学习者心态的话，大家就会向上走，向一个更高的目标进发。但是如果你开会时是把自己当作评判者，就很容易向下滑入一个"评判者泥潭"。进入这个泥潭以后，你就会在这里兜圈子，无法自拔。销售也可能会找各种理由解释，并在压力下编故事。因为销售理由编得不好而去训斥他，这有用吗？我就见过一个销售，在强大的压力下，不停地编故事，直到最后编不下去离职了。经了解，他后来去了竞争对手的公司，做得风生水起。问题出在哪里？当然出在无效的会议上。我们在开会的时候，一定要避免进入"评判者泥潭"。要注意，进入泥潭之前、道路中间，有一个转化路牌，一个开关，也就是说如果你可以察觉自己正进入评判者心态，并且能马上做出调整，你是可以回归到学习者心态的。学会、用好这张选择地图，不仅能帮助我们定位自己，还能帮我们看清自己从哪里来、要往哪里去。

那怎么知道自己的心态是评判者心态，还是学习者心态呢？你可以通过问问题来判断。"错哪儿了？""该责怪谁？""你怎么这样？""你怎么才能证明自己是对的？""何必白费劲儿？""为什么大家都这么笨？""这么烦人？""怎么才能掌控一切？"这些问题，都是评判者的问题。要记住：一个身处评判者位置的人，无法帮到其他任何人。

以学习者的心态去问问题，你可以问这些问题："发生了什么？""我想要什么？""这件事有价值的地方在哪？""我能学到什么？""对方在想什么？有何感受？想要什么？""我有哪些选择？""我现在最好做什么？""还有哪些可能性？"这些都是学习者的问题，问这些问题就是在尝试寻找更好的解决方法。

选择地图
我们每时每刻都在选择

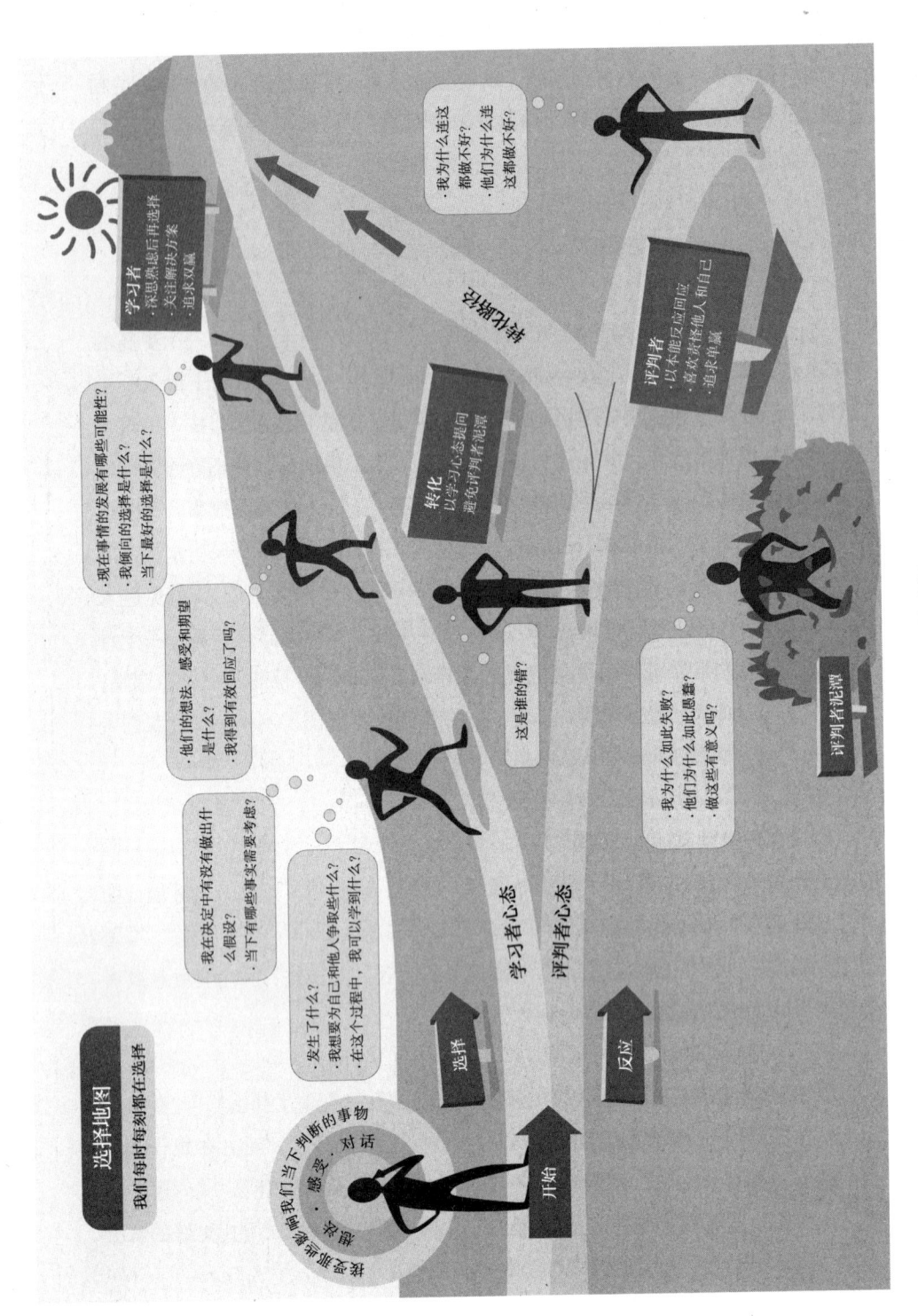

- 学习者
  · 深思熟虑后再选择
  · 关注解决方案
  · 追求双赢

- 评判者
  · 以本能反应回应
  · 喜欢责怪他人和自己
  · 追求争赢

转化
以学习心态转向
避免评判者泥潭

学习者心态
评判者心态

选择
反应
开始

评判者泥潭

- 我为什么连这都做不好？
- 他们能为什么连这都做不好？

- 现在事情的发展有哪些可能性？
- 我倾向的选择是什么？
- 当下最好的选择是什么？

- 他们的想法、感受和期望是什么？
- 我得到有效回应了吗？

- 我在决定中有没有做出什么假设？
- 当下有哪些事实需要考虑？

- 发生了什么？
- 我想要为自己和他人争取些什么？
- 在这个过程中，我可以学到什么？

- 我为什么如此失败？
- 他们为什么如此愚蠢？
- 做这些有意义吗？

感受 对话
思想 感觉
影响我们当下判断的事物

图 13-1 心态的选择

262　大客户销售心法

要注意评判者心态往往是直接反应,也就是我们常说的系统 1——直觉思维系统;学习者心态是一种选择,也就是系统 2——分析思维系统。丹尼尔·卡尼曼在他的著作《思考,快与慢》中对此有论述。我在表 13-2 中对评判者问题和学习者问题进行了对比,你可以将此当作参考,调整心态,因为我们中有很多是在转变中的评判者。

表 13-2　评判者和学习者问题分类表

评判者	学习者
我怎么这样?	我看重自己什么?
他怎么这样?	我欣赏他什么?
该责怪谁?	我尽到自己的责任了吗?
怎么才能证明我是对的?	我能学到什么?哪些部分是有用的?
他为什么那么无能、那么让人讨厌?	他在想什么?有何感受?想要什么?
我们不是已经那样试过、做过了吗?	接下来最应该去做哪些事?
何必白费劲?	有哪些可能性?

像销售领袖一样思考

- 切忌把销售会议开成过堂会、提审会。
- 不要以评判者心态去评判对错,应该调整心态,善用学习者心态,和大家一起探讨怎样做得更好。

- 记下每个团队成员最突出的个性，并尝试在会议中管理不同个性的销售，要注意做到因人而异、扬长避短，充分调动起大家的积极性和参与感。

- 在会议中，维持每个人的高度参与感需要限制手机和电脑的使用，还要营造良好气氛，也就是创造成员发言的安全感。

/ 第14章 /

销售预测,
精准预测实现高绩效目标

本章的主要内容是销售业务管理中一个非常重要的环节——销售预测。你是如何做销售的预测和管理的？主要用什么工具或方法？你的销售预测准确吗？

销售预测非常重要，因为所有的销售都是要先设定目标，再带着目标完成业绩的。但是怎么样才能实现你的销售目标和业绩呢？通常来说，我们要通过目标管理来实现销售业绩的管理，而目标管理，管理的不是目标，而是实现目标的过程。就好像给自己设定了减肥五千克的目标和计划，想达成目标靠的绝不是天天上秤称重，而是要每天少吃碳水化合物，坚持锻炼身体。

现在业界人士普遍用销售漏斗（Sales Funnel）管理销售目标，也有人把销售漏斗叫作管道（Pipeline）。

本章主要围绕以下三个问题展开探讨，论述如何做好销售预测和管理：

- 第一，预测不准的销售，会产生多大的影响？

- 第二，要做好销售预测和管理，要注意销售漏斗中的哪两个关键要素？
- 第三，如何实现精准销售预测？

销售预测不准的七项危害

很多企业的销售或团队都无法准确预测销售。你知道，这会给我们带来多大影响吗？我试着列举了如下影响，以供参考。

- 第一，销售预测不准会导致公司利润下降、销售收入下降。因为你的销售预测不准，公司以此为基础准备的资源就不准，后面的备货备料数量也会不准，以致库存也跟着不准。因此，公司的利润一定会下降，销售的收入也会下降。

- 第二，销售预测不准可能导致即使销售签了大单，也无法供货给客户。预测不准，不但会使产品无法满足交货的要求，还会影响交货期、价格和质量等。所以，不要认为销售能给公司签一个大单就一定是好事，对公司来说，没有事先做好准备，大单也可能会带来一系列的问题。

- 第三，销售预测不准会使售后服务人员无法按照需求的增加或者减少去做调配，也就是服务无法及时响应，或者无法到位。

- 第四，销售预测不准会导致后台无法按照需求提供原材料或者提前做生产、排产计划，极大浪费公司的资源。

- 第五，销售预测不准会使财务无法按照需要做资金筹划。

- 第六，销售预测不准会使市场的宣传达不到预期的效果。市场活动本来应该是和销售相互配合的。你做了市场活动之后，产生销售机会了吗？有效果吗？如果你没有关注这些问题，也没有更新系统，就会导致预测不准，也就无法判断这类市场宣传是否值得继续，又是否达到了预期的效果。

- 第七，销售预测不准会造成无法按实际需求来制订人力资源招聘和培训计划。

由此可见，销售预测不准会给公司带来诸多风险。

销售预测和管理的工具和方法

销售预测为什么要用销售漏斗呢？因为我们希望销售看到所有的机会。

你在做销售的时候，要像一个雷达，扫描出负责区域发生的所有业务情况，嗅出与销售有关的项目和机会，之后再针对所有的销售机会进行管理。销售的管理是有阶段的，从管道的源头进去，由末端出来。在管道的各个阶段对所有的销售机会进行积极主动的端对端管理是非常有必要的。漏斗也是一样，把所有项目、销售机会放进漏斗，从上到下、一层一层地"漏"下来。放项目和销售机会时要注意，不能对其进行选择，要把你知道的、看到的都放进来，因为我们也要做全面分析——别人赢了什么，为什么赢了；我们输了什么，为什么输了。这对销售来说也是一个全面的管理过程。

那么，B to B 销售漏斗的两个关键要素是什么？

一个关键要素是漏斗的规模。规模指的是销售机会或项目总价值和总目标收入的比例。

另一个关键要素是漏斗的形状，即各阶段的金额占全部金额的比例。比如漏斗的形状是上面大下面小，表示远期的项目多、金额大，近期的项目逐渐减少、金额小；这是符合 B to B 实际情况的。随着时间的推移和发展，许多项目和机会也会发生变化。

销售预测是个专业技术活，它需要你在实践中历练、总结和完善。我们要认识到销售预测是每一个销售团队管理者无法逃避的挑战，没有哪个大公司能逃过。

我在惠普公司工作时，就遇到过销售预测出问题的情况。当时我们从公司 CRM 系统中抓出来的数据和图表明显失衡，达不到公司的要求。

首先，第一个关键要素漏斗规模达不到要求。

我们发现客户的项目金额也就是需求总量，仅仅是年销售目标，也就是销售定额的 1.3 倍，这远远地低于我们的要求。当时我们的要求是：在系统中，也就是在漏斗中的销售线索和机会的总量，应该是你销售定额的三倍。为什么是三倍呢？因为我们的销售是不可能所向无敌、战无不胜的，在商战中都是有胜有负的。当时我们的主要竞争对手是 IBM 公司，在面对 IBM 和其他众多对手时，我们无法做到百战百胜。在通常情况下，能赢三分之一的项目就能达成预期效果。所以，要完成销售任务就意味着，在销售预测系统里，项目和机会金额的总和应该是我们所需完成任务的三倍。

其次就是漏斗形状。我们发现，抓出来图形没有呈漏斗状，而是呈陀螺状。陀螺形状意味着远期的项目少、金额小，近期的也一样，而中间的项目多、金额大。这种状态就说明远期没有什么项目和机会了，项目集中在中间及靠近末端的阶段。这些项目是很难赢的，因为时间紧促，你不可能做好准备。这样看来，这个数据是有问题的，或者是不真实的。

当时惠普用的销售方法论是 CDSM（客户驱动的销售方法论），也就是解决方案销售的方法，即七步法。公司把这个销售漏斗分为七步。公司要求，我们应在第一步了解客户，第二步发现商机；这两部分的项目和机会在销售漏斗中的占比是40%到50%。但是从当时系统中抓的数据看，前两部分的数据仅为32%。这就导致销售预测不准，对我们的销售业绩产生了巨大的影响，资源不足，无法完成任务。

这样的销售预测管理对于销售团队来说，就会导致绩效的降低、精力的浪费、对客户的反应不及时，就更别提能得到的资源了；这样的预测工作就是低价值而且浪费时间的。有完善CRM系统的惠普，为什么会出现这种现象呢？我们当时推断出了以下三个方面的结论。

第一，销售方面有如下问题。

- 销售代表看不到输入的机会能为他们带来的价值。这可能是因为你在做销售管理工作的时候，没有让销售了解到销售预测和漏斗的重要性，以及把项目机会放进销售漏斗里的好处和能给销售带来价值。如果你没有跟他说清楚预测的重要性，销售可能会认为这仅仅是公司对他的要求，他是被迫做的。这样销售就没有动力去做这件事。你需要跟他交代清楚，项目放进来以后，他可以得到及时的响应、服务和其他资源的支持，公司也会给他更好的资源、更好的价格等支持。

- 销售代表担心由于开发这些机会而被增加销售任务。销售会担心开发的机会多了，输入系统的项目和机会多了，公司上级会给他加任务。他会想："我把所有的项目机会输入进去，输了怎么办？公司会不会责怪我？我会不会没有面子呢？"所以，销售只会输入一些自己认为有把握的、能赢的项目和机会，没有把握的就不输入了。这样系统就看不到业务的整体情况。

- 销售代表认为销售预测的流程太麻烦、太浪费时间。因为许多公司的 CRM 系统都是采购来的或者是技术部门开发的，并没有考虑本公司销售的体验。有些系统做得大而全，很复杂，导致销售预测的流程也很复杂，太浪费时间。

我就曾有过这样的体验，我们曾经用过 Sales Logic、Siebel 和 Salesforce，这些工具都很专业，客户化程度不高，不简洁。我是销售出身，也反感烦琐的书面工作。如果销售把大量的时间都花在做这些数据输入和报表上，他自然会产生反感，也会有抵抗情绪。我们部门当时曾因为系统烦琐，干脆改用 Excel 替代。

我在前面也讲过，如果销售有大量的内部事情要处理，那他就绝对不会以客户为中心了。报表有什么用？这个功能有什么用？这个报表是谁要看的？销售指标是不是都用错了？这都是我们要思考的问题。另外，销售流程搭建后没有及时优化、销售预测计算方法没有及时更新、销售经验不足，也都是销售预测不准的原因。

第二，销售经理方面有如下问题。

- 销售经理过于关注短期预测，很少花时间分析整个销售漏斗。即销售经理太关注短期的预测，不关注整个漏斗的规模和形状，就只能看到本周、本月、本季的业绩，没法全面地掌握情况。

- 销售经理没有或很少指导销售代表如何更加有效地通过各个销售环节，推进机会的发展。有些经理高高在上，没有根据销售预测去具体地指导销售如何有效推进销售，也没有通过辅导和提问，去调动销售的潜能以推动销售机会的进展，只是不停地向销售要数字，这样也会导致销售预测不准。

- 销售经理没有一套固定的评估订单和销售漏斗的方法。销售经理如果没有一套完整的方法论，一到完不成任务时就着急，想到哪、问到哪，是无法有效进行销售预测的。销售是需要统一语言的，比如，你现在在哪个阶段？成功率是多少？这些都代表什么？而且，销售的预测需要有一套固定的评定方法，绝对不能想到哪说到哪。

- 销售经理因为销售压力大而对销售预测的日期、金额做出和实际情况不符的人为调整。

第三，公司方面有如下问题。

- 没有一套按照销售阶段流程来管理销售漏斗中机会的方法。也就是公司内部流程比较复杂，CRM 系统数据没有及时更新，缺乏对销售预测的复盘。

- 没有一套统一的端到端销售漏斗管理和预测的方法。惠普是全球化公司，却缺乏一套全球统一的、标准的预测方法，这是我们当时遇到问题。

- 在执行和维护销售漏斗的流程上缺乏责任制，即你做了和没做没有不同，你做得好与你做得不好也没有区别。你要明确销售要承担什么责任，有什么样的奖励和惩罚机制。

在发现这些问题后，我们进行了逐项整改，区别了各部门考核指标。比如：在销售层面加强了培训，明确了销售预测的重要性，促使销售提早将销售机会输入系统，保障他们优先得到支持；不再对系统没有的项目或临时输入系统进行预测的项目，给予任何支持和特殊的折扣，并规定，对于一些临时的项目，业绩上还要打折扣；明确了公司不会因系统中项目繁多而增加任务，销售也不会因正常情况下丢失的项目而受到责备；优化了 CRM 系统，减少了销售预测的工作量。

在销售经理和公司层面健全了制度、行为规范和激励机制之后，我们才终于提高了销售预测的准确度，从而也提升了销售业绩，实现了利润的全面增长。

九个阶段，以漏斗型销售创造客户

你是怎样给销售漏斗分阶段的？你为什么会这么分呢？实际上，你在业务中采用什么样的漏斗，要根据公司的业务和习惯来定。比如惠普采用的销售方法是 CDSM，英文全称为 Customer Drive Selling Method，即客户驱动的销售方法，也被称为"解决方案式销售"。按照这个方法，我们把销售漏斗分为七段，这七个阶段分别是：了解客户需求、发现商机、确立商机、构建解决方案、制订解决方案、完成销售以及实施解决方案。IBM 公司当年采用的也是这种七步法，只不过他们称之为 SSM（Signature Selling Method），也就是业界经常说的"傻傻卖"。

你要怎么做、怎么分割漏斗，取决于你的业务和习惯。如果你想设定得更宽一些，比如把漏斗设定成四个阶段，每个阶段占 25%，也是可以的——只要你能把每一部分定义好，并统一好销售语言。

为什么销售漏斗管理法这么重要？德鲁克说过，企业只有一种业务，就是创造客户。因此，要真正做到以客户为中心，就要做好客户关系的管理。管理不是说一说就能做到的，是要有管理流程的。销售漏斗的管理也是这样，它是按照流程来进行的。我们首先要把项目或机会放进漏斗里，看它是不是能够一步一步漏下来。在销售预测的过程中，我们要随时观察这个项目处于漏斗的什么阶段，关注的重点也应该随阶段的改变而改变。下一步做什么、怎么做、客户有什么动态、还遇到什么问题，这些都要好好斟酌。

我们可以通过管理漏斗阶段，明确地知道销售的行为和客户的行为，而这两者一定要同步、要合拍、要对得上，如果对不上的话，肯定会出现问题。这样管理以后，我们就可以预测到底能不能完成任务，后续是否还有项目可做。

这一部分的重点就是向你介绍一个比较详细的分割漏斗的方法。我们可以按照以下这九个阶段来定义漏斗，你可以参照图14-1来了解。

◀ · 第一次接触
◀ · 确定客户需求
◀ · 制订远景
◀ · 做反馈，进一步沟通
◀ · 沟通方案、建立关系
◀ · 协商谈判
◀ · 签订合同
◀ · 实施
◀ · 持续的客户管理

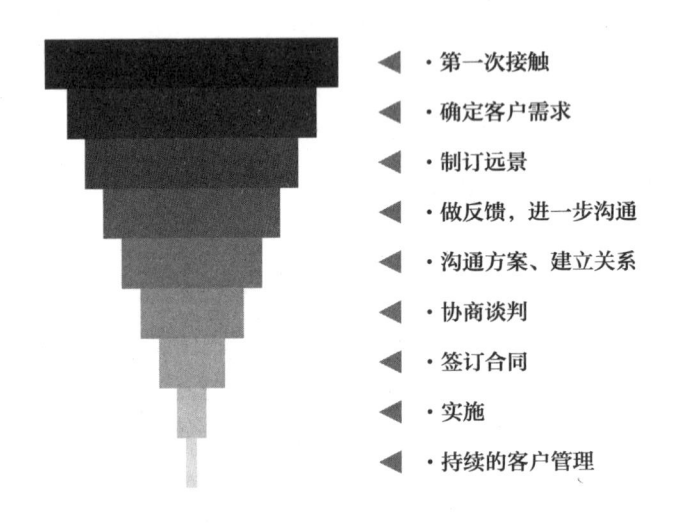

图 14-1　漏斗型销售

销售漏斗的第一阶段：开始研究客户，与客户有第一次接触。你可在此验证机会。

这个阶段的成单率只有10%左右。销售在这个阶段的主要目标，是在销售系统里输入经过验证的潜在客户的信息。销售团队则要去寻找或响应潜在的销售机会，确定相关的业务需求。你在跟客户建立第一次电话或其他方式沟通时，要抓住机会激发客户进行面谈的兴趣并计划安排会面。这个阶段也是潜在客户认识到购买新产品或服务的必要性的重要阶段。他们会撰写具体的要求草案、确定评估流程，也会开始和潜在解决方案提供商进行接触。

销售漏斗的第二阶段：继续了解情况，进一步确定客户需求。

这个阶段的成单率在 20% 左右。在这个阶段，销售的主要目标是详细了解潜在客户的需求以及具体的要求，最终要让公司认为，这个项目是"值得一试"的，当然这需要你提供有依据的事实。销售团队具体要做的，就是进一步了解和确认以下内容：

- 这个项目对于客户来说，是个新的采购项目，还是要更换供应商的旧项目；
- 客户公司的采购和实施时限；
- 这个项目的资金情况；
- 客户公司对于项目的正式评估流程和标准等级；
- 参与决策流程的公司内、外部关键利益方有哪些。

你要认真倾听和理解客户的业务战略、要求和目标。确定相应的问题，以便更多地了解情况。

在这个阶段，潜在客户也会安排和潜在供应商进行第一轮会面。客户也要了解关键利益方在情感方面对于供应商的偏好，即管理者的喜好和想法，要确认高层次的业务问题或要求，解释内部决策和预算编制流程以及确认财务和法律评审程序。在机会资格验证后，客户可能会提供脚本以便让供应商提供其他的信息，比如征求建议书（RFP）等。

销售漏斗的第三阶段：制订远景。

这个阶段的成单率在 30% 左右。在这个阶段，销售的主要目标是让我们的公司被客户确认为合格的、正式的、有能力的供应商。销售团队的行动应该聚焦在个人和公司与这次机会的关联性，也就是我们的价值所在。此时，你需要接触不同的关键利益方，也就是不同部门和层级的客户。你需要考虑清楚希望他们下一步做什么、为什么要做这些,也要考虑清楚客户对于这次采购重视程度如何、你能否提供有竞争力的报价、你是应该争取还是应该放弃这次机会等。潜在客户也会和这个项目的有关人员进行有针对性的接触,他们会在这个阶段收集潜在供应商的真实情况。他们会分析供应商能否胜任这个项目、以前是否做过这类项目、信誉如何,随后决定是否进入下一步。

销售漏斗的第四阶段:做反馈,进一步沟通。

这个阶段的成单率在40%左右。在这个阶段,销售团队的主要目标,是要了解、明晰潜在客户的需求,要根据双方对问题的理解提出解决方案。一旦潜在客户对我们说:"这个项目交给你们做吧,我们等着你们的建议书。"那这个阶段的最终目标就达成了。

所以,为达成目标,销售团队要继续和客户会面,深入了解对方的情况,向对方提供必要的信息,进行相关的演示和展示。同时,你也要制订拜访计划,和参与决策的不同关键利益方进行会面,你可以通过这样的会面来了解这个项目是如何与客户业务战略联系起来的。潜在客户则会要求供应商提供证明材料和过去的成功案例。除正式会面外,他们也会同意参加一些社交活动,比如吃饭、聚会、研讨会等,你也可以在此阶段了解潜在客户对各供应商有何看法、竞争对手是谁、竞争状况如何、客户的供应商偏好、你的独特优势,以及为什么客户要选择你等。你可以在与潜在客户的沟通中,让潜在客户认同并理解公司的价值方针。

销售漏斗的第五阶段:沟通方案和建立关系。

这个阶段成单率在50%～70%。在这个阶段,销售团队的主要目标是与潜在客户沟通并提议方案,最终让潜在客户选择我们。具体来说,如果销售团队拜访了不同的利益相关者和影响者,那么成单率大约在50%;如果销售团队获得了非正式的辅导,且有内线帮助,那么成单率大约在60%;如果销售团队提出了清晰的解决方案，并且能为客户提供差异化价值，那么成单率大约在70%。就是要销售团队展示能够满足客户预期的解决方案，以获得客户最高管理层以及相关管理人员的支持。这时候我们要制订决策标准、实现差异化，同时也要防范竞争对手，可以考虑设置陷阱阻挡竞争对手。潜在客户此时也会征求关键利益方对供应商的看法以及建议，我们公司内部的专业人士也会就如何赢得项目给出支持和对应解决方案。

销售漏斗的第六阶段：进入具体的流程，进行协商谈判，即解决问题。

这个阶段成单率在80%左右。对于买卖双方来讲，共同目标就是获得一份双赢的协议。销售团队在此时的具体行动主要就是参与招投标。在中标后，再与客户进行合同的洽谈与修改，拉入双方法律部门的人员参与，在了解潜在客户的谈判流程后进行谈判，并就支付条款、折扣、服务、验收等方面达成共识。

潜在客户此时会口头批准指定供应商，书面批准最终指定供应商。这个阶段交易可能也会遇到一些阻碍，我们需要和客户紧密沟通、适当接触，恰当地营造一种紧迫感，来推进双方的决策流程。

销售漏斗的第七个阶段：正式签订合同。

这个阶段的成单率在90%左右。在这个阶段，销售团队或者支持部门的主要工作就是确定最终协议条款和关系、确认交付和实施计划、确定公司和潜在客户对时间表和内容的预期、完成并提供最终合同文本。客户的主要工作亦是如此。

销售漏斗的第八阶段：进入实施阶段，也就是100%成单了。

这个阶段，支持部门和销售团队的主要工作就是根据客户提供的信息，进行成功或失败分析。这时候你要组建项目小组并指定项目经理，安排启动会和相关的培训。客户此时也会确认实施计划，以此评估供应商执行服务计划的情况以及在提供服务过程中的表现。

销售漏斗的第九阶段：进行持续的客户管理。

与客户的联系是没有终结的，我们的目标是做大客户，而不是做大项目，客户永远都是最重要的。支持部门和销售团队的具体工作就是指定技术支持部门的客户服务人员、定期调查、请求客户作为参考客户配合做出媒体报道。要随时把客户出现的问题转交给运营支持团队，并进行持续的客户管理，为确定后续机会而提供持续的运营，以便不断地获取企业信息。客户一般会答应参加我们相关活动的请求，我们应在适当的时候邀请相应的人员介入，以便对我们的一些调查提供诚实、有建设性的反馈意见。还有就是别忘了净推荐值（NPS）。

以上便是以销售漏斗九个阶段为例的介绍。你是否对销售漏斗有了比较清楚的了解？你要知道，每个项目和机会在漏斗中的阶段和位置都是非常重要的，它将指导我们现在和未来的行为。

同时，为了更精准地做好销售预测管理，在了解销售漏斗的同时，你还应该结合前文的 SCORE 法则，用 SCORE 工具分析竞争对手；这样，销售预测可以变得更加准确。

六个步骤，实现精准销售预测

那么，如何实现精准的销售预测呢？提起精准销售预测，就不得不介绍销售精准预测的六步指南。

第一步，统一目标。每个部门和员工都要有一个公司整体经营的考核目标，大家要目标一致。比如，支持服务人员也要有一个与年收入、销售额挂钩的考核指标。这么做的好处就是个人、部门、公司有一个共同利益，以避免因考核指标不同而出现项目无人支持的现象。每个人可以设两到三个考核指标，其中一个考核指标应是公司整体经营业绩，我们可根据岗位设定不同的权重——这有可能要改变你公司原有的考核制度。

第二步，优化流程。优化的流程主要是指销售流程。你要在 CRM 系统里为关键的销售里程碑设置销售预测的时间参数、销售指导、下一步销售行动需要的资源和支持，若需要其他部门支持的项目，还需要加上其他部门反馈的销售预测时间，以及简化的公司内部流程。

第三步，培训销售。销售的培训需要覆盖以下几个方面：公司的产品和服务知识、销售技巧报价逻辑、销售流程、公司内部支持、公司内部的流程、CRM 系统使用以及销售预测的做法等。我们争取将销售预测精确到每季度的每一周，即每一周的签单金额、收款金额都要有销售预测。如果这个要求现在做不到，就先从每个季度、每个月开始做，最后做到每一周，慢慢养成习惯。这样每季度的实际销售结果就会慢慢接近预测的销售量，争取上下浮度不超过 5%。

第四步，解决瓶颈。在实际销售中如发现销售流程中的瓶颈，就要马上解决，比如售前的支持、测试样机的提供、价格的计算、法务合同的审核等。

第五步，进行全面的反馈。对于销售预测来说，它是个多部门参与的结果，需要全面的反馈。销售流程中的关键里程碑，由相关的参与售前工作的同事，包括售前、研发，如果涉及其他第三方产品，则再加上采购部门参与反馈。在项目实施过程中，关键里程碑肯定是收款，它由相应的项目经理或现场工程师参与反馈。有些项目还需要财务部提前反馈，比如当客户的付款条件比较苛刻、项目占用的资金量比较大时。不单单依赖于销售部门的全面反馈，往往会使销售预测的准确率更高，可以避免销售迫于压力而无视实际情况去做销售预测。

全面反馈的具体做法是在 CRM 系统中设置售前、售后人员反馈，也可以安排专人对接售前、售后人员对签单和收款日期进行反馈。对于某些需要长期提供服务的项目，现场服务和实施的工程师对实际情况的了解程度要远远高于销售，他会比销售更清楚何时可以提交项目验收、何时开发票等。

第六步，复盘改进。我们需要设置专人每周、每月、每季对比管理销售结果和销售预测，再根据历史数据去更新 CRM 系统里设置的关键里程碑销售预测时间参数、销售预测计算参数等。复盘是非常重要的，不认真复盘的企业很难把销售预测做好。我们一定要坚持复盘、持续改进。关于如何做好复盘，你可以阅读学习一下湛庐出版的《复盘》一书，书中既有对复盘本质的解析，也提供了操作性极强、经过实战验证的方法论。

像销售领袖一样思考

- 我们要通过目标管理来实现销售业绩的管理，而目标管理管理的不是目标，而是实现目标的过程。

- 销售预测是个专业技术活，需要你在实践中历练、总结和完善，它也是每一个销售团队管理者无法逃避的挑战。

- 在做销售预测的时候要像一个雷达，扫描出负责区域发生的所有业务情况，嗅出与销售有关的项目和机会，之后再针对所有的销售机会进行管理。

- 我们只有同时在销售、管理者和公司层面健全制度、行为规范和激励机制，才能提高销售预测的准确度，提升销售业绩，实现利润的全面增长。

未来，属于终身学习者

我们正在亲历前所未有的变革——互联网改变了信息传递的方式，指数级技术快速发展并颠覆商业世界，人工智能正在侵占越来越多的人类领地。

面对这些变化，我们需要问自己：未来需要什么样的人才？

答案是，成为终身学习者。终身学习意味着永不停歇地追求全面的知识结构、强大的逻辑思考能力和敏锐的感知力。这是一种能够在不断变化中随时重建、更新认知体系的能力。阅读，无疑是帮助我们提高这种能力的最佳途径。

在充满不确定性的时代，答案并不总是简单地出现在书本之中。"读万卷书"不仅要亲自阅读、广泛阅读，也需要我们深入探索好书的内部世界，让知识不再局限于书本之中。

湛庐阅读 App：与最聪明的人共同进化

我们现在推出全新的湛庐阅读 App，它将成为您在书本之外，践行终身学习的场所。

- 不用考虑"读什么"。这里汇集了湛庐所有纸质书、电子书、有声书和各种阅读服务。
- 可以学习"怎么读"。我们提供包括课程、精读班和讲书在内的全方位阅读解决方案。
- 谁来领读？您能最先了解到作者、译者、专家等大咖的前沿洞见，他们是高质量思想的源泉。
- 与谁共读？您将加入优秀的读者和终身学习者的行列，他们对阅读和学习具有持久的热情和源源不断的动力。

在湛庐阅读 App 首页，编辑为您精选了经典书目和优质音视频内容，每天早、中、晚更新，满足您不间断的阅读需求。

【特别专题】【主题书单】【人物特写】等原创专栏，提供专业、深度的解读和选书参考，回应社会议题，是您了解湛庐近千位重要作者思想的独家渠道。

在每本图书的详情页，您将通过深度导读栏目【专家视点】【深度访谈】和【书评】读懂、读透一本好书。

通过这个不设限的学习平台，您在任何时间、任何地点都能获得有价值的思想，并通过阅读实现终身学习。我们邀您共建一个与最聪明的人共同进化的社区，使其成为先进思想交汇的聚集地，这正是我们的使命和价值所在。

CHEERS

湛庐阅读 App 使用指南

读什么
- 纸质书
- 电子书
- 有声书

怎么读
- 课程
- 精读班
- 讲书
- 测一测
- 参考文献
- 图片资料

与谁共读
- 主题书单
- 特别专题
- 人物特写
- 日更专栏
- 编辑推荐

谁来领读
- 专家视点
- 深度访谈
- 书评
- 精彩视频

HERE COMES EVERYBODY

下载湛庐阅读 App
一站获取阅读服务

图书在版编目（CIP）数据

大客户销售心法 / 张坚著. -- 杭州：浙江教育出版社，2024.2（2024.4重印）
ISBN 978-7-5722-7362-9

Ⅰ.①大… Ⅱ.①张… Ⅲ.①市场营销 Ⅳ.①F713.50

中国国家版本馆CIP数据核字(2024)第014912号

上架指导：市场营销

版权所有，侵权必究
本书法律顾问　北京市盈科律师事务所　崔爽律师

大客户销售心法
DA KEHU XIAOSHOU XINFA

张　坚　著

责任编辑：刘姗姗
美术编辑：韩　波
责任校对：陈　煜
责任印务：陈　沁
封面设计：ablackcover.com

出版发行：	浙江教育出版社（杭州市天目山路40号）
印　　刷：	天津中印联印务有限公司
开　　本：	710mm×965mm　1/16
印　　张：	20.25
字　　数：	317千字
版　　次：	2024年2月第1版
印　　次：	2024年4月第3次印刷
书　　号：	ISBN 978-7-5722-7362-9
定　　价：	89.90元

如发现印装质量问题，影响阅读，请致电 010-56676359 联系调换。